青蓝工程
专业能力必修系列

高中 语文教师
专业能力必修

gaozhong yuwen jiaoshi zhuanye nengli bixiu

教育部基础教育课程教材发展中心　组编

编委会主任：曹志祥　周安平
郑桂华　著

西南师范大学出版社
全国百佳图书出版单位 国家一级出版社

图书在版编目（CIP）数据

高中语文教师专业能力必修 / 郑桂华著. 一重庆：

西南师范大学出版社，2012.4

（青蓝工程系列丛书）

ISBN 978-7-5621-5753-3

Ⅰ.①高… Ⅱ.①郑… Ⅲ.①中学语文课－教学研究－高

中－师资培训－教材 Ⅳ.①G633.302

中国版本图书馆 CIP 数据核字（2012）第 092959 号

青蓝工程系列丛书

编委会主任：曹志祥 周安平

策 划：森科文化

高中语文教师专业能力必修

郑桂华 著

责任编辑：钟小族
封面设计：红十月设计室
出版发行：西南师范大学出版社
　　　　　地址：重庆市北碚区天生路 1 号
　　　　　邮编：400715 市场营销部电话：023-68868624
　　　　　http://www.xscbs.com
经 销：新华书店
印 刷：重庆东南印务有限责任公司
开 本：787mm×1092mm 1/16
印 张：14.5
字 数：292 千字
版 次：2012 年 6 月 第 1 版
印 次：2012 年 6 月 第 1 次印刷
书 号：ISBN 978-7-5621-5753-3

定 价：29.00 元

《青蓝工程》
编委会名单

编者的话

在基础教育课程改革 10 周年之际，伴随着义务教育课程标准的再次修订与正式颁布，我们隆重推出这套"青蓝工程——学科教师专业能力必修系列"丛书。丛书立足于教师应该具备的最基本的教学专业知识与普适技能，为有效实施新修订的义务教育课程标准，深化基础教育课程改革，贯彻落实《国家中长期教育改革和发展规划纲要（2010－2020年）》，助力素质教育高质量地推进提供了保证。

"教育大计，教师为本。"课程改革的有效实施和素质教育的贯彻落实需要一支高素质、专业化的教师队伍做支撑。教师的专业化发展在我国历来受到高度重视，但今天我国教师的专业化水平与社会的现实需求和时代的进步，特别是与教育改革发展的需要还存在着较大的差距。

以往，我们常常说教师要提高自身的专业水平或教学技能，但一个合格的教师究竟需要哪些最基本的专业知识与专业技能？教师的专业发展又该朝着哪个方向和目标去努力？这些问题，在教师专业化发展，尤其是在学科教师专业能力的提高上，一直以来并不是十分清晰。因此，我们聘请了当前活跃在基础教育学科领域的顶级专家，他们中的绝大多数是直接参与义务教育课程标准修订、审议或教材编写的资深学者，以担任相应学科的中小学教师应该（需要）了解（具备）的最基本的常识性知识和技能为出发点，总结了具有普适意义的学科教育教学知识和技能，力求推进教师教育教学能力的均衡发展，实现大多数教师教育教学能力的达标。从这个意义上，可以说这套丛书是教师专业化水平建设与发展的一个奠基工程，也是10年基础教育课程改革成果的结晶。我们希望青年教师不但能从书中充分汲取全国资深专家与优秀教师的经验、成果，更能"青出于蓝而胜于蓝"，在前辈的引领下，大胆创新，勇于超越，也因此，我们将丛书命名为"青蓝工程"。

丛书从"知识储备"和"技能修炼"两个维度展开论述（个别学科根据自身特点在目录形式上略有不同）。"知识储备"部分一般包括：①对学科课程价值的理解与认识；②修订后课标（义务教育）的主要精神；③针对该学段、该学科的教学所需的基本知识和内容等。"技能修炼"部分主要针对教学设计、目标把握、教学实施与教学评价等专题展开论述。每个专题下根据学科特点和当前教学实际设有几个小话题，以案例导入或结合案例的形式阐述教师教学所必需的技能以及形成这些技能所需要的方法和途径等。

　　本丛书具有权威性、系统性和普适性，希望对广大教师，特别是青年教师的专业成长能有实实在在的帮助。

丛书编委会

2012 年 1 月

目 录
Contents

上 篇　知识储备　*1*

专题一　阅读教学 / 3

第一节　确定教材的核心教育价值 / 3

第二节　散文的阅读教学 / 9

第三节　小说的阅读教学 / 16

第四节　诗歌的阅读教学 / 25

第五节　非文学作品的阅读教学 / 31

第六节　文言文的阅读教学 / 41

专题二　作文教学 / 50

第一节　认识高中作文教学的主要任务 / 50

第二节　了解高中作文指导的基本知识 / 58

第三节　影响高中作文教学成效的因素 / 66

第四节　探索适合自身特点的作文训练思路 / 71

专题三　语文选修课的教学 / 78

第一节　理解选修课的价值 / 78

第二节　选修课程的建设 / 82

第三节　选修课的教学实施与评价 / 86

下 篇 技能修炼 *93*

专题四 教学设计 / 95

第一节 学情分析 / 95

第二节 教材分析 / 101

第三节 确定教学目标 / 107

第四节 设计教学流程 / 117

专题五 教学实施 / 123

第一节 课堂教学导入 / 123

第二节 讲授 / 130

第三节 提问 / 136

第四节 组织教学活动 / 143

第五节 用好板书 / 151

专题六 语文教学评价 / 156

第一节 理解教育评价 / 156

第二节 评价学生的课堂表现 / 162

第三节 处理好日常教学与高考的关系 / 168

第四节 观课与评课 / 173

专题七 关注学习方式的转变 / 182

第一节 借鉴新的学习方式 / 182

第二节 课堂教学中开展探究性学习 / 188

第三节 组织小课题研究 / 194

第四节 开展合作学习 / 205

第五节 基于网络的语文课堂学习 / 213

后记 / 220

上 篇

知 识 储 备

高中语文教师在从事语文教育工作中，对各种文体的教学、作文教学和选修课教学等具体问题会产生各种各样的疑惑。只有充分利用各种资源，不断丰富知识面，提升自身素养，才能在工作中做到游刃有余。

专题一 阅读教学

第一节 确定教材的核心教育价值

问题展示

孙老师：今天我听了一节《荷塘月色》的观摩课，执教的老师引导学生发现这篇文章优美的语言风格，我触动很大。说实话，《荷塘月色》我教了四次了，也听过不少老师上《荷塘月色》观摩课，每次不外乎交流这样的一些问题："同学们，作者的心情如何变化的""联系背景谈谈作者为什么颇不宁静""你喜欢哪一句话""从这篇文章中你感悟到了什么"等。有的老师还会播放一些视频，就是荷塘的美景，或者是配乐配画面的朗诵。学生交流也很热烈。但是，我自己常常觉得这更像是政治课，语文味不足。今天我从这位老师身上体会到了语文教师职业的尊严，那就是语文课是不能由政治老师、历史老师来上的。

我很想自己也能够像这位老师一样，教每一篇课文都能有语文味，做一个有职业尊严感的语文教师。

案例分析

语文课上得像政治课，或者像生物课、历史课，这是一些老师的困惑所在。为什么会出现这样的困惑呢？一种可能是新课程下的语文教材编写方式转变了。

新课程实施以来，语文新教材的编写大多采取主题组元的方式，例如江苏教育出版社编写的新课标高中语文必修教材就是按照"人与自我""人与自然""人与社会"三大板块组织单元。

为什么会选择主题组元，而不是以语文知识技能为单元编写的显性框架？顾振彪老师作为新课标语文教材的编写者介绍初中语文教材的编写追求时说过："遵照国家课程改革纲要和语文课程标准的精神，语文教材应强调与现实生活的联系。一方面关注并充分利用学生的生活经验；另一方面增强基本知识与现实生活的联系，努力克服'教材中心主义'的倾向。""这套教材的阅读部分的编排，外在线索是语文与生活的联系，内在线索是阅读能力的发展。"显然，教材主题组元的编写思路与课程取向有关——以"学生中心课程"取代以前的"知识中心课程"。

遗憾的是，不少老师在实际教学中更多关注了教材呈现出的显性特征——语文与生活的联系，淡化了教材的内在结构——阅读能力的发展。这样一来，"科学世界"单元的学习成了探秘科学、访化石、辨天气，像是"科学"课程；"人间亲情"单元的学习成了亲情交流会，回忆家庭温馨场景，交流感动一刻，又有"公民"课程的影子。

语文课上得缺少语文味，另外一种可能是一些老师过于强调语文的人文性，以为注重"情感、态度与价值观"维度的目标就体现了新课程理念。

让语文课上得有语文味，关键是充分理解并努力体现语文学科的"人文性与工具性的统一"这一性质。在阅读能力的培养中，关注学生情感、态度与价值观的养成。例如，孙老师提到的《荷塘月色》一课，既要引导学生感受作者的情怀，也要教会学生对"优美的语言表达""景物描写""知识与能力""过程与方法"的学习。"人文性"与"工具性"又是彼此融合的，三维目标也是彼此融合的，在语言的品味、手法的分析鉴赏中体会作者的情感，把握文章的内涵。

上成有语文味的课，需要教师准确把握文本的重要教育价值。把握文本的显著特征，据此设计并实施教学，语文课的价值就得到充分体现。这样一来，语文教师的职业尊严感也就找回来了。

理论点拨

思考"这一篇课文教什么"，几乎是所有中学语文教师常常遇到的难题。语文学习对象（课文）的整体性、丰富性以及隐秘性和单元教学需要的教学内容的单一性、局部性、明晰性无疑是一对矛盾。在一节课或一个教学设计的单位时间里，我们不可能涉及一篇课文中含有教学价值的所有信息，甚至对许多重要的价值，也只能有所选择，有所舍弃。也就是说，语文教师决定"教什么"的问题，就是他从文本中选择、定位合适的单元内容的过程。

一篇课文存在许多教学价值点的情况下，教学设计不仅应该关注文本的核心价值，更要抓住"语文核心价值"。重点挖掘课文隐含的语文学习价值，重点训练学生对语言的感受能力和表达能力，重点完成语文课应该完成的教学目标，而适当弱化文本中可能隐含的其他教育价值，比如科学普及价值、社会生活认知价值、思想品德养成价值、生活能力指导价值等，一句话，尽量把语文课上成真正的"语文"课。

如何判断什么样的内容是一篇课文的"语文核心价值"？我们不妨从四个维度考虑：

1. 具有语文特点。即关于语文的知识、技能，或者说只有通过语文课才学到的知识。罗伯特·R. 马杰在谈到"理想的课程"时认为："如果已经知道如何做，便不需

高

中语文教师专业能力必修

Gao Zhong Yu Wen Jiao Shi Zhuan Ye Neng Li Bi Xiu

要教学；如果没有必要知道如何做，也同样不需要教学。"① 按照这个逻辑，为语文学习进行的设计，就应减少非语文的因素。比如要确定鲁迅的《拿来主义》这篇课文的核心教学价值，首先就应思考我们为什么要学《拿来主义》。是因为"拿来"的思想深刻吗？是"理性对待外来文化"的观点具有独创性吗？是今天我们还缺乏开放的心态吗？我认为不是。其实，鲁迅的《拿来主义》写于 20 世纪 30 年代，其"拿来"的思想，并没有超越其前辈魏源、林则徐等人的"师夷长技以制夷"，蔡元培的"兼容并包"主张，"洋务运动"的实践，甚至在如何对待外来文化的问题上，早在李斯的《谏逐客书》里，赵武灵王的"胡服骑射"政策已经基本上说清楚、论明白了。再退一步说，如果我们的确要学习这样的思想，到政治课、历史课上去学也许更好，为什么非要通过语文课来学呢？许多人喜欢鲁迅的这篇文章，更主要的不是因其思想深刻，而是因为他的"表达方法"与众不同，在这篇文章中，我们看到的是作为文学家的鲁迅——更精确一点说，是有杂文味的鲁迅。因此，"形象说理""个性表达"才是《拿来主义》主要的"语文价值"。

2. 具有明显的特征或代表性。这种特征当然可能是显性的，也可能是隐性的，但是一旦被解读出来，往往能被公认为是该文本的主要特征。比如一提到朱自清的《春》，人们就会联想到生命、希望等，同时也能认同作者那生动活泼的语言表达。除了语言风格、表现手法等显著特征外，文体更是一个值得我们关注的对象，"在大多数情况下，文体的功能标准和形式标准是统一的。特定的功能要求特定的形式，特定的形式满足特定的功能，两类标准共同对文体的划分起作用。……作者写小说，会不自觉地使用小说格式，读者读小说，也会对所谓的'小说形式'有预先的期待，这即是所谓的'文体感'。'文体感'会告诉我们什么文体形式是合适的，什么文体形式是不合适的。"② 文体特征不同，阅读不同文体的方式方法区别也很大。针对不同文体确定不同的教学目标，实现该文体教学价值最大化，是值得追求的教学实践。确立这样的教学价值点容易被学生理解、模仿、运用，这样的课文可以成为学生学习语言的样板，其教学价值点也能成为人们讨论文章时所使用的公共价值。

3. 具有统领性。从这一特点出发，便于整体把握文章的内涵，走进作家的世界，建构起对文章丰富意义的认识。刘成章的《安塞腰鼓》是一篇语言风格鲜明的文章，曾经被人教版、苏教版、上海二期课改版等几种语文教材选入。安塞腰鼓是中华文化的活化石之一，具有我国西北地区文化和民风的显著特点，粗犷、强劲又略带原始的野性，文章以一千余字的篇幅，把安塞腰鼓那种磅礴的气势和跃动的生命力生动地描摹出来。文章写安塞腰鼓的特点，调用了一系列语言表达方式，如短句、排比、比喻、反义词、叠词的运用等，这些手段极具民族语言的特色。文中引用的诗句、铺排手法

---

① 罗伯特·R. 马杰. 有效教学的设计, 现代教学原理、策略与设计. 杭州：浙江教育出版社, 2006 年, 第 639 页
② 徐默凡. 文体、文体标准和文体活用. 语文学习, 2009（9）.

的使用、营造的意象，上追《诗经》"国风""汉赋"风骨，下近唐朝边塞诗意境，与中国传统诗歌文化有明显的继承关系。抓住这一点来设计教学，以文章的词句理解文意，以文意认识安塞腰鼓的特点，以安塞腰鼓理解中华传统文化中阳刚的一面，教师说得通，学生悟得透。这就是语文核心价值统领性的意义。

4. 便于上升为规则。即可以迁移，用于理解同一类文章、同一种语言现象。比如对史铁生的《我与地坛》一文，如果把教学价值确定为"我"与命运的抗争、对母爱的忏悔等，这当然也无大错，但是用一句话就能说明白的道理，为什么需要花许多时间来完成呢？如果把文章价值定位于"精神家园"与"我"的关系，则失之空泛，缺少具体的依据。因此，如果细读文章，会发现"我"对地坛的描写明显选择了三个时间段，在这三个时间段中，"我"的处境不同、心态不同，对生命理解的境界也不同，"我"眼中的地坛的景色也不同——"我"观察到的对象、色彩、意义，很多都是随着我的心情变化的，前面多是衰败的、颓唐的、无意义的，后面多是鲜活的、积极的、有意义的。也就是说"作者的眼中之景，乃心中之景"。于是，本文的教学思路是否可以这样来设计：让学生对比三个阶段中作者的心境与其眼中景物色彩的关系，明白我国古代文论中重要的"境由心生"的美学主张。而这样一篇文章的学习，就可以归纳为阅读同类文章——借景抒情散文的基本图式，并迁移到对其他文章的阅读理解当中，达到举一反三的效果。由此看来，备课时确定文本的"语文核心价值"，教学中凸显其语文价值，还关系到语文学习的效率。

当然，不同的文体，其教学的价值点可以有所侧重。王荣生教授曾试图用"定篇""样本""例文"和"用件"的概念来分别描述、规范不同文本在教学中的功能。[①] 其中，被标为"定篇"的文本，如先秦诸子、唐宋八大家的文章，对这样的文化经典，主要教学目标应该定位在传承优秀文化上，那么文章的思想内容就可以直接作为文本的核心价值，也就是可以直接"教内容"。我认为，思想内容固然是某些文化经典的核心价值，但却不一定就是"语文教学的核心价值"。属于主题思想、文化观念、历史结论的东西，只需几句话就可以明白地告诉学生，似乎无需花费很长的时间去学习，所谓涵咏、咀嚼、咏叹者，是针对文本精妙的表达而言的，教学中则需要通过品味语言来体会表达之妙，领悟思想内涵。比如我们教《岳阳楼记》，不只是让学生背诵"先天下之忧而忧，后天下之乐而乐"等名句，懂得"先人后己"的道理，还应该引导学生进入范仲淹用语言营造的特定情境，学习范仲淹行文的起承转合的结构艺术。前一个目标——明白"先人后己"的道理——也应该在文章结构、语言的品评推敲中自然达成才更有效。

为某一篇课文确定语文核心价值，并通过教学设计和课堂教学把这篇课文的教学目标体现出来，这往往不难做到。但是，如果把几篇课文放在一起，把一本教材总和

① 王荣生. 语文科课程论基础. 上海：上海教育出版社，2003 年 6 月，第 215 – 269 页

起来，把几年里要学的课文统一在一起来观照、考察，确定这些单元不同课文的核心教育价值就比较困难。从这个意义上来说，单元备课更需要备课组、教研组群策群力，共同建设好校本课程。

拓展延伸

如何发现一篇课文的教学价值？恐怕每一个教师都有一套自己的做法和经验。经过多年的阅读实践和语文教学，一个语文教师会积累起相当大的阅读量；同时，在这个阅读积累中，他一般也能渐渐提炼、总结出一套不一定科学但却很管用的把握文体特点、衡量文章好坏的标准——语文阅读教学的图式。例如读小说，首先看这篇小说写了一个什么样的故事，塑造了一个什么样的人物，揭示了什么生活启示；读诗歌，一般是看创造了什么独特意象，运用了什么样的节奏和韵律，抒发了一种什么感情；读散文，一般是看记录了什么经历（写景、状物、叙述经历、思考过程），传达了一种对生活的独特感受和体验等等。这样，在面对一篇课文的时候，除了看教学参考书，他还会自觉或不自觉地去用自己既有的一套模式衡量、判断这篇文章，看看哪里与标准一样，哪里与标准不一样，哪一个特点特别突出。与标准一样或特别突出的地方，往往就是把握该篇文章特点、进行教学设计的钥匙。

下面是有关《安塞腰鼓》核心教育价值的一种分析：

《安塞腰鼓》课后"研讨与练习"有"排比"这一知识点，仔细分析就会发现，该文运用排比不仅数量很多，种类也很完备。

首先，从排比的结构看：

（1）句子内部的排比：一锤起来就发狠了，忘情了，没命了！

（2）句与句之间的排比：狂舞在你的面前，骤雨一样，是急促的鼓点；旋风一样，是飞扬的流苏；乱蛙一样，是蹦跳的脚步；火花一样，是闪射的瞳仁；斗虎一样，是强健的风姿。

（3）段与段之间的排比：

使人想起：落日照大旗，马鸣风萧萧！

使人想起：千里的雷声万里的闪！

使人想起：晦暗了又明晰、明晰了又晦暗、尔后最终永远明晰了的大彻大悟！

其次，从排比的每个分句的内容来看：

（1）有针对同一个对象展开描摹的与针对不同对象展开描摹的排比。

①一锤起来就发狠了，忘情了，没命了！

②百十个斜背腰鼓的后生，如百十块被强震不断击起的石头，狂舞在你的面前。骤雨一样，是急促的鼓点；旋风一样，是飞扬的流苏；乱蛙一样，是蹦跳的脚步；火花一样，是闪射的瞳仁；斗虎一样，是强健的风姿。

（2）同一个对象又可以分为不同程度的推进与不同角度的展开两种排比。

①后生们的一捶起来就发狠了，忘情了，没命了！

②胳膊、腿、全身，有力地搏击着，疾速地搏击着，大起大落地搏击着。

更重要的是，《安塞腰鼓》全文语言磅礴有气势，这与该文叙写的对象——集舞蹈、武术、音乐于一体的民间艺术安塞腰鼓完美地契合。

当然，我们分析一篇课文的核心教育价值不能只看到一点，可以从多个维度对该课进行分析。如从语言风格上，可以发现《春》的语言生动活泼、《背影》的语言质朴无华、《荷塘月色》的语言优美等特点；又如从手法上可以发现《囚绿记》的象征、《药》的双线等，再如《祝福》叙述者的选择等都可以成为有价值的教学目标。夏丏尊、叶圣陶也曾指出："文章是多方面的东西，一篇文章可从种种视角来看，也可以应用在种种的目标上"，但在一本特定的教材，一篇特定的"例文"，比如朱自清的《背影》，要么只做"随笔"例，要么只做"抒情"例，要么只做"叙述"例，要么只做"第一人称的立脚点"例等等①。两位前辈的意思恐怕有二：一是一篇文章有它一些特定的教学价值；二是一篇文章的教学目标最好集中在它某一个教学价值上。听课、评课的时候，我们经常听到某人批评某人"你没读懂""你教错了"。一个受过高等教育，从教多年，又有教参、同伴帮助的教师，怎么会读错一篇普通的课文呢？其实，甲教师批评乙教师没读懂某篇课文，绝大多数情况并不是这个教师的理解力有问题，而是批评者与被批评者两人对具体的一篇文章，在侧重点的理解上有偏差。侧重点不同，教学设计的走向自然也不一样。

当然，一篇选文也有一些不太典型的表达特点，如《想北平》中的描写，《故都的秋》中的议论，教师如果选择该文本典型的表达特征可以更有效地开展教学，教学效益的保障也就相对充分一些。

修炼建议

1. 梳理本书介绍的发现或衡量核心教学价值的原则、方法，评价这些方法是否有道理。

2. 以你本学期正在使用的一册教材为考察对象，从单元导语、课前提示、课后训练题等板块中归纳本教材编写者为这些课文设定的教学点，用本书所介绍的衡量核心教学价值的原则，看看这些教学点的"教学价值"如何。

3. 选择几篇课文，试着列出另外的教学价值，说说你是以什么标准来衡量它们的。

4. 从你的教学经验来看，你认为一篇文章是否存在固定的教学目标？为什么？

---

① 叶圣陶. 关于《国文百八课》叶圣陶语文教育论集（上）. 北京：教育科学出版社，1982 年，第171—172 页

第二节　散文的阅读教学

　　余老师：下一周又要上《听听那冷雨》了，不知道为什么，每一轮上到这篇文章，心里都发虚，这篇文章读起来还是很棒的，但是上课和自己欣赏根本不是一回事。主要是觉得这篇文章每一段都很精彩，但是却不知道如何处理这些段落，这么长的文章，总不能一段一段串讲到底吧？一个同事开玩笑说："余光中本来就不是为编语文教材写的嘛！"文章难道真可以分成"为教材写的"和"为默读欣赏而写的"？

　　戈老师：经常看一些名师写的课文解读，如钱理群、孙绍振等先生。他们对《背影》《荷塘月色》等单篇散文的解读很见功力，对我也很有启发。但是，看他们的文章，常常有恍然大悟的感觉，可是我自己拿一篇文章解读，总是不知道如何下手，因此，我特别想了解一些如何解读课文的知识。

案例分析

　　在媒体上，散文几乎每天都占据着不少版面，它在各种版本的语文教材中占的篇目比例可能也是最大的。与散文在生活和语文教材中的突出地位相比，人们对散文本体的认识的确很有限，有点"灯下黑"的感觉，散文知识不足，直接导致了许多教师在散文阅读教学中只能采取"摸着石头过河"的办法，跟着感觉走。就像余老师所说的那样，对那些篇幅短小、结构清晰、语言特点鲜明的散文，如初中教材里的《春》（朱自清）、《散步》（莫怀戚）、《安塞腰鼓》（刘成章）、《珍珠鸟》（冯骥才）倒还好说，若是遇到篇幅长一些的，记叙线索不那么明晰的，主旨和感情不那么单纯的，语言表达特点很多的散文，如鲁迅的《记念刘和珍君》和余光中的《听听那冷雨》，不少教师便会感觉无能为力了。

　　导致散文教学目标不明的一个客观原因是散文知识的不确定性。大家不妨研究一下，在各种语文教材、教参以及教辅中，对有关小说、诗歌的知识，甚至是并不常见的文体——戏剧方面的知识，介绍还是比较清楚的，而有关散文的就少而又少，因为迄今为止，国内外也没有一套可以把散文说清楚的公认的理论。教材的教学指向不明，教师自然也难以确定了。

　　面对一篇散文，教师不知道要教什么，还有一个比较重要的原因，就是我们的语文教学观的局限。一篇教材中可以挖掘的教学点可能有许多项，而越是篇幅长的、越是含意丰厚的、越是经典的文章，这样的教学点就越多，而教学点越多我们往往就越不知道教什么，陷入了"丰富的烦恼"和"选择的痛苦"之中。其实，哪怕再经典的教材，教学目标都不能面面俱到，只要是在该文章的内容或语言特点的大致范围内，选择一两个突出的特点进行教学设计，也就可以了。例如《听听那冷雨》这篇散文，可以重点揣摩作者的情绪变化，也可以重点体会雨的各种意象，还可以赏析描写雨的词语，当然也可以分析创造性句式的结构规律。当然，这些思路都要在反复阅读的基础上进行。教师不妨采取这样的策略：

（1）学生广泛阅读；

（2）教师重点点拨；

（3）课后分专题研读。

一堂课学生如果在一点上有所收获，已经是了不起的教学成果了。至于选择什么样的点价值更大、更符合课程理念，教师还是应该对散文有一个更高层面的认识。

理论点拨

文体学家米切尔·图兰（Micheal Toolan）认为："文体学所做的一件至关重要的事情就是在一个公开的、具有共识的基础上来讨论文本的效果和技巧。"[①] 无论在语文教学设计还是语文教学评价中，散文文体教学内容不容易确定，评价标准不一致，很大一部分原因是我们对散文这种文体的本质认识不够清楚，没有在一个共识的基础上来讨论。因为"我们对散文没有共识，甚至我们都不知道散文是什么"[②]，正是这个"不知道散文是什么"，给中学语文教学带来许多麻烦。因此，在谈论如何确定散文教学内容之前，有必要对有关散文的说法做些简单的梳理，理清基本知识。

一种文体之所以能独立成体，在于该种文体具有一些区别于其他文体的独特的、本质的规定性。我们知道，诗歌的规定性特征是内在的抒情性和外在韵律的结合；小说的本质规定性是客观描述虚构的故事；戏剧（剧本）的规定性是以人物扮演的方式（对话）来模拟生活。散文的本质特征是什么呢？

人们对散文文体的认识，大体上可以归纳为这样几种：

（1）散文是最自由、最见个性的表达。从发生学角度来看，今天的散文应该有两个源头：一是西方启蒙思想家的写作实践，二是中国传统文人的传统。1850 年，法国散文作家蒙田出版过一本作品集，其名为 Essais，翻译成汉语即是《随笔》，Essais 一词的原义是"尝试"，即没有规则、没有限制，表示该文集中的文章是一种随心所欲的探索性的写作活动。中国古代文学中典型的散文是明清时期的小品文，从形式上看，它既区别于有格律、用韵的诗词歌赋等韵文文体，也不像八股文那般严谨，而是文随心生的自由表达；从内容上说，它区别于有确定的表达对象、有较明确的表达功利以及较固定的表达格式的论、表、书、铭等实用文体，而是以记录自己有趣的见闻或抒发自己内心感受为主的文章。由此可见，中西方在对散文概念的理解上，其实大同小

---

① 米切尔·图兰（Micheal Toolan）.《文学中的语言》序言. 北京：外语教学与研究出版社/霍德阿诺德出版社，2008 年

② 陈平原. 中国散文论坛. 北京：北京大学出版社，2003 年，第 67 页

异，即没有约束的、个性化的和自由的表达。这可以看做对散文文体最朴素的认识。

（2）散文是非虚构的表达文体。散文的本质是自由、个性表达，这一概念的最大不足是，不能将散文与小说、自由诗等文体严格区分开来。因为诗歌、小说在取材、笔调上并没有固定的限制，也是可以做到"取材广泛，笔调灵活"；而在表达内容上，"最率真、最不加掩饰"的特点似乎也难以与抒情诗等文体区分开来。

19世纪中叶以后，随着叙述学的发展，人们对文体的认识又深入了一步。有人指出，一篇文章的"意味"除了"写了什么"以外，还有"怎么说"，其中，"叙述者与被叙述对象"的关系在一定程度上会影响文本的内容，甚至是一种文体的重要标志。而散文与小说在叙述者与被叙述者上存在着明显的不同，即小说是讲述一个现实中"不存在"的故事，散文是讲述作者自己经历的故事，也就是散文的内容具有"非虚构"性。例如，美国的一些语文教材就是这样定义散文的："散文就是非虚构的简短写作，作者借散文来表达个人看法或主张。"[1]

"非虚构"给我们提供了一个考察散文特点的重要角度，借此我们不仅可以把散文与小说加以区分，也可以分析散文在非虚构——即写实方面的具体表现，如"故事的真实性""观察点的选择""场景描写与表达意图的一致"，并依托这些知识点去发现一篇散文的特点，然后进一步确定教学目标和教学思路。例如，在朱自清的《荷塘月色》中，"我"的心境与"我"眼中所看到景物的格调之间，就形成了一种十分密切的对应关系，如果依托这一点设计教学目标和流程，就变得简单而清晰了：

场 所	心内境	眼中景
家 中	压抑、苦闷	介绍生活场景，几乎没有描写
煤屑路	孤独、低沉	描写简单，修饰有艺术，色彩阴森、灰暗
荷 塘	浪漫、梦幻	篇幅多，大量夸饰性描写，色彩丰富，语言华丽

但是，"非虚构"的概念只适合衡量具有时间和空间线索的叙事作品，比如《翡冷翠的一夜》《登泰山记》《海上日出》，却无法涵盖那些时空线索不明或者说故事性不强的散文，也就是平时我们所称的"抒情散文"和"哲理散文"，因为后面所说的两种散文中一般都没有"人物"和"事件"，不会按照时间、空间的线索记叙。例如培根的《论人生》、鲁迅的《野草》这类散文，我们很难从是不是虚构的角度去衡量了，《记念刘和珍君》《听听那冷雨》，虽然有一定的叙述成分，但其比例相当少，而主要的还是表达情绪情感。因此，对散文文体本性的认识，还需要更进一步的研究。

（3）散文是相对的概念，其特点只有在与小说、诗歌等其他文体的比较中才能显现。

人们在定义的时候，可能忽略了一个重要事实，即在古人那里，各种文体的出现和归类，都是先有写作实践，然后才慢慢分出各类文体的，而不是与之相反——即先

---

[1] 马浩岚. 美国语文（下）. 北京：中国妇女出版社，2008年，第809页

制订出一套文体概念和写作规则，然后再按照规范去具体写作。也就是说，今天我们看到的各种文体的区分，是从古代大量的写作实践中慢慢"进化"出来的，文体名称其实是后来人为找出来的，而文体之间并没有截然的区分。这就为我们提供了另一个考察文体的新视角，即不能孤立地看待一种文体的性质，而应该把它放到人类表达需要的整体坐标上，去发现文体的内在规定性。在散文大家族内部，由于种类繁多、差异巨大，对散文特征的概括描述作出的许多努力，都显得漏洞百出，其原因就是没有注意到不同文体之间的内在联系。

套用历史唯物主义的观点，艺术是生活的反映。所有艺术形式都是为了完成人类的两大任务——表现与再现而诞生的，只不过使用的材料不同而已。对用语言作为表现符号的文学作品来说，其差异主要是表现方式和侧重点有所不同，反映在三个维度中：

（1）是表现客观世界，还是再现客观世界；

（2）是眼睛里真实的现实世界，还是脑海里虚构的想象世界；

（3）是连续时空还是不连续时空。

从这三个维度衡量不同的文学作品，也许能看出它们之间的细微差异。

文体名称	诗歌	散文	小说
内　容	瞬间情绪、印象	一段真实经历、真挚感情	一个虚构的故事
结　构	无时空线索、跳跃	有部分时空线索	主要时空线索
核心知识	意象、象征、节奏等	景与情的关系、事与意的关系、言与理的关系	环境、人物、情节等
代表作品	《雨巷》《再别康桥》	《记念刘和珍君》《听听那冷雨》	《项链》《边城》

对比表中的信息可以看出，诗歌、散文和小说三者之间是一种渐变的关系，好像没有截然的界限。典型的散文文体区别于其他两类文体的本质特征，就是上表所显示的中间状态，散文既是偏重主观的，又是以记录真实经历或体验为主；它抒情的一端与诗歌紧密相连，其代表形式是散文诗，如鲁迅的《野草》，散文的另一端与专事叙事的小说紧密相连，其代表形式是以第一人称叙述的见闻类小说，如沈从文的《湘行散记》。

不过，同为散文，其内部的差异也十分显著，需要进一步细化，才能更准确把握其细微的差异，从而为教学设计服务。以往的不少教科书中习惯上将散文按描写对象分为抒情散文、记事散文及哲理散文，这种分法大体能概括散义创作的基本事实。据此，我们可以析出一组关于散文的基本概念了。

散 文		特 点	基 本 知 识	例 文
性 质		非虚构	观察、反思	鲁迅《呐喊自序》
内 容		主观经历	体验过程、思考过程、情绪变化	朱自清《荷塘月色》
结 构		片段叙事＋意识	形与神（碎片与主旨）	鲁迅《记念刘和珍君》 余光中《听听那冷雨》
类型	抒情散文	情与景的关系	直接抒情、间接抒情、借景抒情	刘白羽《日出》
	记叙散文	事与旨的关系	缘事说理、托物言志	史铁生《秋天的怀念》 余秋雨《道士塔》
	说理散文	言与理的关系	理趣、风格	鲁迅《拿来主义》

这就是我们辨析散文文体特点和教学价值的具体思路：

（1）通过比较，找到散文与其他文体之间的联系和区别；

（2）选择那些特征鲜明的、典型的散文文本作为教学样本；

（3）分析典型散文文本的主要特点，用基本的文体知识、概念概括其文体特征；

（4）以某个概念、某项知识去观照散文课文，设计教学目标。

当然，语文课堂里的散文阅读教学中，知识不是绝对的，一篇文章的核心价值不是固定不变的，关键还要以弄清文章脉络、理解作者旨意为主要目的，以感受语言表达为抓手。

美国一套语文教材对散文的定义如下："散文有很多类型，其中包括分析散文、讽刺散文和说明散文。分析散文着重于分析和解释一个主题的各部分。讽刺散文利用讽刺、嘲笑或反语来对一个主题进行评论。说明散文提供关于一个主题的信息或对主题进行解释。"[1]"思考性散文"是"作者在散文中表达关于一个主题的个人观点"，"作者经常对他们描述的经历的重要意义进行思考，并且通过这种思考达到较深刻的理解"[2]。

从其定义来看，四种亚文体分别相当于中国文体分类中的"社科文""讽刺小品""说明文"和"议论文"。从广义上说，这些文体划入大散文当中，也没有什么争议。这套教材把散文分为四种不同类型，但在选文的分析以及教学价值的确定上，并没有按照散文的四种分类依据进行，这在某种程度上失去了分类的作用。虽然如此，我们还是可以按照这套教材的思路，列出几个散文的下位概念，以供我们建构今天散文教学的概念体系。

仅从两套教材的简单比较可以看出，中国散文观更注重情境，美国散文观注重逻辑和义理。有人说，中西文化分别代表艺术与科学的分野，在散文观上也算是一例。

---

① 马浩岚．美国语文．北京：同心出版社，2004年，第809页
② 马浩岚．美国语文．北京：同心出版社，2004年，第837页

拓展延伸

《荷塘月色》是一篇经典课文，下面是一套教材中有关该文的学习活动。其目的是通过这篇课文两课时的教学，帮助学生知道阅读这一类抒情散文的两个关键：一是对作者情绪轨迹的梳理；二是通过对核心意象的感受、分析，把握借景抒情散文的意蕴。

【准备与预习】

1. 上网查阅 1927 年 7 月前后中国社会状况和朱自清先生个人的生活状况，筛选主要信息，抄录其中 3~5 条事实。

2. 反复朗读课文，感受荷塘风韵，欣赏月色之美。

【整合与建构】

一、理清作者的活动轨迹

1. 画出作者夜游荷塘的活动轨迹。

（1）圈画出文章中表示地点的词语。

（2）用线段依次连接这些地点。注意，按照作者在这些地点活动时间的长短确定线段的长度。

2. 轻声朗读 4~6 段，完成下列学习活动。

（1）填写下表。

	列出主要景物	抄写几句描写景物的语句	发现作者视线的变化
第四段			
第五段			
第六段			

（2）用几个词语概括作者所选景物的共同特征。

（3）荷塘周围应该还有别的景物，作者为什么没有写它们？

3. 阅读作者从荷塘回到家这部分文字，讨论：

（1）作者写离家和回家的活动过程有什么不同？说说其中的原因。

（2）想象作者回家路上的步履、神态等。

（3）用简洁的语言概括作者回忆江南的思绪痕迹。

二、发现作者情绪的变化

1. 感受作者情绪变化。

（1）朗读文中描写景物的语句，体会作者情绪的变化。

（2）作者在哪些地方、面对哪些景物时的情绪较高，何时何地情绪较低？

（3）选用合适的词语分别描述作者在不同地点时的情绪。

2. 描绘作者情绪变化过程。

（1）以先前所画出的作者活动轨迹为坐标系的横轴，以情绪高低为纵轴，画出作者情绪变化的曲线。

（2）找出作者情绪转折点，体会并说说作者在这些转折点上的情绪。

（3）讨论作者活动空间与情绪变化之间的关系。

三、领悟核心意象

1. 作者心中的"荷塘"。

（1）读一读描写荷塘的文字，用自己的话概括作者笔下荷塘的特点。

（2）想象并描述作者面对荷塘时的神情。

2. 作者心中的"家"。

（1）作者与家有关的心理活动有哪些？

（2）想象作者在"家"这个活动空间里的情绪。

（3）作者最终还是不知不觉回了家，为什么会"不知不觉"？

3. "荷塘"与"家"的寓意。

（1）作者在文章中着力描写了"荷塘"上的景色，为什么没有直接描写"家"的情境？

（2）下面一段文字（第3自然段）是作者由家走向荷塘的心理历程，其中有不少相对或相反的词语，这些词语与"家""荷塘"是什么关系？

路上只我一个人，背着手踱着。这一片天地好像是我的；我也像超出了平常的自己，到了另一世界里。我爱热闹，也爱冷静；爱群居，也爱独处。像今晚上，一个人在这苍茫的月下，什么都可以想，什么都可以不想，便觉是个自由的人。白天里一定要做的事，一定要说的话，现在都可不理。这是独处的妙处，我且受用这无边的荷香月色好了。

【拓展与应用】

1. "这几天心里颇不宁静"作为文章开头，它有什么作用？

2. 有套教材编选本文时，删去了"梁元帝《采莲赋》……可见当时嬉游的光景了"这段文字，评价编者删减得是否合理。

3. 背诵课文第4、5两个自然段。

《荷塘月色》历来是很多教师开研究课、观摩课时喜欢上的一篇课文。不同的教师设计的教学目标不同，有借此文教学生对景物进行分角度描写的，有教学生赏析优美的语言的，也有教学生在朗读中体会作者心绪情感的。不同的教材将此文编排在不同单元，人教社将该文编在"写景散文的阅读"单元，上海教材将此文编在"文学作品中的意境"单元。

上面这一组学习活动，是从显性的活动轨迹的梳理，进而发现隐性的情绪变化，理清作者情绪变化过程，就很容易理解作者在文章详略处理上的用心。例如，作者在回家的路上联想到《采莲赋》《西洲曲》里的情境，就是将自己在荷塘时的淡淡的喜悦之情逐渐转向回到家里（虽然是不知不觉中回到家的）淡淡的惆怅之情。以前有套教材删除这一部分文字，这是不可以的，文气断了，有研究者戏说"删除这部分文字，朱自清就回不去家了"。

理清作者情绪变化的轨迹之后，再深入探究作者在"家"和"荷塘"这两个核心意象所寄寓的内涵。作者在家中心情是"颇不宁静"的，"妻迷迷糊糊地哼着眠歌"；夜游荷塘之后回到家中，"什么声息也没有，妻已睡熟好久了"。总之，这个家没有传递出对"我"的关爱，不像《荷花淀》中"门还没有关，丈夫还没有回来"的体贴温馨。从某种意义上讲，"家"象征着现实生活，而"荷塘"恰是一个人自由的天地，是只属于这个人自己的精神空间。只是，"荷塘"永远是刹那的，在不知不觉中，每个人总是很快就回到现实中。

以上设计比较好地体现了如何阅读抒情散文的关键。

修炼建议

1. 想一想，平时你是如何教散文的。阅读完上面一节内容，你觉得你对散文教学有哪些新认识？

2. 你认为应该从哪些方面衡量散文教学？你为你平时的散文教学打多少分？哪些方面打分高？哪些方面扣分多？

3. 收集一些散文教学设计或实录，看看他们在教学内容方面做得如何，主要存在什么问题，尝试帮助改几份设计。

4. 有人说，"散文最好教，也最难教"，结合你的教学经验，谈谈对这句话的理解。

第三节　小说的阅读教学

问题展示

叶老师：最近我观摩地区组织的"小说单元阅读教学同课异构"展示课，三位教师上同一篇课文《项链》，但三个教师上课的内容大同小异，都是分析玛蒂尔德的人物形象，我感觉这样上异构课的意义不大，但如果让我来上，也不知道除了教人物形象以外还能上什么。

说实话，小说阅读应该教什么，这些年来我一直不太有数。以前我上中学的时候，老师都是分析主题，现在感觉大家都在分析人物形象，要说差别，无非是主人公是一个什么样的人、喜欢不喜欢的问题。这样做，上一两篇小说还可以，分析多了成了套路，学生就没有兴趣了。我想问一下，小说阅读除了理解主题和分析人物，还能上其他内容吗？怎么上？

毕老师：最近，我看到一些文章，主张从叙事学的角度来解读小说。我想问，中学语文教学有没有必要引进一些西方最新潮的理论？我担心，如果我们自己还没有搞懂，上课反而把学生搞乱了。

案例分析

两位老师的困惑，涉及两个问题。一是对小说教学内容的思考，另一个是对异构课的疑问。

先说小说教学内容的选择。确定教学内容，简单说就是教师通过这篇课文教点什么，或者从学生的角度看，让学生学到点什么。以前，关于小说的认识，我们基本上认可高尔基的说法：人物、情节、语言是小说的"三要素"。这种概括虽然主要来自他的创作经验，但是还是抓住了小说中最基本的东西。现代西方文论认为，同样的故事内容，不同的讲法会影响故事的意义，因此，在人物、情节、语言又增加了"叙事学"视角，包括叙事角度、叙事态度、叙事方法（主要是时空关系的顺序）。不过，也有人认为，"情节"和"叙事"犹如一个硬币的两面，前者是就故事本身的结构而言的，后者说的是讲故事的人是如何安排故事结构的，对于中学生来说，把它们区分开没有多大必要，毕竟我们不是为了让学生学习小说创作。

我认为，不能抽象地讨论一篇小说应该教什么，而要看课程的要求、看教师的意图。如果要通过一篇小说去了解社会风貌、体察复杂的人性、感受丰富的语言，选择"三要素"中的某一点来设计教学目标和教学活动，也就足够了，毕竟一篇课文不可能满足我们所有的学习需求。当然，我也不反对借鉴一点西方文论的视角开拓学生的思路，但这要有几个前提，一是选择已经获得广泛认可的，简单易懂的。例如叙述"人称""时空交错"等，学生一听就明白；二是对解读文本、提升学生境界有帮助的，不能为用理论而用理论，更不能变成理论讲解课；三是教师自己要真懂，能掌握精髓、化繁为简。我就听过这样一节课，为了阐述一个新概念，老师用了将近30分钟，教师似懂非懂，学生糊里糊涂，效果当然适得其反。第四，不要所有小说都从叙事角度分析，毕竟小说的主要元素还是人物和故事，小说的主要阅读价值还是社会认知和语言感受。因此，多数小说教学从分析人物入手也不能算错，最多算教学设计比较单调、获得的营养不够丰富。

当然，分析人物形象也有不同的方法，理解人物只是一种，还可以换换别的手法，例如为人物画像，替人物写传记，给人物打分，与人物对话，扮演小说里的人物角色，以小说中某个人物的口吻讲其他人物的故事等等，这样一来，课堂就丰富多彩了。由此联想到"同课异构"，很多课看上去"雷同"，其症结不在于都是分析人物，分析人物也可以上出完全不同的课。当然，要在小说教学设计上驾轻就熟，还需多了解有关小说教学的知识，才能多掌握一些教学设计思路。

　　小说是平时的阅读中人们接触数量较多的一类文体，在语文教材里占的比例也很高，因此，把握小说文体的特点、理清小说阅读教学的主要内容，对提高小说教学成效具有重要价值。

　　理清小说阅读教学的内容，需要回答下面这些问题：

　　（1）人类为什么会产生小说？或者，在人类文化史上，小说这种文体具有哪些功能？

　　（2）今天的人通过阅读小说有哪些收获？

　　（3）在语文课堂上读小说类课文，与生活中读小说有什么不同？

　　小说属于叙事艺术。从发生学的角度看，叙事艺术包含叙事诗、小说、戏剧、影视，其核心要素是"故事"，而小说是用语言文字讲故事，是叙事艺术中最蔚为大观的代表。

　　每个民族都独立地孕育出了自己的叙事艺术门类。或者说，为什么每个民族都热衷于讲故事呢？这是因为小说具有其他文体所不具备的特殊功能：

　　1. 记录历史，垂示后人。最早的叙事讲述的都是先民的故事，即通过口口相传的形式记录本民族上几代人的迁徙史，再现先民们的生活风貌。因为韵文更便于记忆和传播，所以一些流传下来的叙事作品都是韵文形式，例如藏族的《格萨尔王传》。自有了文字以后，故事便取代叙事诗，主要承担记录功能。

　　2. 宣扬教化，劝诫警示。由于文字的广泛使用，记载先民历史的功能渐渐让位于史传作品，叙事文本的真实记录特点于是向虚构方向偏移，其文化功能也开始由"再现"生活向"表现"作者的主观意图发展，即作者通过"讲故事"的方式，传达自己的思想感情和社会主张，达到影响他人的目的。例如，在我国最早的故事集《搜神记》《幽明录》中，有不少是死而复生的故事，即通过故事宣扬佛教的生死轮回主张，劝诫人们多多行善。我国早期启蒙主义思想家们也看到了小说的这一新功能，梁启超认为，小说具有"熏""浸""刺""提"这四种力量，因而提出"欲新一国之民，不可不先新一国之小说""故今日欲改良群治，必自小说界革命始"①。近代以来，在中华民族生存危机的大背景下，服务于社会改良的目标，小说影响社会的功能屡次被看重，从五四新文化运动到左翼文化运动，再到延安文艺运动，无一例外，但不能因此否定小说的这种重要功能。

　　3. 丰富阅历、获得间接经验。从读者的角度看，别人的故事、已经发生的重大事件、重要人物的活动及结果，等于为我们提供了可以借鉴的镜子，它可以让人们总结经验教训，有利于儿童成长和社会道德行为的规范化，可促进社会进步。"它作为第二

---

　　① 梁启超. 论小说与群治之关系. 新小说，1902（11）

个造物主，默默地向我们叫道："人呵，瞧瞧这面镜子吧，你这一族类应该是，而且能够是这个样子'"。①

4. 展示作者创造才华和艺术个性。最早的叙事艺术多属于口口相传留下来的"集体创作"。有了独立创作，作家可以借助小说表达对历史、人生及社会问题的看法，也有一些小说纯粹是展现个人在思维方面的特点，在语言形式方面的创造才华，于是产生了"为艺术而艺术"的一派。"小说不是现实，它是个人的心灵世界，这个世界有着另一种规律、原则、起源和归宿。"王安忆认为："小说的价值是开拓一个人类的神界。"② 否认小说的社会表达功能，这显然是以部分代整体，以自己的艺术价值观代多元的价值观，不是客观公允之论，也是不可取的。

5. 愉悦读者。讲故事能直接作用于人的感官，让人沉浸于悲欢离合的故事中，让读者感受他人的喜怒哀乐，暂时与所处的现实生活"脱离关系"，使人忘记眼前的烦恼，从而起到缓解压力、愉悦身心的作用。在传媒不发达的时期，"说书"总是能吸引大量居于社会底层的人，部分奥秘就在这里。

对一个具体的社会人来说，读小说可能会满足他的这样一些需求：

（1）了解外部世界，包括历史与现实生活信息；

（2）丰富生活经历，补充情感体验，学习为人处世的道理，帮助自己提高认识社会和人生的能力；

（3）传承民族文化，促进"想象的共同体"的产生；

（4）满足娱乐需求，即借助"他人"的故事，得到心理上的刺激与释放，产生精神愉悦感；

（5）丰富精神生活，即借助阅读活动，实现与另一个"我"的对话，确立自己精神世界的独特存在；

（6）体验虚拟世界的奇妙，参与人物故事的塑造，体验想象世界的各种可能；

（7）提供自我反思的镜子，通过审视他人的行为实现对自我的反思，把人作为客体加以记录、观察、反思；

（8）语言学习功能，借助大量阅读来学习文字、获得语感，并保持通过文字符号认知的能力。

平时人们读完一篇小说，凡是实现了上述任何一种功能的，都可以看做"有效阅读"，都可以归为"开卷有益"。

随着媒体的发达，上面列举出的阅读小说的许多意义已经发生了很大变化。其中，阅读的娱乐功能、了解外部信息的功能，在当今社会生活中，大部分已经被电视、网络等取代。但是，借助小说阅读，今天的人们仍然可以丰富生活阅历、提供反思对象、

---

① 刘小枫. 人类困境中的审美精神. 上海：东方出版中心，1994 年，第 8 页
② 王安忆.《小说家的十三堂课》前言. 上海：上海文艺出版社，2005 年

体验想象世界的丰富多彩与创造快乐、学习语言表达技巧等，这也是小说至今还有很大市场的重要原因。

不过，学生在语文课堂里阅读小说，如果仅仅有这些收益，那么这与他们在家里读书便没有多大区别，他们是不需要到课堂里、通过专门课程来获得的。学生在语文课堂里阅读小说，其特殊性在于这样一些方面：

（1）它是经过专家们精心挑选的文本，一篇小说应尽量体现出在某一方面的代表性，而不是随意地翻阅；

（2）它是按照一定的单元目标和计划在实施阅读课程，而不是零碎的、毫无关联的阅读；

（3）它是有教师指导的、相对精细的阅读，而不是一目十行的浏览；

（4）它不仅仅是为了读懂课文里的"这一篇"小说，还应该借此学一点小说阅读的技巧，以指导高效开展课外阅读。

我们可以把课堂阅读小说的意义归纳为这样三大类：

（1）借一篇典型小说的学习，获取尽可能多的社会人文信息，丰富生活体验，认识社会人生，提升人文境界。这可以说是学生阅读小说的成长学习意义。

（2）借助优秀小说的表达形式，培养语感，提高语言感受和表达能力。这可以说是学生阅读小说的语感学习意义。

（3）解剖一篇小说，探索某一类小说的语言表达特点，了解人类思想表现的规律，学习快速阅读小说的技能，为更好、更多地阅读小说服务，这可以算作是学生阅读小说的图式学习意义。

在小说阅读教学设计和实施上，凡是把教学目标聚焦于上述任意一点的，都可以认为是有利于导向有效教学的。

一个学生只要认真阅读了一篇小说，阅读过程中的"语感学习"功能就得到了基本体现；在以往的小说阅读教学中，教师们做得较多的是引导学生"分析人物形象"和"把握小说主旨"这两项内容。这对于完成上面所说的"成长学习"功能来说是十分需要的；相对比较缺乏的是，在阅读过程中，借助小说的某些知识，帮助学生认识小说的表达特点，获得小说阅读的图式，以提高小说的阅读效率。

近年来，人们开始注意从小说知识的视角来设计小说教学，以达到让学生学会阅读小说的目的。较有特点的是人民教育出版社 2005 年推出的一套选修教材。在该教材《外国小说欣赏》一册里，编者用与小说有关的"叙述""场景""主题""人物""情节""结构""情感""虚构"等八个关键词把选文组织成学习专题；在每一个专题中，再列出几个关键概念（该教材称"基本话题"）分别介绍一些相关知识，有的在"基本话题"下又列出了一些次级概念（该教材称"延展话题"）。下面是这套教材中两个专题里的小说课文与小说知识的关系图：

中语文教师专业能力必修

Gao Zhong Yu Wen Jiao Shi Zhuan Ye Neng Li Bi Xiu

专题	选文	基本话题	延展话题
叙述	海明威《桥边的老人》 伍尔芙《墙上的斑点》	叙述角度	谁来说，上帝俯瞰和凡人眼光
		叙述人称	"我"与"他""你"
		叙述腔调	腔调的背后，"讲述"与"显示"
		速度控制	
场景	雨果《炮兽》 普宁《安东诺夫卡苹果》	在场景中生活	场景，小说的最小构成因素，空间是人物活动的舞台，场景的分类
		场景的功能	给全篇定调，营造意境与渲染气氛，引导人物出场，揭示人物性格，作为象征
		场景的意义	衬托，作为幕间音乐
		现代小说的场景观	古典小说的场景：细致、确切 现代小说的场景：模糊、虚幻
主题		小说的灵魂——主题	写不厌的母题，主题的复杂性
		主题的形成	以思想为目的的小说，以故事为目的的小说
		主题的实现	小说的忌讳，主题鲜明，形象大于思想，模糊处理
		主题的选择与开掘	小说与当下的关系，永恒主题，主题的千锤百炼
		主题观的演变	由单纯到复杂，由具体而抽象
人物		贴着人物写	
		揣摩人物的心理	
		描摹人物的语言与行动	语言也是一种行为，言行是内心世界的流露
		原型人物与扁平人物	
		人物在现代小说中的退隐	古典小说中的人物：个性化 现代小说中的人物：类型化

21

从编写者的出发点来看，有了一份知识地图，教学中教师可引导学生从这些角度、运用这些知识去解读课文，将知识和阅读材料结合、参照，从而高效率地理解课文，提高解读类似课文的能力。不过，知识点的价值及科学性怎样、知识点与课文的匹配度如何，都需要斟酌，否则会自缚手足。例如，教材中的"叙述腔调""风景""贴着人物写"等概念就值得商榷；在专题一中，课文《墙上的斑点》的意识流特点，与这一专题重点介绍的"叙述人称""叙述腔调""叙述速度的控制"联系不紧密，无疑影响了教材的使用。关于小说知识的介绍，应该追求"实用"原则，即不要事先考虑一定要向学生介绍关于小说的知识，而应根据选文的需要。若教材所选的某篇小说用某个概念来理解比较好，则在选文后面简单加以介绍。下面是美国一套语文教材中知识和选文的处理：[①]

选　文	知　识	二者的关系
华盛顿·厄文《魔鬼和汤姆·沃克》	无所不知的叙述者	魔幻小说的叙述内容需要无所不知的叙述者
爱伦坡《厄舍府的倒塌》	单一效果	"单一效果"是爱伦坡自己的小说创作理论，即"小说中所有的材料都应为一个叙述目的服务"
梭罗《瓦尔登湖》	风格	梭罗《瓦尔登湖》的内容、观点与语言表达之间有内在联系
斯蒂芬·可瑞恩《战争插曲》	现实主义和自然主义	对战争题材小说来说，不同的创作态度对小说有很大影响
马克·吐温《卡拉维拉斯县著名的跳蛙》	幽默	马克·吐温的幽默文风众所周知
杰克·伦敦《生火》	冲突	杰克·伦敦擅长描写两种力量的搏斗，从冲突的角度理解无疑是很恰当的
凯特·肖邦《一小时的故事》	反讽	凯特·肖邦擅长写婚姻、女性等家庭伦理题材，语调多反讽
维拉·凯瑟《一场瓦格纳音乐会》	人物塑造	作品描写了一次听音乐会的过程，塑造了"我婶婶"的形象，集中、典型
约翰·斯坦贝克《龟》	主题	对一种简单意象的复杂多样的理解
海明威《在另一个国家》等三个短篇	视点	该单元三篇小说的叙述者，分别是主角第一人称、次要人物第二人称、局外人第三人称，可理解叙述者对不同故事意义的影响
伊迪斯·沃顿《四月沐浴》	情节因素 电影情境	小说具有矛盾、发展、高潮、解决、结局等，情节转变影响阅读效果
凯瑟琳·安·波特《被遗弃的韦瑟罗尔奶奶》	意识流 戏剧性独白 特征刻画	小说描写一位即将去世的老人脑海中闪过一生的经历，用意识流理论来理解很贴切
伯纳德·马拉默德《前七年》	显现	主人公对其他人物或行为突然洞察，相当于中国文学中的"顿悟"，是现代小说的一个特征
约翰·厄普代克《棕色的大箱子》	气氛	一个人在母亲去世后检查母亲遗物，道具、环境、气氛

---

① 马浩岚. 美国语文（上）. 北京：中国妇女出版社，2008 年

可以看出，这套教材的编者不是先列出一个小说的知识序列，而是让知识介绍跟着课文——所选的小说走。小说中的某个明显特点比较适合用哪种说法阐释、哪种知识与课文关系密切，选文后面就作适当介绍，同时，训练题也围绕这一点来组织。这样，虽然知识之间不一定形成有明显逻辑关系的序列，但对理解课文、教学却很有帮助，这是值得借鉴的。

近年来，有人主张要用现代文学理论重新建构对小说教学的知识体系，例如"叙事学""诠释学""心理分析""结构主义"等理论。我认为，中学生学语文的主要目的还是借助一些常识和工具去理解作为语言学习材料的"课文"，不是学习新批评理论与作文本分析。例如，对小说这种文学作品来说，用传统的"人物""性格""冲突""情节""场景""人称"等概念，也足够了，一些新批评理论反倒不是文学研究的方法。个别教师若有基础和兴趣，偶尔向学生介绍一点新知识当然很好，但不必作为常态的教学要求。

拓展延伸

《清兵卫与葫芦》是人民教育出版社的选修教材《外国小说欣赏》中"情节"这个单元中的一篇课文，下面是上海市嘉定二中王冰清老师关于这一课的教学设计。

【教学目标】

1. 理清文章情节，理解情节摇摆的意义。
2. 理解追求个性自由发展的期望和个性解放、人道主义的精神追求。

说明：

《清兵卫与葫芦》是"情节"单元的一篇小说，"情节"话题重在让学生知道情节运行的基本模式和对小说主题的作用。《清兵卫与葫芦》中摇摆是情节主要的运行方式，通过理解、鉴赏情节的摇摆，深入理解小说主题的深刻性。

【教学重点与难点】

重点：理清文章情节，说出情节摇摆的特征，说明其意义。

难点：情节的摇摆对小说主题的作用。

【教学时间】　　1课时

【教学过程】

教学环节	教师活动预设	学生活动预设	设计意图
课题导入，激发兴趣	小说题为《清兵卫与葫芦》，结合第一节内容可知这是一个关于清兵卫与葫芦的故事，清兵卫与葫芦的关系是怎样的？为什么会发生如此大的转变呢？第一段是怎么交代的？ 板书：热衷葫芦 这件事 断了关系	可从第1段中找到答案：热衷，断了关系，因为发生了这件事。	体会小说的悬念所产生的作用，同时也为体会1～20节情节摇摆作用做铺垫。

教学环节	教师活动预设	学生活动预设	设计意图
梳理主要情节，发现摇摆	那么这件事具体是怎样一件事呢？小说从第几节到第几节讲述了这件事呢？请以清兵卫与葫芦为线索，概括梳理主要情节。 板书：买到好葫芦　葫芦被没收　葫芦被砸	从21节到37节讲述了这件事，主要情节为：买到好葫芦、葫芦被缴、葫芦被砸。	梳理出主要情节，其实很自然地就注意到了情节的摇摆。
讨论其他情节，明确摇摆的意义	那么38节的情节主要讲了什么？删去可以吗？1～20节的内容删去可以吗？第29节写教员的爱好删去可以吗？第45、46节删去可以吗？ PPT：不同颜色演示这些是否需要删去的段落，加强学生的印象。	删去不可。1～20节的情节不仅写出了清兵卫对葫芦的眼光很独到，还写出他对葫芦的投入、专业，得到专家的认可。之前成人对他的认识是错误的，但可惜他对葫芦的独到艺术鉴赏眼光却最终也无人知道。 联系前文父亲、客人谈论葫芦，对清兵卫的不理解，甚至是轻蔑。体会成人世界与儿童的对立，一般成人对艺术缺乏鉴赏眼光，与清兵卫的独到眼光形成对比，深刻体会小说主题。 讨论得出这些情节的意义，即情节摇摆的意义： ①放缓情节运行的速度，给读者想象的空间。 ②唤起读者生活经验。 ③使读者处于等待状态，想了解主人公为何最终放弃对葫芦的热爱。 ④感受父亲、父亲的朋友、教员等成人与清兵卫等儿童的对立、冲突，深入体会小说主题：追求个性解放，提倡人道主义精神。	通过比较，体会情节摇摆的意义，也更深刻地理解小说主题的深刻性，而实际上小说的深刻性与摇摆之间的关系是一种根本性的关系。
小结：明确情节摇摆的概念	摇摆是小说运行的动力所在。通过语言、情节、性格以及主题的摇摆，小说才得以如河流一般不住地向前奔流。小说的运行过程，实际上就是一个摇摆过程。摇摆意味着小说在运行时，不是毅然决然地向前奔突，而是在绝大部分时间里呈现出犹豫不定的状态。	结合本文的学习加以体会。	明确情节摇摆的概念，在今后的阅读、学习中有意识地运用这一小说情节运行的方式进行鉴赏。
布置作业	续写《清兵卫与葫芦》，设计情节的摇摆。	课后完成。	在运用中进一步体会情节摇摆的意义。

王冰清老师设计的教学目标和教学过程颇为独到，她为小说教学的研究和实践提供了一个不错的案例。

王老师设计了三个板块的教学活动，首先是引导学生梳理小说讲述的故事，主题板块是辨析那些看似不重要的、游离出去的情节是否可以删除，最后一个教学板块是总结这节课的学习收获，布置作业，巩固学习成果。正如王老师在"设计意图"中的说明，这三个板块之间逻辑性很强，学生从整体把握故事开始，逐步进入对情节摇摆的感性认识和理性分辨的学习过程。

从这份设计上看，不足之处在于有一些知识的教学还不是很清晰。如关于"摇摆是小说运行的动力所在"，有一些问题还可以明确或深入。具体说来，什么是"情节的摇摆"、为什么说"摇摆是小说运行的动力所在"、怎样能明确判断哪些内容属于情节的摇摆、情节的摇摆与以前学习过的铺垫伏笔有什么样的关系等等。

再如，关于"故事"和"情节"是什么样的关系，学生也是需要了解的。在叙事学看来这二者是有区别的，曹文轩认为"所谓故事就是对一些按时间顺序排列的事件的叙述"。爱·摩·福斯特在《小说面面观》中指出："情节是小说的逻辑面。与故事（按时间顺序）不同，情节也要叙述事件，但它特别强调因果关系。""把握故事是受好奇心驱使的（好奇心是人类最原始的一种官能），而情节则是要凭智慧和记忆力才能鉴赏的。"

修炼建议

1. 回忆你读小说的经历和体验，想一想，随着你年龄的增长，在小说的阅读兴趣、阅读量、阅读方式上有哪些变化。在课堂上把你的体会与学生交流。

2. 整理教材中提到的有关小说的基本概念、知识，完成一张小说"知识树"。

3. 选择一篇小说类课文，列出所有你认为可以教的内容，如主题、人物形象、环境、矛盾冲突、叙述线索、语言风格等，看看哪个角度最能体现这篇小说的特点，然后进行教学设计，并试着在班里上一次课。

4. 与教研组其他教师一起，为学生开一份经典小说作品的阅读书目。

第四节　诗歌的阅读教学

问题展示

朱老师：我们常说，兴趣是最好的老师，可是当今是一个极其浮躁的社会，几乎没有几个学生喜欢诗歌，相对来说，古代诗词倒还好些，现代诗就更糟糕。因此，每到诗歌单元我都觉得特别发愁。更有甚者，有时候任凭教师在那里激情澎湃，学生却并不领会。有一次我听一个教师上海子的《春暖花开》，一个学生起来朗诵的时候，居然有人笑出声来，诗歌里的美好意境完全被搅和了。怎样让学生喜欢诗歌？

任老师：我发现有的老师教诗歌讲得太多了，短短几行能用一两节课。因为诗歌篇幅都很短，内容理解也不难，我的做法是，以教材里的诗歌为中心，再选择几首同类型的诗歌，让学生反复读，反复体会，我猜想古人说的"涵咏"，可能就是这样。但我不知道高中这样教好不好。

案例分析

朱老师在信中反映的问题，不仅是诗歌教学上的问题，也是整个社会甚至全人类发展中遇到的问题。文学艺术的本质特征之一是其非功利性，而诗歌又是文学艺术中的花朵，它往往离物质最远，而离心灵最近。正因为这样，诗歌已经被越来越理性化、功利化的社会轻视甚至抛弃。

一个人可以不写诗歌不读诗歌，但是不能没有诗性。这也是中小学应该学习诗歌的意义之一。中学生不可能脱离整个社会环境，要语文教师独立承担起对抗社会功利化的重任是不现实的，但是，从技术上说，在课堂这个小环境中，教师运用自己的热情、言行，营造有利于诗歌教学的小环境，使学生敬畏艺术、亲近诗歌、感受诗性，还是可以有作为的。巧得很，一次我听一位教师教戴望舒的《雨巷》，一个同学被叫起来朗诵，当他朗诵"我希望逢着/一个丁香一样的/结着愁怨的姑娘"这一句时，班里不少学生也大笑起来。后来得知，这个班里有个女生就叫"丁香"，此时学生发笑符合人之常情。可贵的是，这个教师把课停下，让课堂保持了十几秒钟静默，然后庄严、动情地谈她对诗歌的认识："诗歌是人类最纯洁的感情的沟通，有人说，对待诗歌就应该像敬畏上帝一样，要沐浴以后才可以读……"学生也肃然起敬。此后，这节课就再也没有干扰了，我相信，以后这位教师教别的诗，学生也一定会怀着这样的敬畏之心。

有了对待诗歌的正确态度，教学设计、教学技巧、课堂经验就在其次了，因为这些东西毕竟是可以学的。

理论点拨

人们常说，"教什么决定怎么教"。诗歌教学教什么，首先还是应该从诗歌产生的源头开始梳理。只有抓住了诗歌的本质特征，弄清楚诗歌对以往人类社会生活和当今青少年语文学习、情感成长的独特意义，才能明了诗歌教学的内容。为此，我们首先需要思考下面这几个问题：

（1）人类为什么"发明"诗歌、需要诗歌？

（2）诗歌区别于其他文体的核心要素是什么？

（3）今天的人们在哪些方面需要诗歌？

（4）诗歌对青少年的社会成长和语言能力发展有哪些功能？

（5）诗歌在语文学习体系中有哪些特殊价值？

朱光潜先生认为，在人类文化史上，诗歌是最早出现的文学形式："诗歌的起源不但在散文之先，还远在有文字之先。"[1]《诗大序》这样描述诗、音乐、歌舞的关系："诗者志之所之也。在心为志，发言为诗。情动于中而形于外，言之不足，故嗟叹之；嗟叹之不足，故咏歌之，咏歌之不足，不如手之舞之，足之蹈之也。"这里的"志"，是"情绪""情志""想法"。从发生学的角度看，诗歌与人的感情表达最为密切。

了解诗歌的功能，一条路径是从起源上看，另一个路径是通过比较。人类最早的文学形式是诗歌，随着生活的需要，人类又慢慢发展出散文、小说、戏剧。孔子认为，"《书》以道事，《诗》以达意，《易》以神化，《春秋》以义"（引自司马迁《史记·滑稽列传》），在这里，孔子借《诗经》等典型文本把诗歌和其他文章的功能做了明确区分。由此观之，在这四大文学体裁中，诗歌的独特担当是什么呢？当然，凡是文学艺术都离不开情感，但相对而言，小说以客观塑造人物形象、冷静地描绘社会生活为手段，思想情感的表达含蓄、委婉。散文往往是真实讲述个人的一段经历、见闻，通过借景抒情、借事喻理表达在某一个话题上的感受、趣味和想法，其重心在写景、记事和哲理，只有以抒情为重心的抒情散文比较接近诗歌；戏剧文学借助人物表演，展现社会生活、塑造人物形象，是对生活场景的模拟。这四种文体中，只有诗歌承担的情感情绪最直接，它往往是借助直觉感受世界、运用形象思维描绘感受、通过意象传达对生命的感知和理解。艾略特认为："诗歌是生命意识的最高点，具有最伟大的生命力和对生命的最敏锐的感觉。"[2]历来人们一直将"诗"与"歌"并称。因为在所有文学形式中，诗与音乐的关系最接近，很多原始的诗都是准备配合音乐的歌词，如《诗经》、宋代的词。至今不少民谚、儿歌还保留着与音乐的密切关系。歌词要求有韵脚、有旋律，句式相对整齐，形成一种有规律的变化，便于被他人感受、便于记忆、便于口头流传，这就是韵律和节奏的起源；诗歌的篇幅一般比较短小，在写作中可以更有时间来锤炼语言、在流传过程中也更有可能被修改，所以，在所有文学表达形式中，诗歌的语言最凝练，也最精致。

至此，我们可以大体归纳出诗歌的主要特征：

（1）抒发情感、直视生命意义是诗歌最本质的目的和功能特征，诗歌教人远离功利、世俗，与这个本质有关。

（2）依靠形象思维、创造意象是诗歌的表达特征。跳跃的思维、丰富的想象力，都是与形象思维有关的。"形象的目的不是其意义易于被我们理解，而是制造一种对事物的特殊感受。"[3]

（3）形成节奏和韵律是诗歌显著的声音特征，诗歌的分行、有韵脚、复沓等形

---

① 朱光潜. 诗论. 合肥：安徽教育出版社，1997 年，第 3 页
② 沈奇. 西方诗论精华. 广州：花城出版社，1991 年，第 1 页
③ 维·什克洛夫斯基. 散文理论. 上海：百花洲文艺出版社，2010 年，第 17 页

式，都是形成诗歌节奏所需要的。

（4）语言凝练、精致是诗歌显著的文字特征。

在不同的历史时期，人们对诗歌的阅读期待不同，收获自然也是不同的。在文明社会的初期，由于语言文字不发达，而诗歌因其短小精练、易记易传，自然承担起了信息传播主要媒介的任务。那时的诗中，既有历史、政治、哲学、文学，也有为人处世的道理，简直是指导生活的百科全书。孔子曾总结说，《诗》"可以兴，可以观，可以群，可以怨。迩之事父，远之事君，多识于鸟兽草木之名"（《论语·阳货》），还说，"不学诗无以言"，"不学诗无以立"，对读诗的作用评价很高。不过，随着社会分工细化，诗歌的许多功能渐渐分化出来，让位给了其他专业文本。比如，今天的人们要看最新的资讯，可借助发达的媒体；要讨论政治哲学、表达思想感情或态度，可以发表学术论文或上网发帖；要学习各门学科知识，有完备的学校教育；要提高语言表达能力，我们今天有大量的各种文本可供阅读。因此，今天人们的精神生活留给诗歌的空间已经不多了。这就是今天诗歌创作和阅读活动日渐式微的原因之一。

但是，在学校教育知识体系中，诗歌有其不可替代的价值。发展心理学认为，青少年的生理和心理成长过程，恰似人类发展过程的复演，诗歌在人类文明发展初期所起到的作用，恰恰也适用于青少年教育。例如，儿童所念的儿歌，里面有知识、有语言，也有为人处世的道理。儿歌对青少年成长的教育价值，就非常类似于孔子时代《诗经》的教育价值。

当然，高中生的诗歌阅读已经超越了儿歌时代，他们阅读诗歌的主要目的，也应该超越学知识的阶段，回归到诗的本质：情感体验、形象思维、节奏韵律、语言精致。其中，对于语文课程来说，情感体验价值和语言积累价值最大，这也是诗歌阅读教学最需要着力的两个方面。

在语文教材的文学文体中，按照从感性到理性，由抽象到具体的顺序依次是诗歌、散文、小说、科学小品、议论文。诗歌因为较少细节的描述，较少价值观的束缚，是比较纯粹的感情抒发，因而诗歌比其他样式的文学作品更能超越时代的局限、从而获得持久的生命力。例如，你能说"念天地之悠悠，独怆然而涕下"是抱怨哪一位友人不理解自己吗？你能说"天生我材必有用"是发泄对哪一位当权者的不满吗？你能说"我的眼里常含泪水，因为我对这片土地爱得深沉"是控诉社会黑暗吗？今天，我们也许能讲清楚"黑夜给了我黑色的眼睛，我却用它来寻找光明"是针对什么社会现实，但一千年以后，恐怕就只剩下生命的抗争、青春的渴望了。诗歌从创作来说，是个人情绪的瞬间爆发，对读者来说，感受到的却是人类普遍的爱与恨、美与丑、和谐与冲突等永恒情感。比如从屈原的《天问》中，我们能体验上下求索与质疑的精神；从"前不见古人，后不见来者""西出阳关无故人"中品尝永恒的孤独感；从"天生我材必有用，千金散尽还复来"中领略大丈夫的万丈豪情；从"大庇天下寒士俱欢颜""吾庐独破受冻死亦足"去接近人类的崇高感；从"悠然见南山""海上明月共潮生"感受人对自然的憧憬与和谐。可以这么说，诗歌是人类某种宝贵的情感在某个人身上瞬间的灵光闪现，只不过通过诗人的语言放大了，把它传递给别人。

情感、形象是直达心灵的路。通过这些充满意味的形象，我们在瞬间就可以补充情感经验的不足、体验到某种人生情绪的极致。正因为这样，诗歌才能比其他文体更能超越时代背景、民族风俗甚至阶级观念，从而获得永恒的价值。这应该是高中诗歌阅读的一种常态。近年，有人反对把"理解诗歌内容"作为主要教学目的，认为"教诗歌内容的理解就是教错了"。其实，教学价值大小不在于教内容还是教表达，而要看他确定的教学内容需不需要教。如果学生一读就懂的内容、一看就明白的表达，都是不需要教的。反过来说，课堂里虽然教的是诗歌的内容，但是，如果一节课能引导学生从一篇诗作起步，又能超越这一篇、这一诗人、这一时代，使学生的理解达到一种历史的厚度和生命的深度，在学生的心灵深处留下终生的印痕，功劳也是很大的。

如何才能达到这样的效果呢？在我看来，可以从四个层面去组织教学活动：

（1）阅读判断，即运用语言和逻辑识别能力辨别：作者写了什么？作者是怎么写的？作者为什么写？

（2）对接体验，即将自己平时的情感经验做样本，与诗歌中的情感进行比较，产生共鸣，使诗作中的感情体验变为自己的情感内存。比如杜甫的"一览众山小"，写的是登上泰山的体会，你没有登过泰山，但是你可能登过其他山或高楼，照样可以体会那种居高望远方、万物入胸怀的境界。

（3）升格储存，把阅读一首诗歌得来的具体的、个性化的体验升格为人类共同的情感类型，并记入你的感情内存。

（4）运用抒发，用内化了的感情体验换一种形式，去理解社会人生、去提高情感表达的细微和深度。

这四个层次的感情处理过程就像电脑的工作程序，分别完成文件扫描、意义辨识、储存处理、提取运用。以往我们的诗歌教学比较多地停留在第一个层面上，即通过大量的词句分析和背景介绍，千方百计去弄清楚作者到底说的是什么。至于这首诗跟"我"有什么关系，跟今天有什么关系，则全然不顾。诗歌考试题目也有这个问题，例如一定要让学生说出作者为什么要这样写，好在哪里，从来不问"如果你写的话会用什么词语"，这就没有开发诗歌的教育价值。

阅读诗歌的另外一个意义是语言积累。诗歌一般都比较简短、文字也相对精练。臧克家说："精练就是使语言表现诗人的思想感情，到了恰到好处的地步。多一节就太多，少一节就太少；多一句不成，少一句不成；多一个字不好，减一个字也不好。最后达到，调换一个字都会使诗句减色的地步。"[①] 多读多体会，无形中会受诗歌语言的影响。

---

① 吴思敬. 诗歌基本原理. 北京：工人出版社，1987年，第125页

另外，阅读诗歌还能净化人的心灵世界，华莱士·史蒂文斯认为，20 世纪的人从肉体和精神两个层面上均已变得"如此暴力"。他认为，诗歌是"一种内在的暴力，保护我们免受外部暴力的侵袭。它是一种反向而行的想象，对抗着现实的压力。说到底，它似乎关乎我们的自我保存；无疑，这正是诗歌的文句和声音有助于我们活得像人一样的原因所在"。[①] 这种功能当然也是存在的，不过它已经超出了语文教育的意义了。

还有一个问题，在教学中，如何平衡诗歌理论、诗歌阅读知识与诗歌作品阅读的关系呢？还是应该遵循这样的原则：诗歌理论和知识是为阅读作品服务的，无论在教材中还是在教学中，知识应"优化选择"，做到"简化头绪、重在运用"[②]，有利于更好地理解诗作的知识才是有价值的，不应本末倒置。我认为，对诗歌教学的这种认识是恰当的。

拓展延伸

下面是我执教《双桅船》一课的教学设计，该诗是上海版高中语文第一册第四单元"新诗的阅读与欣赏"中的第三篇课文。

【学习目标】

1. 能够判断诗歌中的核心意象和辅助意象，描述其各自可能有的意蕴；

2. 能够通过分析核心意象与辅助意象之间的关系，归纳诗歌的关键意蕴；

3. 感受、理解诗人执著追求理想的情怀，拓展理解社会、人生的视角。

设计说明：新诗教学该教什么？又该如何教？有没有可操作的途径简单有效地教会学生读懂新诗，尤其是朦胧诗？本节课即希望通过对一首现代诗的教学，尝试开发新诗的教学内容，并帮助学生初步构建解读朦胧诗的简单图式。

【学习时间】　1 课时

【学习过程】

一、自由朗读，初步感受诗意

1. 散读诗歌。

2. 交流阅读感受：尝试理解诗歌的内涵，梳理阅读障碍。

二、分析诗歌中的意象，探讨理解诗歌的路径

1. 反思自己对诗歌的感受是否合理。

2. 按不同意象在诗歌中的不同地位将诗歌中的意象区分为核心意象和辅助意象。

---

① 康慨. 诗歌为何仍然很重要. 中华读书报，2008 - 12 - 25.

② 洪宗礼. 洪宗礼文集 I. 南京：江苏教育出版社，2008 年，第 268 页

3. 把握朦胧诗中意象的内涵以及它们之间的关系，找到解读朦胧诗的钥匙。

三、拓展阅读，明晰阅读方法

1. 补充顾城的几首短诗，从意象入手，解读其内涵。

2. 讨论归纳阅读朦胧诗的基本途径。

四、布置作业，强化学习成果

1. 以一个诗人为例，寻找他常用的意象，如海子的"麦子、太阳"等，发现意与象之间的关系。

2. 查找资料，为"朦胧诗"写一个词条。

诗歌的阅读需要感受，教师常用朗读等方法让学生感受，这份设计也采取了"初读感知诗歌意蕴"这一环节，但是学生在这样的课堂上学习的不只是理解这一首诗歌，这节课更多的活动是学习诗歌阅读的一种策略，也就是关于阅读策略的学习。

修炼建议

1. 激发学生兴趣是教好诗歌的重要前提。在诗歌单元教学前，可以先组织一次"诗歌之最"语文主题活动，如"对中国影响最大的诗人""中国第一七律""中国第一五言绝句""中国第一长诗""唐诗最佳名句""第一新诗"等。

2. 梳理有关诗歌的基本概念、理论，如意象、节奏、韵律、表现、再现等，为自己建一个诗歌小词典。

3. 有意识地用反差较大的教学样式设计诗歌单元的几篇教材，如纯粹朗诵的、教师解析的、探究学习的、学生分组做诗配画展示的。看看哪种上法效果好，以此为材料总结诗歌教学的经验。

第五节 非文学作品的阅读教学

问题展示

毛老师：现在，一些语文教育论文中经常提到这样一个词——"非文学作品"。"非文学作品"具体指哪些文章？

张老师：一些教师对所有文章的教学几乎都不外乎"主旨理解""梳理思路"，不同的文体，在教学目的设计上有哪些特殊性？

案例分析

随着社会生活的丰富和社会对人才内涵需求的变化，语文学习的材料、学习方式也在悄悄发生着改变。一些20世纪80年代读高中的人也许还记得，那时候用的语文教材里，选文的类型从文体上看基本上都属于文学作品，也就是通常说的小说、诗歌、散文、剧本这四大类。文学类选文自然有其认识社会、学习语言等语文学习价值，但与当下的生活内容毕竟有一定距离。今天，人们大量阅读的是新闻、社会科学论文和生活实用文，将来学生走上工作岗位以后，接触和写作的也大部分是这类文体。因此，增加这类文体在语文教材里的比例就成为人才培养的合理要求。

其实，新闻文体、社科文及实用文也不全是今天的教材里才有的。像 20 世纪 80 年代语文教材里的《包身工》《人民解放军百万大军横渡长江》《为了二十一个阶级弟兄》等也都属于非文学作品，只不过今天教材里的非文学作品类型更多，比例也更高。以人教版高中语文教材为例，这套教材每册四个单元中，都有一个社科文单元，其中第五册更是编有谈论文化现象和谈论科学现象的两个非文学作品单元（另两个单元分别是小说和古文），占教材选文总量的二分之一，可见导向性之明显。

非文学作品的比例在社会生活和教材选文中都有了增长，但是相对来说，人们以这类选文为学习材料的语文教学内容、教学设计的研究却很不够，不少教师仍然习惯用教文学作品的设计套路，有的以理解作者主旨为主，有的以鉴赏语言为主，这是值得讨论的。

张老师提出的"不同的文体，在教学目的设计上有哪些特殊性？"抓住了问题的本质，愿大家一起来研究。

理论点拨

一、区分生活中的阅读与课堂学习中的阅读

广义的非文学作品，指以介绍知识、传播信息为主要功能的文章。从高中语文课本里选取的文章来划分，主要包括新闻报道、说明文、社科文等。人们阅读非文学作品，不像阅读文学作品那样通过形象化的表达符号满足情感和精神生活的需求，而是通过阅读活动，知道文章里写了什么内容，为社会生活服务，也就是说，非文学作品都有一定的实用性，因而也有人将这类文章称作"实用文"。

在日常的生活和工作中，人们阅读非文学作品的目的主要有以下几种：

（1）满足认知需求，即了解客观世界的状态和变化等信息；

（2）交流对世界的认识，即获得他人对某些问题的看法；

（3）学习必要的科学知识和社会生活经验，帮助自己更好地生活。

编入语文教材里的非文学作品，大体也是这样三种类型：以介绍社会事件为主的新闻报道，以讨论某个话题、表达个人观点为主的论述文，以及以解释某事物背后的知识为主的说明文。阅读非文学作品，学生可以获得文中所载的信息或知识，例如，如果不知道"动物为什么会游戏"，阅读《动物游戏之谜》就可以弥补这方面知识的不足；不知道"骨气"对一个人、一个民族的意义，学了《谈骨气》可能就明白了有

关道理。不过，如果我们把学校语文课堂中的阅读教学活动也当做生活阅读活动的延伸，即主要目的是让学生掌握课文内容，如了解课文反映的社会事件、学习课文介绍的科学与生活知识、知道作者在某个问题上的思想观点等，这种以了解文章具体内容为学习目标的教学价值定位无疑不够合算。因为，语文教材中新闻报道早已失去了时效性，如初中教材里的一篇有名的新闻报道《人民解放军百万大军横渡长江》，它记载的事件已经是 60 多年前的旧闻，学生并不需要通过语文来了解这件事；一些课文表达的思想观点，在文章发表的当时可能代表了国内甚至人类思考的高度和深度，但是到语文教材里，这些观点可能已成为多数人的共识，如马丁·路德·金的著名演讲《我有一个梦想》，从政治社会理念的角度看，已经成为普世价值，未必需要通过语文阅读来掌握；一些课文所介绍的事物原理、科学文化知识，在能接触发达的媒体资讯的青少年眼里，可能早已经熟知，这类信息对他们来说已经很难有新知识常有的吸引力，如《死海不死》《苏州园林》谈到的知识，在多数学生眼里早已成为常识，不需要再重复学习。退一步说，就算学生不知道文章里介绍的某些科学知识，学生只要花几分钟时间、翻阅两三遍课文，基本上也能了解其大概，是用不着通过几堂课来学这些知识的。因此，非文学作品的阅读教学，肯定不能以帮助学生获取文中知识或信息为主要目的。

那么，在课文知识层面的传播价值大大降低以后，学生在语文课堂里阅读非文学作品，应该获得哪些收获，才是最有价值的？或者从教师的角度看，通过非文学作品的阅读教学，应该给予学生什么帮助？这是非文学作品阅读教学设计及实施首先要考虑的问题。

显然，在语文课堂里、在教师指导的条件下阅读这类非文学作品，除了获取文中一定的内容信息以外，应该另有目的；或者说，通过表层的内容的认读，获得更重要的目的。这些目的应该包含如下含义：

（1）通过获取具体信息，了解某类信息的编码方式和特点，以便更方便地阅读这类文章、更有效获取自己需要的信息，即学习"怎么读"；

（2）通过对文章结构、次序的梳理，学习如何更好地组织材料、阐述观点，即学习"怎么写"；

（3）通过对语言运用特点的接触、分析，培养对该类文本的语感；

（4）通过文章内涵的逻辑联系的梳理，如核心概念与一般概念、材料与观点、形式与内容等关系的辨识，锻炼学生的思维品质。

上述这些目的，才是语文课堂阅读教学重点关注的。

二、不同文体的阅读教学侧重点

与文学作品的阅读教学一样，不同文体的非文学作品，也应抓住其文体特点，即抓住该种文体在信息编码方面的独特意义，使学生建立阅读该类文体的图示。因而，不同文体的作品，教学价值应有所侧重。

（1）新闻类文体的教学侧重点

新闻是通过一定的媒介，向大众介绍最近发生的有意义的事件。这就决定了新闻的信息编码方式有这样一些特点：

①以真实为报道核心，内容是实事加评价。

②以一定的时间、空间（地点）或事件的逻辑顺序，讲述事件的过程。

③具有一定的身份，叙述身份会影响事件的真实性和意义，例如同一件事，可以从当事人、媒体人（记者）、社会公民、专家等不同身份来介绍，不同身份叙述出来的事件，其报道价值会有很大差异。

④看问题的角度。同一件事件，从不同的角度来写，其新闻价值会不一样，这种发现与挖掘事件意义的能力，就叫做"新闻眼"。

⑤更具有读者意识和眼球意识，也就是更有商业目的。为提高订户数和收视率，在叙述手法、结构安排、词语运用等方面，要考虑读者的心理需求，在吸引力上做文章。

这些特点，可以帮助我们确定新闻文体课文的教学点，例如根据上面所列的第一个特点"实事加评价"，可以这样去发现教学点：

从一个方面说，真实是新闻的生命，记者的态度越客观，新闻的真实感就越强，新闻的价值就越高；但另一方面，所有新闻报道的背后又都体现一定的价值导向（例如，西方新闻记者在报道中国的新闻时，就常常表达偏见甚至故意歪曲）。教学设计时，可以从这个角度来看新闻，即分析"这一篇"新闻报道是如何做到"在客观叙述中表达主观态度"，又不露痕迹的。

再如新闻结构。以著名的"倒金字塔"结构为例，它是新闻报道中特有的结构方式，即把最重要、最有吸引力的信息放在前面，依此类推，意图是在最短的篇幅里介绍最重要的信息，以吸引读者的注意力。如果课文是典型的"倒金字塔"结构，在教学中就可以分析"在整个事件介绍中，为什么先讲这一段而后讲另一段"。

再如小标题的运用，在新闻文体中也是既常见又有特点的。这主要是大众媒体的读者，其阅读习惯大大区别于文学作品的读者，如阅读时间的碎片化、阅读目的的快餐化、阅读层次的通俗化、娱乐化倾向，需要让读者一眼就能知道"这一段写的是什么内容""最核心的信息——'卖点'是什么"。

依托这样的特点来做教学设计，是比较符合新闻文体特点、发挥新闻文体特有教学价值的。抓住这些特点进行教学设计，对提升学生阅读新闻的能力、学习新闻写作一般格式和表达技巧，都是有意义的。

新闻文体教学，有几点还需要讨论。一是新闻文体的语言特点作为教学点的可能

高

Gao Zhong Yu Wen Jiao Shi Zhuan Ye Neng Li Bi Xiu

中语文教师专业能力必修

性。新闻语言一般句子简短、表达简洁、少用复句和修饰性词语。这些作为文体的语言风格特点是普遍的，但是，这种语体风格是否需要教、是否适合课堂教学则需要考虑，一般来说把新闻文体阅读的教学目标定位于学习语言特点，可能不是最合理的。

（2）论述性文体的教学重点

论述性文章就是以论述为主要表达手法，围绕一个话题表达自己看法的文章。有的研究者把这样的文章定义为"社科文"。本书不用"社科文"这一概念，首先，"社科文"是从文章所写的内容而不是从文体上为文章分类，这很容易导致分类上的交叉。比如，一篇报道考古发现的新闻，从文体上分它应该属于"新闻"，但若从内容上说就属于"社科文"了；其次，"社科"一词有约定的含义，即"社会科学学科"，它与"人文学科""自然科学学科"并称，若是说研究社会科学的文章属于"社科文"，那么，教材中一些研究人文学科、交叉边缘学科，甚至一些带有自然学科性质的，如《花儿为什么这样红》、法布尔的《蟋蟀》都是自然科学类，就无法归入其中。因此，本书用"论述文"这一概念是从表达的差异来为文体分类的。

"论述文"这一概念会不会与"哲理散文""杂文""小品文"有交叉呢？因为它们也是"以论述为主要表达手法，围绕一个话题表达自己看法"的文章。我认为可以这样区分，这里的论述文是指以理性思维为主、以传播实用信息为主的文章。而哲理散文和杂文，是以形象思维为主，以抒发个人情感为主。当然，从根本上说，文学与非文学本来就没有明确界限，我们今天学习的古文名篇，如《出师表》《陈情表》《捕蛇者说》，包括《左传》和《史记》，大都为实用而写的，是典型的实用文，可是现在我们已经把它当做文学作品来读了，因为随着时间的推移，这些文章的实用价值在慢慢减少，而文学价值不断上升，因而就变成文学作品了。杂文属于政论文，本来实用性是很强的，鲁迅把它写得很有艺术性，我们今天就可以把杂文当文学作品来读了。说到底，文体是一条连续的谱系，界限是人为划分的，位于各类文体边缘的文章是不能归到哪一类的。

论述文与其他类型的非文学作品有共同特点，即以传播信息为主，只不过论述文所传播的重点信息，是作为人的认识对象——客体背后的原理、规律，以及作为认识主体的人——作者对客体的认识过程。但作为语文学习材料，其教学价值又不是以了解这些信息为主，而是通过了解这些信息，学习如何更好地阅读这类文章，如何更好地获得有价值的信息。一句话，教学点选择也应该突显该类文体的特征。论述文的基本特征可以作如下归纳：

①以客观世界中的事物——包括自然现象与社会生活现象为研究对象，以发现事物之间的联系、揭示事物的规律为目的；

②以概念、判断、推理为主要元素，以论证自己的判断或结论为主要内容；

③以事物的逻辑关系或研究过程为文章的结构线索；

④结构严谨、表达严密；

⑤以说服力取胜，一般应隐藏作者的情感、个性，语言风格特点不突出。

根据上述特点，我们就可以针对具体的一篇课文来确定教学目标，如：

①基于语感的学习，如学习句式特点、词语特点、语体特点，提高一般文字功底的阅读；

②基于学科知识的学习，以读懂文章、获取文中信息为阅读目的；

③基于文章表达特点的学习，以获取表达、写作技能为阅读目的；

④基于信息组织特点的学习，以获取阅读经验与技能、建构阅读图示为阅读目的；

⑤基于论证过程的学习，以辨析知识、概念、判断、推理的关系，探究推理过程，提升逻辑思维能力为阅读目的。

从文体角度考虑，上述教学目的中，一般越靠前的教学价值相对小，越往后的越大一些。最高的也是最难的，应是通过文章内在逻辑联系的梳理，培养理性思维能力。如辨别核心概念与一般概念的关系，材料与观点的关系，形式与内容的关系，情感态度对结论的影响等，借此锻炼逻辑思维能力。这种把课文置于研究对象的地位、冷静地审视文章、与作者平等讨论的阅读方式，也称为"批判性阅读"。

（3）说明类文体的教学重点

说明文是以解说某一事物的特点为主，包括形状、结构、功能、价值、事理，以帮助人们了解该事物的文章。作为非文学作品（实用文）大家族中的一员，说明文区别于其他非文学作品的本质特点，是已知者向未知者、专家向普通人解说某一事物。因而，一篇说明文有这样三项要求：

① 确定说明点，即"说什么"，这决定了说明文的价值；

②把事物的特点说清楚、说明白，便于读者了解；

③把话说得有意思、有趣味些，使读者乐于阅读。

那么，对说明文的教学点，不妨按照这样三个维度去发现和确定。

如何考察"说什么"

就是看一篇说明文在"哪些需要说哪些不需要说""哪些多说哪些少说"上做得如何。考察"说什么"的依据有三条：

（1）是否属于该事物的本质特点或重要特点，不说明是否会影响其价值。例如建筑物的结构、昆虫的形态、植物的生长周期、工艺的制作过程、文物的历史价值、药品的功效等，都是不能不说的；

（2）读者可能有哪些需求、关心哪些信息。从文章当初是发表在何处、为什么这样写等角度考察选点是否恰当；

（3）被说明对象、材料自身是否已经较清晰地透露了某些信息。例如，假如被说明对象是照片、影像材料，则画面上已有呈现的信息，就不需要再加说明。

高中语文教师专业能力必修 Gao Zhong Yu Wen Jiao Shi Zhuan Ye Neng Li Bi Xiu

如何考察"说明白"

影响"说明白"的因素主要有说明顺序、说明方法和说明难度，因而考察说明文是否说得明白，可以从这三方面来衡量：

（1）说明顺序，是引导读者认识被说明事物的路径，按照人们生活习惯的顺序作说明，会利于读者明白。如我们观察事物的顺序都依时间、空间的连续变化线索，一般不要跳跃；认识事物一般都按照由浅入深、从现象到本质、由果求因的线索，一般不能乱；另外，工具的操作使用顺序、工程的推进顺序、生物的成长顺序、风景的参观顺序等，一般不能颠倒，这都是符合人的思维习惯的结构线索。

（2）说明方法，是说明文中传递信息的工具和手段。如果我们把"说明"看成是"专家"向"普通人"做"翻译"，例如面对一个古董，普通人一点也看不出它的价值在哪里，经专家一说就明白了。这件古董就像一篇看不懂的外语资料，那么说明方法就是翻译所用的词汇和语法。说明文中主要的价值点都会运用相应的说明方法。说明内容与说明方法一致、说明目的与说明方法一致，则有利于把事物"说明白"。当然，考察说明方法不能停留在"用了什么方法"，还要进一步探究"用得怎么样"，以及"为什么这样评价它"。

（3）说明难度，即作者对说明难度的控制。通常，可以从假定阅读对象、写作时代、发表媒体的角度衡量。曾听到有人批评说一些语文教材中的说明文写得太浅显，其实，这些文章的写作年代可能是 20 世纪 50 年代，当时，人们受教育程度不高，小学水平已经算是有文化了，这样的文章，就是写给初通阅读的人看的。因此，在考察说明难度时，应充分考虑其时代性。

如何考察"有趣味"

是否有趣味是影响人们对说明文的阅读态度，进而制约阅读效果的重要因素。考察说明文是否有趣味，可以从这样几个角度：

（1）说明身份，即作者与被介绍对象的关系，或以什么身份、口吻做说明。例如要介绍一条小河，我们可以设想这样一些介绍身份：

以科学家的身份和口吻；

以导游的身份和口吻；

以游客的身份和口吻；

以当地居民的身份；

以小河自身的口吻；

以河中一条鱼的身份。

无疑，后面的身份更有利于写得"有趣味"。不过，我们看到的说明文，这类说明身份还不多见。

（2）说明方法，说明方法主要作用是"说明白"，如"列数字"，而有的说明方法兼有增加趣味的作用，如"打比方""举例子"。什么样的比方、什么样的例子更有助于增添趣味，是值得讨论的。例如用我们身上的器官做比方，用我们生活中特别熟悉的东西做比方，就特别有趣味。

（3）说明语言，语言风格是形成文章趣味的主要手段。比如多用形象化的表达可以增加趣味，不少修辞手法如夸张、比喻都能增加趣味，幽默风趣的语言可以增加趣味。当然，有时趣味性可能对科学性、实用性造成伤害。例如，对药品功能的说明，就不一定适合用幽默的语言，因此在考察时应根据说明对象、目的综合考虑。

拓展延伸

下面是宁波市鄞州高级中学蔡宏伟《落日》一课的教学设计，因为篇幅关系，删减了其中一些说明性文字。分析这节课的设计，对如何教新闻报道类文章会有一些启发。

【教与学的目标】

1. 以一个中国公民的眼光审读 1945 年日本签字投降仪式中的若干细节；
2. 以一个世界公民的胸怀解读日本投降的意义。

【教与学的过程预设】

一、背景知识介绍：多媒体展示，教师讲解

1. 日本与中国的复杂关系。

（1）日本与中国的师承关系：秦朝徐福东渡、唐朝鉴真东渡（日本的"遣唐使"）；

（2）日本对中国的侵略：明代倭寇骚扰东南沿海、1874 年起与西方列强一道蚕食中国（首先是台湾）。

2. 日本在二战中对中国人民犯下的滔天罪行。

3. 认识几位参与签降仪式的历史人物。

二、文本研习

1. 以作者朱启平的体会，引导学生以一个中国公民的眼光审读 1945 年日本签降仪式中的若干细节。

（1）筛选文本中能体现"中国人的立场""中国人的感情"的语句或文段。

请学生快速浏览全文，圈画相关语句或文段。

预设的答案有：

第 78 页：这签字，洗净了中华民族 70 年来的奇耻大辱。……

第 80 页：第一个是中国代表徐永昌将军，他穿着一身洁净的哔叽军服，左胸上两行勋绶，向在场迎接的美国军官举手还礼后，拾级登梯走到上层甲板上。

第81页：重光一条腿……梅津是……

第82页：我猛然一震，"九一八"！……天网恢恢，天理昭彰，其此之谓欤！

第83页：旧耻已湔雪，中国应新生。

（2）引入对文本具体细节的研读

刚才大家筛选的语句或文段确实能体现作者的"中国人的立场""中国人的感情"，但是不是全部呢？新闻报道的倾向性是愈隐蔽愈高明，诸位应深入一步考察，方能找到朱先生深入骨髓的"中国人的立场"和"中国人的感情"。

下面的一段描写摘自美国记者荷马·比格特与本文写于同期的一篇通讯。读后，请同学们在文本中找到相应的那段细节描写，说说两者有什么不同。

重光葵外相代表天皇裕仁首先为日方签字。他脱下大礼帽，拿好笔，然后在一份约12×18英寸的投降文件上用力地签上他的名字。他先小心地签完美国文本，然后签日本保存的一个副本。接着他签字的是日本帝国大本营的梅津美治郎将军。他重重地坐下，草草地签上名字，好像急不可耐一样。这位将军签字的时候，在场的一位日军上校在擦眼泪。日本人都紧绷着脸，显得疲乏。梅津签字的时候，重光葵焦急地在旁边瞧着。

预设的答案有：

（1）朱文着力刻画签字者的丑态。写重光葵，主要是正面描写；写梅津，用水兵的笑声作侧面烘托；

（2）比格特的描写中有主观色彩很浓的评论，如"小心""草草""急不可耐"，在新闻稿的客观性上有欠缺。说梅津坐着签字，违背史实。

阅读延伸：请学生在文本中再找一处别国记者可能不会特别关注而作为中国人的作者会特别关注的细节。

预设答案：日文的投降书是脏的。作者评论说："倒霉的日本人，连份投降书也不是干干净净的。"

2. 超越作者朱启平的体会，引导学生以一个世界公民的胸怀来解读日本投降的意义。

（1）提出疑问：如果你是日本人，如何面对"投降书脏了"这个事实？

朱先生在结尾写道："旧耻已湔雪，中国应新生。"对日本而言，这一天是不是添了"新耻"？当时有位美联社记者用笔记下了朱启平先生因为站立的角度关系而没看到的一幕：重光葵在签字桌前坐下后，想把手杖靠在椅子扶手上，但没有靠住，手杖哗啦一声倒在甲板上，当他弯腰捡起手杖抬起头时，这位记者注意到，他的眼里露出了一种凶狠的、完全不服输的目光。冤冤相报何时了！相互记仇，肯定不会是此次签降仪式举行的意义。荷马·比格特在细节描绘上显得草率，但在这个问题上，显然比朱启平先生思考得深广。他那篇通讯的结尾，援引麦克阿瑟将军的话，阐述日本投降的意义："我和全人类都真诚地希望，从这个庄严的场合开始，一个更加美好的世界将从往日的血泊和残杀中诞生。"

（2）麦克阿瑟的这个概括，当时的中国代表徐永昌将军也有类似表述（回看多媒体）。下面请大家根据这两位将军的话，以这样的胸怀，用一两句话概括这次日本签字投降仪式举行的意义。可以参考学案上的读后感言。

三、总结

多媒体展示日本国旗，然后齐读麦克阿瑟、徐永昌的签字感言。

请学生课外阅读一到两本有关二战史实的书。如：

1. 《日本对华侵略与美国的态度（1937—1939）》（苏）别德尼亚克 三联书店，1959 年

2. 《二战风云》（美）欧文·肖 北岳文艺出版社，1991 年

3. 《日本帝国的衰亡》（美）约翰·托兰 新星出版社，2008 年

4. 《人类的破坏性剖析》（美）弗洛姆 中央民族大学出版社，2000 年

很多老师教新闻会有一些想法，设计的教学目标还是扣住其文体特征，如让学生了解新闻的倒金字塔结构，或者带着学生分析新闻的真实性、即时性等特征。可是《落日》是一篇报道，教学时固然可以教真实性等目标，但是还有没有其他可以教的东西呢？

蔡老师设计的目标是从文本细读中获得一种眼光：从一个中国公民的眼光发展到世界公民的眼光。这看似是"情感、态度和价值观"维度的目标，实际上这一目标还蕴涵着新闻报道的一种阅读方式，即阅读新闻报道要读出作者的身份，从中读出该报道的价值取向和政治立场等。蔡老师很好地将三维目标有机地融合在一起。

实际上，如果我们随手翻开某一天的报纸，比较一下某一重大新闻的报道，即使是《文汇报》和《解放日报》这样的大报，都是上海发行的影响力很大的报纸，也是有细微差异的。这些细微的差异可能就与该报的办报宗旨、主编的价值取向等密切相关。而许多时候，我们作为普通读者往往缺少这方面的分辨能力，只是一股脑接受。

蔡老师这节课的设计不仅仅好在对目标的定位，还有就是教学活动的设计也是很妥帖。活动之间环环相扣，活动与教学目标非常契合，没有花架子，没有噱头，有的只是实实在在地给学生的学习搭台阶，引导学生一步一步深入研习文本，到达目标的彼岸。如蔡老师一上来就介绍中日关系，让学生感受到中日关系的复杂；尤为精彩的是蔡老师用美国记者荷马·比格特与本文写于同期的一篇通讯，与本文描述相同场景的文字进行比较，学生就很容易发现二者的差异，这个学习材料选择得极为精当。

修炼建议

1. 研究你使用的语文教材，把不属于文学作品的篇目整理出来，试着为它们分类，看看一共有哪些类型，想想你对哪些类型的选文在教学时比较有心得，哪些类型

高

中语文教师专业能力必修

Gao Zhong Yu Wen Jiao Shi Zhuan Ye Neng Li Bi Xiu

感觉相对困难。

2. 列出你在教社科文时遇到的问题，尝试建立一个问题目录。重新阅读教材中的古诗文，试着从语言形式等角度去理解这些古文，尝试为每一篇古文确定一个表达方面的特点，并以此为支撑做几篇教学设计。

3. 选择一篇你比较满意的古诗文教学设计，试着在班里上一次课，看看教学效果与设想是否一致，总结分析得失。

4. 思考：如何判断不同类型古诗文的教学价值？

第六节　文言文的阅读教学

问题展示

王老师：我当了二十多年语文教师，在古文教学上可以说是一个"老法师"了，对付古文，无非是查查、读读、讲讲、背背这几样招数。但从另一个角度看，我这样也可以说是"老油条"，有时想想也觉得挺没趣。古文还有没有其他教法？

郑老师：我经常听到这样一种说法，学古文既占用学生时间，又占用他们的脑容量，这好比在长跑比赛中中国孩子多背两个包袱。这话虽然有点绝对，但也是实情。从这几年的教材和考试来看，古文还有加重的趋势。我认为，教材里多几篇古文倒也没有多大差别，但有的教师为了应付考试，要求学生对每一篇都要会背、会默写，还要字字落实，还要记语法。我也不反对背一些，关键是怎样把握一个度。

案例分析

学古文——也许称文言文更恰当一点，是中国学生（准确地说是以汉语为母语的学生）遇到的一道特殊课题。古文学习在中国恐怕有两千年的历史了，不过我们应该思考，今天我们的学生学古汉语，理应与清朝以前人们以古文为书面表达用语的目的大不相同——那时古文就是官方用语；与20世纪上半叶人们普遍学习古汉语的背景也不一样——那时不少研究对象都以古文为载体。而今天，这些背景和需要都不存在了，除了少数以阅读古文文献为职业的人员以外，多数人学习古文、阅读古文已经不是为了交际和表达等实用目的，更多是出于提高文化修养和兴趣。因此，我认为学生对文字和语法能初通即可，应把主要精力放在多浏览、多参悟上。其实，王老师总结的"查查、读读、讲讲、背背"，就是一种以浏览、参悟为主的学习，有相对多的可取之处。

不过，既然要学，必然要考；既然要考，必然又有应试之法；既有应试，一些人又必然将其推向极端。我认为这不是学古文本身的问题。祖先留下的古文文献是一座丰富的宝库，我们要考虑的主要问题是，怎样以较少的时间精力投入，让学生从古文中获取较多的文化和语文养料。

理论点拨

古文在语文学习材料中是较为特殊的一类。我们知道，记录汉语的符号——汉字，是世界众多古老文明中唯一流传下来的象形文字体系，在三千多年的演化中几乎没有中断过，只是在字形上、语法上略有调整。今天我国的高中学生，基本上都能读懂三千年前的人所写的诗文。而在其他语系中，古语与现代语差别大，失去了运用价值，一个专门的研究人员，要阅读中世纪留下的文献已十分困难。

古汉语与现代汉语的这种密切关系，对母语学习者来说既是一种财富，也是一个负担。但中学生接触古汉语，首先感受到的是学习负担，因为只有掌握了古汉语，才有可能把古代的大量诗文典籍化为自己的财富。这在其他的母语学习中是很少见的现象，也是一道独特的课题。

所有语文教学任务，都要回答"为什么教""教什么"与"怎么教"的问题。而且，"为什么教"决定了"教什么"，"教什么"又在很大程度上制约着"怎么教"。因此，要讨论古文的教学，必须首先明白古文的价值、明白古文的特点，知道它们与现代文的共同点与差异，才能对古文的教学价值有比较准确的把握。

今天流传下来的古文，是历代最优秀的知识分子才华的结晶，经过了历史长河的反复淘汰、磨洗。在这些经典作品中积淀着中华民族五千年的历史、思想、文化、生活信息和语言智慧，是取之不尽的思想和语言宝库。

我认为，古文中所包含的信息类型，可以归为四种，即言、文、章、道。

（1）言，即古文字材料信息，包括古文字写法，古文字字义的理解，古汉语语法现象，古文阅读的语感与技能；

（2）文，即文学信息，包括文采、文气、风格以及背后的修辞手法、表达技巧和相关表达理论；

（3）章，即文章学信息，包括各类文体的结构、格式、谋篇布局的技巧；

（4）道，即文章主旨方面的信息，包括文章中的思想情感、价值观、审美倾向、传统文化信息等。

在古文教学中，选择怎样的教学材料、选择什么教学重点、如何进行学习测试，体现了对古文教学价值的不同判断，由此形成了古文教学的不同观点。过去一段时间里，在古文教学侧重点的选择上，一直存在着两种争议：一是"重语言文字"还是"重思想内容"两种观点的争论，即所谓"文道之争"，也称"工具与人文之争"；二是"文学"和"文章"之争，也就是把古文主要当做文学作品来欣赏学习还是当做表达的范文来学习。这两个层面、四种观点，实际上就是在言、文、章、道四种信息的学习价值上，如何处理取舍、先后、轻重的关系。

学习观	出发点	主要内容	积极意义	不 足
重言派	当做古汉语词汇、语法集成来学习	造字法、实词、虚词、句式	有利于掌握文言工具，以便更多、更好地学古文	容易机械学习，枯燥，影响兴趣，容易为学古文而学古文
重文派	当做文学作品来学习	人物形象、环境、描写细节、画面、意境、审美趣味	了解生活、提高文学修养、激发学习兴趣	也需要解决文字障碍，很多古文经典不是文学性作品
重章派	当做表达范文来学习	选材、叙述手法、修辞手法、结构形式、节奏控制、读者意识	借助丰富多样的文体，提高表达技巧和谋篇布局的能力	并不是所有文章在文体、章法上都有典型特点，容易机械套用
重道派	当做文化典籍来学习	价值观、生命意识、生活观、自然观	理解先哲思想、继承传统文化、提高人文素养	易被视为说教，有的主旨存在糟粕

实际上，古文里的四种信息、四重学习价值之间更多的不是相互排斥的关系，而是协调、融合、促进的关系。它们各有所长，又可融为一体。在编写教材、选择教学重点的时候，应该根据课程标准的要求、学生的情况、文章性质和教师的特点，灵活选择教学点、合理调配四种价值间的关系，不一定拘泥于成见、更不要热衷于分什么派别。从最低要求来看，如果在一堂课中，通过一篇课文的学习，让学生在古汉语实词、虚词、句法上有点进步，这已经是成功的教学了；若是在疏通文字障碍的同时，还能在文学修养、文化传统、篇章结构上有一点收获，那就更值得肯定；若是通过一篇诗文的学习，学生对某位作家、某类文章、某种古代文化现象产生兴趣就是超额完成任务了。

虽然理论上说古文有四重教学价值，但是在以往的教学中，偏向"古汉语"的教学和倾向于"思想内涵"的教学比较多。当然，这样做有一定的客观必然性。先看第一种偏向。因为不论是把握主旨还是归纳章法，首先要解决字词句的理解障碍，而且解决字词句这类知识性的任务，从教学实施和评价上也容易操作。这就是一些教师把古文教学的重点放在疏通字词、翻译句意、理解全文内容的动机。再看文学鉴赏和思想内涵偏向。被教材选入的古文，往往是历朝历代最优秀的作品，它们不仅浓缩了中国传统文化精华，还建构了中国人的思维方式和价值观。例如《离骚》中的求索精神和独立人格、《赤壁赋》里天人合一物我两忘的境界、《伶官传序》里忧国忧民的责任感、《黄州快哉亭记》里的审美意趣、《黄生借书说》里刻苦读书的坚韧与毅力、《五人墓碑记》里的文人气节和大义，无不代表着典型的中国传统的人文精神和审美取向，很值得我们咀嚼、咏叹和继承。

不过，相对而言，从文学和文章学的角度来审视古文特点，并把它们作为核心内容来设计教学的做法，在古文教学中则不多见。其中的原因，我们猜想除了古文自身文言特点和思想文化内涵突出，容易遮蔽古诗文的文章特点之外，客观上，我们今天的文学知识、文体类型知识均出自西方，它们是随着近代西方文明一起被引进中国的，因此，它们与我国现代文的教学内容、与课文的文体特点的一致性是比较高的，如从人物形象、情节的角度教现代小说，从意象的角度教现代诗歌，从概念和论证思路的角度教社科文等。而源自我国本土的古文，很多没有或无法纳入西方文体知识的框架之内。

近年来的语文教育界，已经有人注意到这个问题，并试图走出单纯的文言字词学习和思想文化熏陶的局限，从文体、文章学的角度来开发古文的教学价值，不过这种努力在整体上还处于探索阶段，其主要特征是：

（1）知识开发不够。能用来阐释古诗文文章特点的概念不成系统、难以作为公共知识。

（2）概念模糊，教学价值点笼统。本来，中国传统文论中有一些描述、评价古诗文的概念。但是，这些概念多依靠个人的感觉把握，含蓄、笼统，难以直接作为教学点。如某套语文教材中的训练题："感受或幽深曲折，或挥洒自如的风格"①"峭拔的骨力和清冷的色调相糅合，构成了柳宗元山水散文独特而典型的风格"②。这里出现的几个界定文体及表达特点的关键词"幽深曲折""挥洒自如""峭拔的骨力""清冷的色调"等，都属于那种只可意会不可言传的感觉描述，内涵不确定，作为教学目标则很难落实。

（3）有的教材，在学习提示和训练部分往往只出现名词，没有对名词内涵的阐释，更没有运用概念开展训练的步骤。如这样的训练题目："韩愈以夹叙夹议的笔法，塑造的张巡等形象，具有强烈的感染力"，但课文后面，没有关于用"夹叙夹议"的视角阅读韩愈文章的训练；再如人教版《苏武传》《张衡传》训练题都涉及"传记"，但"传记体"这一概念的核心问题"为什么写""写什么""怎么写"教材几乎没有阐述，更没有围绕"传记体"这一核心知识去学习《苏武传》《张衡传》，这就使得关于这些古文的教学，依然还是回到以学文言和学思想内容为主的路上去了。

其实，从文章表达的角度理解古文，并不缺乏成功的范文，如资中筠的《史记的笔法》一文，就是从表达角度解读古文的，张中行等人在 20 世纪 80 年代初主编的一套《古文读本》，曾经在文后训练题中列出教学点参考，这些教学点中不少是从文体特点来考虑的。例如《古文读本》第一册中的部分题目：

---

① 谢冕．唐宋八大家散文选读．济南：山东人民出版社，2006 年，第 2 页
② 谢冕．唐宋八大家散文选读．济南：山东人民出版社，2006 年，第 15 页

篇　名	教材视角及学习内容	题　目
非攻	论辩	发表议论，提出主张，可以用抽象的话讲道理，也可以多用故事来比喻，多引事例来证明。
寡人之于国也	比喻	《孟子》中的比喻常常是很精妙的，举本篇为例说一说。
冯谖客孟尝君	对话艺术	在文言的对话里，常常有些表示谦逊客气的说法，这类话有委婉细腻的优点。把这样的话找出来。
钴𬭸潭西小丘记	动词	描写形态，使之生动，与恰当地运用动词有密切关系，注意以下各句中加点的词，体会这个道理。
方山子传	暗示手法	好的文章表意，常常用暗示手法，就是只写出一点点，其中的含义由读者去想。留有余地，表现力却更强。
项脊轩志	暗写	写感情，可以明写，也可以暗写。如"珊珊可爱""令人长号不自禁"是明写；"某所，而母立于兹""今已亭亭如盖矣"是暗写。暗写有什么好处？
崂山道士	视角	《聊斋志异》中的故事情节离奇曲折……纪昀认为不合情理，因为故事中的许多情节，作者无从知道。你觉得纪昀的批评对吗？

上表所列训练题中提示的教学点，包含语言学、文学、文章学、叙事学等内容，为拓展古文教学提供了一种很好的思路，我们完全可以尝试从文章学、叙事学的角度来重新审视一些古文，发掘出这些文章里被忽视的另外一些教学价值。如：

（1）《秦晋崤之战》里的婉辞艺术（人物身份、场合、性格与语言表达方式）；

（2）《过秦论》里的形象化表达效果；

（3）《愚公移山》里"障碍——排除"式叙事模式；

（4）《林教头风雪山神庙》里的铺垫与照应技巧；

（5）《陈情表》突出的对象（读者）意识；

（6）《出师表》多角度铺陈的说服艺术；

（7）《湖心亭看雪》里的简约至极的白描手法；

（8）《前赤壁赋》里运用主客问答造成推进与突转的技巧。

如上所列，如果抓住这些古文在文体、结构及表达上的突出特点，可以设计出很精彩的教学方案，从某种程度上可以改变古文教学内容单一的现状，值得尝试。

不过，应该再次强调，教材里的古文都是千挑万选的优秀作品，在很多方面都有学习价值，通过它无论是学文言、接受思想文化熏陶，还是借鉴表达方式，对具体的一堂课来说，很难说选择哪一种内容是最有价值的。

教学目标、教学内容、教学方法有一定的相关性。赋予一篇古文什么样的教育价值，应选择相应的教学内容，同时在教学方法的选择、教学流程的设计上，都会相应地有所选择或侧重。下面，我们简要列出用于古文教学的各类方法及相应的教学内容，供大家参考：

（1）背诵：文字意义、文史知识、文化意象、名句名篇积累；

（2）串讲：解决理解障碍、思想内涵挖掘、表达妙处赏析；

（3）吟诵：借助母语学习特点，帮助记忆，培养语感，有利于积累；

（4）分析：对把握篇章结构特点、理解主旨有帮助。便于总结规律，提高学习效率；

（5）鉴赏：有利于情感体验、文本细读能力提高；

（6）探究：对文章特点、思想内涵可深度挖掘，利于多元的、理性的、批判性思维培养；

教学方法与教学内容的相关性不应该是机械的，不同的教学方法也没有绝对的优劣，而应依据课程要求、学生及教师等各种情况灵活选择。

拓展延伸

许多老师害怕文言文字词教学，既不能不教，又没有多少办法教好，读一读福州一中陈日亮老师执教的《游褒禅山记》第二课时的部分记录，也许能得到一些启发。

本课指导学习课文第三、四、五段。重点是第三段，仍以释译词句为主，巩固上一课的学习所得。但本课要求学生自己能有所发现，自能提出，自能索解，相对减少教师的提问。

下面是学生提问的主要问题：

生①："于是余有叹焉"的"叹"，为什么要译成"感慨"？说"感叹"行不行？

生②：在段落开头就说"于是怎样怎样"总觉得不够自然，说"我有感慨"也不习惯，该怎么表达才好？

生③："古人之观于天地、山川、草木……往往有得"，这里的"之"和"于"可否不译？就说"古人观察天地山川……"不是更明白简洁吗？

生④："无不在也"可否译成"无所不在"或"无所不到"？

生⑤：注解⑩中"继之以"的"以"是什么意思？如果说成"用停止继之"是讲不通的。

生⑥："于人为可讥"这一句课文翻译成"在别人（看来）是可以嘲笑的"，不符合讲话习惯，我想应该译成"别人认为可笑"。

生⑦：这一段的中心句是"于是余有叹焉"，还是"此余之所得也"？

生⑧："余于仆碑……何可胜道也哉！"似乎有些前言不搭后语，译起来总觉得不顺口。

高
中语文教师专业能力必修
Gao Zhong Yu Wen Jiao Shi Zhuan Ye Neng Li Bi Xiu

生⑨："夷""近""险""远"这 4 个字，除了"夷"，其他三个很难找到恰当的双音词。

以上所问皆有讨论价值。下面是教师启发指点和学生讨论回答的综合：

其一，"感叹"与"感慨"都是触感生情，但"感慨"多用于联系对比（联想对照）而生出一番带惋惜的感想。"感慨系之"的"系"就是联系、牵连、引发的意思。从课文看，作者并不单是叹息一番而已，还发了议论，寓有惋惜悔疚之意，故译为"感慨"较确切。

其二，"我有一番感慨"或"我生出一番'感慨'"都说得通。一般不说"有感叹"。"感慨"在使用中已带有名词性质，可跟动词"有"配搭。再说"于是"，现代汉语用作连词，意义较虚，而在古汉语里表意却比较实在，一般当译成"对此""在此"，也具有承接上文的作用。在这里译成"对此"更合适。

其三，"古人之观于天地……"一句，有两种译文，一是"古人观察（览）天地……"，一是"古人对天地……的观察（览）"。细加辨析，可发现作者在这里是强调一个"观"字，因为它不是一般的游目骋怀，一饱眼福，而带有考察探究，即古人所提倡的"格物致知"的意思。故第二译比较近于作者的意图，与"往往有得"也配搭得更紧密。

其四，"无所不在""无所不到"都符合原意，译得很准确。虽然不是口语，但明白就好。

其五，"继之以"的"以"，后面必然要跟着一些词，表示拿什么去"继之"，因此"以"就相当于"拿""用"等，是介词。但习惯上不说"用停止去继之"，只说"继之而停止"或"接着停止下来"。不过，若解释"随"为"跟（别人）（课文中的"悔其随之"即是此意）"，则"以"即相当于"而"（连词）。译成"不跟着别人停止"似乎更符合原意。

其六，赞同学生⑥的看法，既准确又简明。"为"即相当于现代汉语的"认为"，大可不必硬译成"是"。（学生笑道：这也是学生腔。）

其七，中心句应是"此余之所得也"。"此"概指前文，结尾来一句总说，很自然。况且，"有叹"为虚，"有得"是实。取实为佳。

其八，"余于仆碑……"一句关键要弄清楚作者"悲"的是什么。这个动词是管到"莫能名者"还是管到"何可胜道也哉"？显然，若只管前者，则"何可胜道"的主语就不知何指。揣摩文意，"何可胜道"的正是前面讲的由于古书不存而弄成"谬其传而莫能名"，此类事实在多得很，不能不令作者感到遗憾而兴叹，可见"悲"以下 24 个字应该做一句长句来读，要一气贯串下来，不可在"何可胜道也哉"前停顿太久。（教师就此范读一遍，学生跟读一遍。）

其九，"夷以近"和"险以远"，较好的翻译应该是"平坦而近便""险巇（xī）

而僻远"。只有从"游"的角度去识词辨义，才会妥帖。若说"险峻""险阻""遥远"，只能用于形容山势，说明道路，皆不甚妥。

以上片段是第二课时开始教学环节，解决学生所提问题，此后还有学习"以"的用法和"因事明理"的写作特点。第一课时大致的教学流程为：

指导阅读第一、二自然段。

问题一："舍"解释为"筑舍定居"的根据是什么？曾见过类似的例子吗？这样解释是古汉语的什么特点？

问题二：旧版的课文译"卒葬之"为"终于葬在那里"，现改译为"死了葬在那里"，哪一个更准确？为什么？

问题三：请从下面提供的答案中选择一个正确的，并想想为什么。

①其下平旷。其：A. 指代"褒禅山"；B. 指代"仆碑"；C. 指代"华山洞"。

②由山以上五六里。山：A. 褒禅山；B. 华山洞；C. 山路。以：A. 介词，如同今天说的"以上""以下""以东"；B. 同"而"；C. 往。

问题四：第二段从记叙的详略上可以了解作者什么样的写作意图？

第一课时结束前，通过朗读再熟悉课文（一、二段）一遍，然后布置预习三、四、五段。要求：1. 将"以"的不同用法找出来。2. 认真译出"有志矣，……亦不能至也"一段话。

陈老师的《我即语文》一书对此课有"教学说明"，下面是其中一部分文字：

"80年代初，曾以《与串讲法反一例》为题在《语文教学通讯》上介绍本文的教学设计。其时文言文教学多沿袭传统的逐段逐句串译串讲的教法，译完全文万事大吉。与之反一例的教学目的，在于强调阅读中的语言揣摩训练，在文言文教学中同样不可忽视。因此课堂教学的重点便从讲授文言语法知识转移到掌握与培养阅读方法习惯上来，教学亦多采取讨论式，选择一篇或一段文言中较有训练价值的语句进行揣摩，即便是已经提供现成释（译）文的注解也要琢磨一番。到80年代后期又有了一次再教《游褒禅山记》的机会，教学过程除仍用原来的设计外，又有两点体会：一是文言文教学过多地强调文言语法的特殊性，就会忽视古今汉语具有更多的相同性的一面，亦即继承性的一面，有可能导致忽略阅读教学中必要的语感训练。……另一个体会是，通过多诵读（最好是熟读成诵）来增强文言阅读语感，应作为文言文教学的一个主要手段（区别于语体文的一个特殊手段）。"（引自《我即语文》421页）

上面引用的文字清楚地说明了陈老师的教学追求，哪怕是教字词，也得以学生的学为重心，也得让学生感受到文言与白话的联系，也得从字词中读出文意来，从字词中感受汉语言的魅力。

修炼建议

1. 回忆你读初中和高中的经历，你的语文教师的哪些古文课给你留下的印象较深？他们是怎样教的？这些好课有没有共通的地方？

2. 选择一篇你比较喜欢的古文，收集几篇关于这篇文章的教学设计，试着分析这些设计的教学目标的差异和利弊，一篇一篇地积累你的古文教学设计资料库。

3. 重新阅读教材中的古文，试着从表达形式等角度去理解这些古文，尝试为一些古文确定一个表达方面的特点，以此为支撑做几篇教学设计，到课堂里检验一下效果如何。

4. 小调查：高中学生对学习古文的态度。

专题二 作文教学

第一节 认识高中作文教学的主要任务

问题展示

张老师：我教高中没几年，经常会遇到学生提一些奇怪但又有深意的问题。一天，一位学生问我："为什么高中生一定要写议论文呢？"我想，是呀！我们为什么要让学生写议论文？我们自己在高中的时候写的就是议论文，高考大多数也是考议论文，似乎高中的作文教材、作文选几乎也全是议论文。至于背后的道理，还真的没有想过。难道高中作文就是议论文吗？

钱老师：我原来一直是教初中的，初中作文那一套搞得很熟了，在作文教学上也颇有心得。去年我刚升入高中部，感到压力很大，特别是作文教学，心里没有底。高中作文与初中作文有哪些区别？是不是仅仅在文体上有差别呢？

案例分析

长期以来，高中作文的确是以议论文写作为主要学习内容的，这是我国语文学习中的现实。俗话说，存在的就是合理的，但是，一个高中语文教师，不仅要看到它的"存在"，最好还要知道其背后的"合理性"，才能做到头脑中有"数"，教学中有"法"。

为什么许多语文课程都会在高中阶段集中训练议论文呢？这与青少年心智的发育阶段有关。初中生的知识视野、生活经验、思考和表达能力相对较弱，初中生的写作要求也相对较低，一般来说，初中生只要把自己眼睛看到的景象、心里产生的感受，能用书面语言说清楚、能让别人看明白，大体就可以了。这些要求也正是简单的记叙文能承担的，因此，大多数语文课程都把记叙文作为初中作文的规范文体。修订后的义务教育阶段的课程标准也明确规定："写记叙性文章，表达意图明确，内容具体充实；写简单的说明性文章，做到明白清楚；写简单的议论性文章，做到观点明确，有理有据；根据生活需要，写常见应用文。"课标对三类文体的写作要求是不一样的。

从初中到高中，也是人在身体发育方面变化最剧烈的时期。经历这个阶段后，大多数学生在心理特征、思维方式等方面会出现一定的变化，如在关注的对象方面，渐渐从身边、家庭、学校开始部分地转向社会、人生、世界等重大问题；在思维方式上，高中生的逻辑思维能力有了明显提高；在表达能力方面，高中生已经可以对一些复杂的现象进行分析，并尝试表达自己的看法。而议论文的特点，恰好为这些能力提供了必要条件。

为适应这种变化，帮助高中生提高与其年龄阶段相适应的语文素养，高中语文教材在选文类型、训练侧重点、能力要求、写作的文体等许多方面，都有一定的体现。

虽然高中作文教学大部分是教议论文写作，但是，高中作文并不简单等同于议论文，只是说理能力——也可以说是逻辑思维或表达思想能力是高中的学习训练重点而已。另一方面，一篇好的议论文，也可能全部是说理。在议论文中，介绍材料要用叙述，举例子需要适当描写，若是议论到精彩之处，适当来几句抒情倒有可能增添文采、提高文章的说服力呢！

理论点拨

许多高中教师是从初中教师"升格"上去的，他们在面临身份改变的时候，是否认真思考过这个问题："高中与初中有什么差别?"如果在这个问题上经过一定的思考，有一个比较透彻的认识，相信他们对高中语文教学的诸多内容，也就不会太模糊了。

以高中作文教学为例，要把握高中作文的规律，首先需要了解一些高中生的心智特点，了解高中作文教学的目的和主要任务，即"高中作文教什么"，然后才有可能回答"高中作文怎么教"等问题。

与初中生相比，高中生的生理、心理等许多方面在整体上发生了很大的变化。与作文教学相关的内容，概括起来大概有这样一些：

（1）知识积累成倍增长，掌握的材料日益丰富。

（2）视野变得开阔，目光开始从以家庭和学校生活为主的格局中超越出来，更多转向社会生活甚至全世界。

（3）自我意识逐步确立起来，往往不再以父母的教导为准绳，也不再把教师的指令、课本知识视为当然正确的东西，而开始尝试建立自己的标准，并按照这套标准去评价周围的人和事物。

（4）喜欢对周围事物评头论足，以发表不同声音来表示自己的存在价值。

（5）试图说服、影响别人。

（6）以共同关心的话题为纽带组成小群体，共同语言开始建立。

（7）理性思维意识和能力逐渐发育，开始较多地使用概念、推理来表达思想感情。

上面这些变化，也可以用几个关键词来概括，即社会性、独立性和理性，这些变化对一个青少年的思维品质的发育可以说是质的飞跃。

高中作文教学的内容及方式，也应该与高中生的生理、心理变化相适应，才可能取得预期的效果。2003 年，教育部新颁布的《语文课程标准》，对高中生的作文能力和高中作文教学做了一些具体描述，许多提法切合了高中生的这些特点。如新课标要求学生应"学会多角度地观察生活""对自然、社会和人生有自己的感受和思考"等，就体现了高中生"社会性"的特点；新课标要求学生"能考虑不同的目的要求，以负责的态度陈述自己的看法"，也体现了"社会性"的特点；新课标要求作文教学努力"培养科学、理性精神"，要求高中作文重在发展"逻辑思维"，发展"创造性思维"，就紧扣了"理性特点"；新课标要求作文"有个性、有创意的表达"，就体现了"独立、自我"的特点。

根据上述分析，我们可以列出衡量高中生作文水平的几个维度以及作文教学的重点：

1. 在关注与反映的对象上，以社会生活为上，也就是"社会性"。所谓关注社会，就是把目光和思考焦点从个体体验转向一些社会关注，如社会现实、社会问题、人生问题（最好还应该有世界眼光）。

初中生的关注特点	高中生的关注特点
有关身体个体的体验，如喜欢、冷暖、温饱、快乐等。	作为生命个体的体验，如爱、追求、幸福等。
狭小的生活环境和话题，如家庭生活、校园话题、兄弟姐妹情谊、母爱等。	比较大的环境，如城市、乡村、国家、全球等。
具体的活动，如运动会、旅游等。	抽象的活动，如兴趣爱好、历史、战争等。

2. 在价值取向上，以展现独立思考为上。独立思考是勇于表达自己的真情实感，并体现自己在某个问题上的不同看法。有人认为，小学生、初中生等低年级的学习主要是观察与模仿，而高中生、大学生的学习特点是分析与创造，就含有这个意思。

3. 在思维方式上，以逻辑思维为上。所谓逻辑思维，就是从概念出发，通过判断、推理，得出一定的结论。逻辑思维的出发点不是自己的情绪、喜好和个体经验，而是公共的常识、定理和社会经验，这是一个个体人能真正认识社会、能被社会接受的基本语言，因而也是高中生重点训练的能力。

4. 在语言上更有表现力。影响语言表现力的因素固然很多，对高中作文来说，使用的材料更丰富，能表现出高中生应有的知识视野和思维容量。一些优秀的高中作文中，出现的不是一则材料，也不是一类材料，材料来源在时间跨度、空间跨度以及类型上丰富多彩；表现手法丰富，不仅有叙述、描写，也有抒情和议论，伴随着材料和表现手法的丰富，其思维容量往往也丰富起来。

高中生的生理、心理特点以及伴随而来的表达特点，其实是一个人由学生语言向成人语言过渡的阶段。虽然不同学生的发育程度会因人而异、虽然这个转化伴随人的

高

Guo Zhong Yu Wen Jiao Shi Zhuan Ye Neng Li Bi Xiu

中语文教师专业能力必修

一生，但从整体上看，高中阶段的"成人化"倾向还是最集中也较为整齐的。这个转化所完成的是一个人的语文能力——包括观察能力、分析能力、表达能力的整体提高，反过来说，一个人的议论能力若想得到有效的提高，必须在知识积累、观察、分析、表达等各方面都有所提高。也就是说，写议论文所需要的主要能力，与一个成年人需要的语文能力有很高的契合度。因此，以议论文训练为高中作文训练的重点内容，成为学校作文教育中的现实选择。实际上，不管是国内的教科书，还是世界各国的课程计划，普遍把议论性文章作为高中阶段训练的基本文体。这说明，大家在对高中阶段学生特点的把握和主要学习方向的选择上已经达成了共识。

不过，说"高中是一个人从幼儿向成人、从个体人向社会人转变的过渡阶段"，其实有双重含义。高中生的思维特点和认知特点中既有成熟的一面，同时又带有某些不成熟的印迹。因而在他们的作文中，常常可以见到这样几个突出的问题：

1. 如何驾驭较为丰富的材料

如前所说，高中生普遍已经有了运用丰富的材料和知识展现自己才华的意识。但是，如何把这些材料组织成一篇有序的文章，对他们来说还是一个不小的难题。在高中生的作文中，经常出现材料堆积过多，不同材料的内涵相互冲突，材料与观点不协调，材料描述多而分析少等问题。这些问题，都需要通过训练帮助他们加以克服。

2. 如何表现自己的独立思考

高中生敢于表现自己对一些问题的独特看法，也具备了一定的独立思考问题、得出与众不同见解的能力。但是，高中生在心理上仍然处于叛逆期，他们的叛逆对象开始从家庭向社会延伸，因而在对一些复杂的社会、人生问题的看法上，往往不够辩证、不够全面，形成所谓的"片面的深刻"。高中生作文在独立思考方面容易出现的问题有三类：没有观点、只有故事；观点偏激，把局部当做全部；照搬媒体上的空话套话。

在作文教学中，教师一方面要小心保护学生敢于表现的勇气和创新精神，又要恰当指出他们的问题，帮助他们提高思维品质。

3. 如何提高逻辑水平

高中生的思维能力和语言水平具备了一定的说理能力。但是，多数高中生的思维能力以及文字表达还普遍缺乏逻辑性，尤其是刚进入高中的学生，普遍不会用逻辑推理来分析问题、得出结论。主要表现有：前后结论不一致甚至相互矛盾，没有经过分析和论证而凭空下结论，把基于自己感受的判断当成基于常识和真理的结论，无限上纲或无病呻吟，对某种现象的意义任意拔高或贬低。

这些问题，应是高中作文教学重点训练的地方。

拓展延伸

下面是"论证：遵循思维的逻辑"的设计，该设计注重了思维过程的训练。

【教学目标】

1. 知道论证要遵循思维逻辑，了解"归纳推理、演绎推理和类比推理"三个概念。

2. 学习判断、修改论证中的逻辑错误，并在写作中运用论证的方式。

3. 学习辩证地看问题。

【教学时间】2 课时

【教学流程】

一、了解论证

1. 学生课前查阅资料，了解何种情况需要运用论证这种方式。

2. 课上交流。

教师点拨：

运用文字、数据、逻辑推理等证明论据和结论之间有必然联系的过程就是论证。

论证广泛应用于社会生活的各个方面：

（1）传播某种思想、观点，如新闻评论、演讲、倡议书、公告、广告等；

（2）报告自己的某项研究成果，如科研论文；

（3）为一项方案或决策提供依据，如工程论证报告、策划书等；

（4）为判断是非、裁决纠纷提供依据，如法庭辩论、听证会辩论；

（5）回答专门的质询，如新闻发布会、论文答辩。

论证的目的是影响说服他人。

3. 教师引导。

无论在生活中还是学习上，一个人经常需要与别人进行沟通，把自己的想法告诉别人，并希望对方接受你的观点。例如：

（1）说服爸爸妈妈同意你与几个同学一起外出旅游；

（2）参加班干部竞选，让大家相信某一个职位更适合你；

（3）对某种社会现象或热点问题发表看法；

（4）你发现买的某种商品有问题，写一封投诉信，说明是产品本身的质量问题而不是你使用不当造成的。

诸如此类的情形，都需要你向别人申明观点，并说出许多理由来证明自己的观点是合乎情理的。

二、热身活动：尝试说理

1. 教师出示情境：

如果你要说服爸爸妈妈同意你外出旅游的计划，你能够说出哪些理由来打动他们？

2. 小组或班级讨论交流。

中语文教师专业能力必修

Gao Zhong Yu Wen Jiao Shi Zhuan Ye Neng Li Bi Xiu

如：

（1）古人提倡读万卷书，行万里路

（2）一张一弛，文武之道，劳逸结合能促进学习

（3）饱览祖国大好河山，锻炼综合能力

（4）其他同学也有旅游计划，并有获益的榜样

（5）已经考虑并解决了安全问题

（6）不会花费太多钱

3. 深入讨论：

（1）有效的论证能影响他人的判断。你父母能否批准你的出行计划，在很大程度上将取决于你对出行意义的论证。你觉得上述理由充足吗？你还能说出哪些理由？

（2）想一想，如果你的父母不赞成你的旅游计划，他们会讲出哪些理由？

4. 教师相机点拨：

论证其实并不难，我们几乎每天都在运用论证。

论证既可以用来为某种判断提供支持，也可用来证明某种结论不成立，后一种论证叫证伪。

三、重点训练：学习合乎逻辑的论证

1. 教师提供概念解释等资料，引导学生认识人类基本的思维逻辑。

在法庭上，检察官可以举出对犯罪嫌疑人不利的证据来判定他有罪，而辩方律师往往也能轻易地举出许多证明他无罪的证据。可见，证据本身并不一定能得出唯一的结论。论据的数量也不是多多益善。你的结论是否可信，不仅要看证据，更要看你对论据与结论之间的逻辑关系的阐释。

归纳推理：从许多个别现象、个别事物中寻找共同点，得出一般结论。如"我们看到的西瓜是圆的，苹果是圆的，荔枝是圆的，由此可见，一般植物的果实都是圆的"。

演绎推理：从一般的原理、结论出发，去判断个别事物的状态和性质。如"一般来说，植物的果实都希望被动物传播，因此，它们会进化出一定的甜味，以吸引鸟兽来吃"。

类比推理：用一件事做例子来证明另外一件事也具有同样的性质。如"热带雨林的植物生长茂盛，是因为那里气候温暖，雨量充沛。如果将北方的蔬菜瓜果移植到南方，一定能提高产量"。

但是，由于社会生活现象和语言现象十分复杂，在运用逻辑推理原则进行具体的论证中，会出现许许多多细微的差异，很容易出现逻辑错误。

2. 尝试：判断常见的逻辑错误。

下面几个简单的论证里都存在逻辑问题，试理解这些论证的逻辑错误，看看有没有将其修正的可能。

论 证	能否成立	逻辑错误或问题
好兵帅克让别人猜的谜语：有一座三层楼房，每层楼上有八个窗口，房顶上有两个天窗和两个烟筒，每层楼上住着两位房客，请问：这座楼房看门人的奶奶是哪一年死的？		
一个饥饿的人一口气吃了三个烧饼才吃饱，他后悔地说，早知道第三个烧饼能吃饱，我就用不着吃前面两个烧饼了。		
英国和日本都是岛国，他们的自然资源不丰富，反倒成为他们发展科技的动力，才成就了他们的强盛。		
一个种田人看到一只兔子撞死在树桩上，于是他每天都守在那个树桩前，等待别的兔子送上门来。		
寓言《自相矛盾》中，卖矛和盾的人的逻辑。		
寓言《狼和小羊》中，狼的逻辑。		
颜色鲜艳的东西往往是有毒的，所以多吃西红柿对身体不好。		
李白斗酒诗百篇，现代人写不出好诗，是因为不能饮酒。		

3. 深度活动：判断下列论证是否合理，并简述理由。

（1）一班姓赵的同学最多，三班姓赵的也多，赵姓很可能是第一大姓。

（2）司马迁写出了《史记》，司马相如写出了《长门赋》，司马光写出了《资治通鉴》，看来，姓司马的人都是很有才华的。

（3）司马迁敢为天下先，写出了《史记》，唐僧敢为天下先，取回了真经，因此，要想取得成就，我们要有敢为天下先的精神。

（4）人类早已经进入了文明社会，我是人类的一员，我的所有举动都是文明的。

教师相机点拨：如何避免论证中的逻辑错误。

（1）尽可能考察了解与论题有关的全部情况；

（2）证明论据和结论之间确实存在着因果关系；

（3）说明这种因果关系是必然的而不是偶然的；

（4）判断此因素对形成结果是唯一作用还是只起部分作用；

（5）分析其他因素对产生这种结果所占的影响大小；

（6）说明此种因素对结果发生作用受什么条件影响和制约；

（7）考虑会不会有例外的可能并指出其原因。

4. 调用生活积累，强化训练效果。

日常谈话中，我们常感到一些说法有逻辑问题，试举出几例具体分析其逻辑错误。

注意：理由的呈现必须符合人类的理性，遵循形式逻辑。

有许多论证隐含逻辑错误，看上去是对的，实质上似是而非，阅读时要注意辨析。

四、交流与写作：运用论证

1. 探究课文中的论证。

查阅这一学年教材中的议论文，仔细分析其论证部分的逻辑推理，看看哪些值得肯定，有没有值得商榷的地方。

2. 写作。

就"流行"这个话题，选择一个角度写一篇议论文。注意论证材料和论证逻辑。

五、反思论证的过程

1. 对论证进行自我反思。

由于受知识视野、认识手段、个人立场、当时环境等因素的影响，一个人对某个问题的认识常常有片面之处。而且，许多事物本身也在不断变化。这就需要对我们的论证进行反思，及时发现问题并加以修正。

以下几个问题，可以帮助我们反思一项论证的合理与否：

（1）我是否掌握了足够的与话题有关的情况和信息？

（2）我的观点是一种假设还是客观实事？

（3）我得出这个观点更多基于个人的主观倾向还是客观依据？

（4）我的证据是否可靠？

（5）从我的材料、证据中能必然归纳出观点吗？

（5）我的推理过程有没有破绽？

（7）我注意了这个判断结论不能涵盖的特殊例外，并能做出合理解释吗？

（8）我注意了不利于我的观点的材料以及反方的意见，并能合理解释吗？

（9）我的论证语言是不是简明易懂？

2. 借鉴反方观点反思。

将前面论证训练题上持不同观点的两个小组所列举的理由互相对换，冷静、细心地思考反方陈述的理由，理解对方的意思；

梳理双方观点的分歧，论证的差异，辨析双方分歧的关键；

吸收反方合理因素，修正你的观点、调整你的论证，使立论更稳妥，论证更加完善；

对反方有代表性的观点和核心论证进行必要的反驳，指出其论据或论证上的不足。这也是从反面来加强自己的论证。

3. 重新整理自己的论证思路，修改完善习作。

注意：

（1）许多分歧并不是非此即彼、谁是谁非等水火不相容的关系，而是互相交错，相辅相成。

（2）许多论证的指向不全是唯一结论，不代表真理，而是表达一种个人主张，因此，应允许不同的主张。

（3）论证是向他人介绍自己的主张和观点，希望读者和对方接受，一般来说，论证是一种平等交流，应心平气和讲道理，应避免居高临下，火药味十足。

论证是我们生活中常用的一种思维与表达的技巧，也是议论文写作的基本功。怎样教会学生充分有力地开展论证？教师可以教学生用"摆事实""对比论证""类比论证"等论证方法，但根本上要对学生思维的严谨性进行训练。该设计从"论证：遵循思维的逻辑"的角度开展教学活动，介于思维训练与写作训练之间，或者说是以思维训练始，以写作训练止。

该设计比较突出的是将"论证：遵循思维的逻辑"的训练设计为一系列的活动，第一个小目标是"了解论证"，然后从生活中常见的情境——说服父母同意自己去旅游开始热身活动，到"重点训练"，最后运用论证来"交流与写作"。活动基本能做到一步一步推进，有指导有讨论；活动形式也比较丰富，有聊有辨有写等，学生易于进入学习状态。

修炼建议

1. 梳理你平时作文教学中遇到的主要问题和困惑，把它们分一下类，看看哪些是教材的原因，哪些是学生的原因，哪些是教师的原因；哪些是所有语文教师共同面对的困难，哪些是属于你自己个人的困难。

2. 选择其中的一个难题，查阅资料，看看在这个问题上别人有哪些做法和经验，这些经验对你是否有帮助。

3. 在作文教学上，你最有特色或有成效的做法有哪些？尝试做些总结，与自己的同事、朋友交流、分享。

第二节 了解高中作文指导的基本知识

问题展示

石老师：我在作文教学上遇到这样一个问题。我在读研究生的时候，曾经有意识地积累了一些作文教学方面的知识，作文课上，我每一次都给学生讲一些写作方面的知识，希望对学生的写作有帮助。但是我的带教老师对我的做法很不屑，他认为，写作是一种经验，要靠大量的实践让学生自己悟，不是靠教师在课堂上讲知识讲出来的，就好比游泳，先把孩子扔下水，再偶尔点拨一下就行了。教练光在岸上讲如何游泳，小孩一辈子也学不会。他还说，你看我们学校带作文带得好的老师，都是会点拨的，没有讲作文知识的。

这位老师还说，绝大部分所谓的作文知识纯粹是蒙人的，据说当年鲁迅就反对

"写作指导"之类的东西，与其去背诵写作知识，还不如去写文章，如果你的文章写得好，你就知道应该怎么写、怎么改了。

我本来想反驳他，可是，底气又不足。因为我知道这位老师自己很会写文章，带学生作文也很有一套，是学校公认的作文教得好的。我想，难道作文真的不需要知识？自己不写文章的老师就教不好作文了吗？

案例分析

石老师提出的问题有一定的普遍性。其实，写作和从事其他教学活动一样，都有两种路径，一是经验积累——传授型；二是知识引路——训练型。前者的代表就是师徒教学，后者的代表就是学校教学。提升作文指导效果的途径，也不超出这两条路，两条路结合才能走得好，单纯运用一条路而排斥另一条路，都是不科学的。

作文教学仅仅有知识当然不够，但是光靠经验也不行。石老师提到的那位带教老师作文教得好，并不说明他没用作文知识，而很可能是他的作文知识已经融会贯通在他的写作经验中了。如果他知其然，却讲不清所以然，是不可能指导好学生的。只不过，他在教学中使用概念、说法可能不是你从书本上看来的，而是自己发明的一套表述话语而已。

退一步讲，即使这位老师真的不靠知识，也得不出教作文不需要知识的结论。打个比方说吧，如果他仅仅凭经验能把学生作文水平教到"良"，他若是把自己的写作经验提炼到知识层面、规律层面，或者用前人总结的知识梳理自己的实践经验，使理论和实践很好地结合起来，那么，他再去指导学生，可能就更容易说到点子上去，成绩也会更好。

因此，关键看你掌握的是什么知识、怎么用知识。如果仅仅是书本上的知识，在教学中当然一下子用不上，发挥不了多大作用，但这不是知识本身的问题。这里有一个怎样把知识化为教学目标、通过教学过程使学生明白、通过有效的训练变成学生的写作能力的问题。

一些教师没有找到适当途径把知识传授给学生，这不是教知识本身的错误，不是知识本身无用，而是教师没有教到位。

理论点拨

任何领域都有自己的一套知识，作文也不例外。所谓知识，其实就是人类的共同经验、事物的普遍规律的总结。对于写作文来说，有没有共同的经验、存在不存在帮助写作水平提高的知识呢？答案应该是肯定的。因为写作就是用语言记录和思考，就是表达，就是与他人沟通。只要人类在脑部生理结构、主要生活内容、基本情感类型、接受心理方面有共同的特点，那么以传情达意为目的、以让读者明白文章意图为宗旨的写作活动，就必然要按照长期以来人们养成的思维逻辑、接受习惯展开，就要遵守一些共同的表达规范。如果你不遵守这些规范，你的表达就会被认为是反常或混乱的，别人也不容易看懂，这就与你写文章的目的背道而驰，变成自言自语、自得其乐的文字游戏了。

一个高中语文教师应该了解或熟悉的作文教学知识，主要包括这样四类：

（1）关于思维逻辑的知识；

（2）关于文体表达的知识；

（3）关于社会生活的知识；

（4）关于作文教学的知识。

上述每一类，都有一些基本概念，表示这些概念之间联系的是人们总结出来的一些基本原理，这些基本原理组合在一起，就构成了一个关于作文表达和作文教学的坐标系。若大家都理解这个坐标系，彼此就容易交流对话了。

一、关于思维的知识

思维知识就是关于人类"怎么想"的知识。这类知识虽然很多、很复杂，但有的知识在我们的日常生活中会经常会遇到，我们凭经验就可以获得很多，如一个人眼睛里看到什么事、遇到什么人、经历什么场合、听到什么话，会不由自主地印在脑海里，需要的时候再把它提取出来，如果有必要，可以用语言描述出来。这种"反映""记忆""提取"的思维活动，就是小学作文需要的；有的在初中阶段写记叙文的时候已经做过训练了，如"如果先发生什么事情，后面会接着发生什么""你做了什么，我会跟着做什么"，这种"推演""联想"思维，就是记叙文重点训练的。而高中生的训练重点是逻辑思维能力。逻辑思维是一种更抽象也更高级的思维，它的基本概念或知识主要是概念体现，概念之间的关系要遵循一定的逻辑关系。高中作文涉及的基本知识（概念）有：

定义：对一个事物或概念从内涵上加以界定，以区别于其他事物或概念。定义的要点是抓住本质特征，或描述事物的主要内涵，不能以偏概全。在高中作文中，学生经常需要对一个概念或词语下定义，例如"个性是一个人性格的外在表现，个性不是指穿着奇装异服、举止怪模怪样，而是在学习中有探索精神、思想上敢于质疑权威，工作上敢为天下先"。"下定义"在议论文中是不可缺少的，甚至往往是议论的开始，教师应做些集中训练。

判断：是对一种现象、行为、观点下判断，判断其正误、是非、价值的高低，值得肯定还是否定，常用的句式是"我认为，这是一种有利于保护环境的做法，值得我们学习"。作判断最主要的是要有依据，不能武断。如果学生作文中一处判断没有根据，教师就可以问："你这个判断是哪里来的？"

推理：推理是在前面列举的事实、结论的基础上，按照逻辑得出下一步的结论，这是议论文的核心。例如"中国有 13 亿人口，如果一个人每天扔一只塑料袋，一天就扔 13 亿只，一年就能把大半个中国包起来"，运用的就是推理。推理可使论证显得严密而具有说服力。其实，议论文的论证过程，主要就是推理过程。

推理最重要的是让前后两件事、原因和结果等关系合乎逻辑，不能存在矛盾，更不能违反事物的逻辑。例如"由于他经常一个人在家里，所以他做得一手好菜"这推理，逻辑上就有破绽，因为"一个人在家里"和"做饭"没有必然联系，若中间补上一句"他用很多时间研究烹饪"，就没有逻辑漏洞了。推理出现破绽不仅不能支持观点，反而会损害文章的价值。

推理还可细分为归纳推理、演绎推理和类比推理三类。三类推理在议论中各有所长，也都有较固定的语言模式，教师可以带领学生做专项训练。或者在作文批改时，指出学生在论证逻辑上所犯的错误，这样就能使他们得到具体指导和提升。

二、关于高中作文文体表达的知识

通俗地讲，文体表达知识就是关于"怎么说"的知识。在语文课上，我们已经接触过不少关于叙述、描写、抒情、说明等方面的知识，如关于叙述中的"插叙""倒叙"、描写中的"细描"与"白描"、抒情中的"间接抒情""直接抒情"等，这些知识都能帮助学生提高描述效果。对于写议论文来说，以下知识是经常用到的：

项　目	常用知识	
关于观点	立论	驳论
关于材料	概述	引用
关于论证方法	分析论证	举例论证
关于结构	并列结构	递进结构
关于文章风格	以理服人	以情动人
……	……	……

议论文是复杂的思维与写作活动，议论文本身也有许多类型，涉及的知识还有很多，一个有心的高中语文教师，最好平时多收集、多研究，在教学和讲评中多运用。下面分几项展开做一点介绍：

立论与驳论。立论就是在一篇文章或一个层次中，作者以提出自己的看法并证明自己观点的合理性为主。立论的文章或段落常常见到这样的句式：

（我认为）……，这是因为……

（我主张）……，理由有这样几条……

问题的实质是……

正因为……，才导致了……

驳论就是先列出需要反驳的观点，然后运用各种手段证明别人的说法是不成立的，并在反驳他人的基础上提出自己的观点。其基本句式是：

有人认为……，我认为这是站不住脚的，因为……

某篇文章曾经提出……，其实，他只看到了问题的一面，而没有看到……

有人举某某例子为证，但是，实践表明，这个故事是虚构的……

当然，高中生的议论文，全篇一般不太使用驳论，但是，在文章的局部用一下驳论，可使论证层次更加丰富，结论也更有说服力。教师在批改作文时遇到适当时机，可以对驳论的使用略加引导。

概述与引用。即对一则材料概括性地叙述。在议论文中，有三种情况会用到概述：（1）概括介绍议论的对象：一个话题、一段材料、一种现象或一段故事。常出现在作文的开头部分；（2）概述证据，也就是证明中所举的实例和别人的看法；（3）概述自己的经历和见闻。概述的要点一是简洁，只介绍大概，一般不需要展开细节；二是根据立意选择概述的侧重点。例如2009年上海高考作文题中的材料：

郑板桥的书法，用隶书参以行楷，非隶非楷，非古非今，俗称"板桥体"。他的作品单个字体看似歪歪斜斜，但总体感觉错落有致，别有韵味，有人说"这种作品不可无一，不可有二"。

这则材料可以从"继承与创新""整体与局部""个性与共性"等几个角度立论。如果选择了一个立论角度，须在材料中寻找对应的内容，比如你选的是"继承与创新"，对应的信息是"郑板桥的书法，用隶书参以行楷，非隶非楷，非古非今，俗称'板桥体'"，不能全盘介绍，更不能介绍不相干的信息。当然，概述时最好用自己的语言对材料进行适当加工，例如，上面一段文字可做这样的概述："很多人都喜欢郑板桥的书法，他的字体融合了隶书和行楷的特点，非隶非楷，非古非今，人们称其为'板桥体'。"

引用是全文引用其他文章中的材料、他人的观点，要加引号，表示是别人的成果。适当的引用可使文章显得有才气，说服力充盈。

例证和论证。例证就是通过举例子来论证，这是较容易掌握的一种论证方法。在生活中，我们经常用举例子的方法来为自己的某种行为或主张辩护，如：

正面的例子："隔壁二班的学生可以在课间上网，我们上一下网也应没有问题。"

反面的例子："张三带手机上学影响了成绩，所以你最好也不要带。"

例证的优点是往往带有故事性和感情色彩，说理生动，容易打动读者。但要用例子论证就要注意：例子本身要典型一点、新鲜一点，例子与观点一致，一篇文章中的例子涉及的生活内容也要广泛一些，不能全部是同一类。例如，一位学生喜欢看美国的 NBA，他的作文中用的例子全是 NBA 故事，例子本身是不错的，但是放在一起效果就不佳了。

论证是对事理展开分析，以充分的道理说服他人。说理能力是高中生锻炼的重点，也是比较难掌握的能力，其核心是分析能力。分析能力既是表达能力，也是思维能力。常用的分析模式有：

高
中语文教师专业能力必修
Gao Zhong Yu Wen Jiao Shi Zhuan Ye Neng Li Bi Xiu

分析的角度	句 式
探寻原因	导致这件事的原因是什么呢
推测危害	长此以往，会产生什么结果呢
发现联系	这两件事看似无关，其实有内在联系
由此及彼	这件事，使我想起了
由点及面	这种情况不仅学校里有，社会上也不少见
现象到本质	在这些现象的背后，都有一个"利"字在作怪
……	……

当然，我们列出这些分析模式，并不是主张要学生去背诵，而是希望教师通过一定的时间慢慢熟悉，如有必要，用比较专业的话语指导学生，可能点拨会更到位些，效率会更高一些。

层进式和并列式。结构是表达习惯，也是人们在长期的写作和阅读活动中共同形成的套路，文章符合某种结构套路，作者表达起来省力，读者阅读起来也便利。议论文主要是传播信息的，其表达套路不像散文、小说、诗歌那样复杂，常用层进式和并列式两种模式。层进式也称递进式，一般来说，层进式适合分析具体现象，其基本模式是：

层进模式	实 例
社会上存在一种现象	父母为学生包办一切
现象反映了什么实质问题	溺爱，教育观念存在偏差
这种现象背后的原因是什么	传统文化、父母吃苦多
这种问题会带来哪些结果	青年人享乐习惯、生存能力下降
我们的态度与做法是什么	加强社会教育、学生自我磨炼

并列式比较适合论证一个核心命题，通常由三个分论点支撑一个总论点，其基本模式是：

并列模式	实 例
为什么要谈论这个话题	学校里浪费现象严重
在这个问题上，我的态度是什么	应该节约资源
我持这种态度的原因一	资源短缺是全球趋势
我持这种态度的原因二	提倡节约是中国国情的迫切需要
我持这种态度的原因三	培养节约精神对青少年有励志的意义
总结	从我做起，从点滴做起

运用并列式结构模式，要注意分论点与总论点的关系，分论点既要支持总论点，又不能与总论点重复。并列式的优点是操作较容易，但是不容易有新观点，因此在高考作文中常常得分不高。

有的书上提到，议论文还有一种"总分总"结构。其实，任何并列式文章都有一个表示总起的开头和一个总结性的结尾，例如：

我们班上的同学在这次劳动中表现都不错。   ——（总）

第一组的同学积极性、主动性很高。   ——（分）

第二组的同学的主要特点是团结一致、齐心协力。   ——（分）

第三组的同学，善于动脑筋，劳动收获最多。   ——（分）

通过这次劳动，我感到我们班的同学很可爱，很能干，希望继续发扬。

                                        ——（总）

从整体上看，"总分总"的主体部分往往是一组有并列关系的层次，因此，不妨把它看成并列结构。

高中议论文写作教学还需要了解一个青少年成长需要思考的问题，这类知识其实就是解决"想什么"的问题，也就是高中作文所讨论的基本内容。社会生活虽然丰富多彩，作文题目也变化多端，不过万变不离其宗，都脱离不了当下的社会生活内容，都是中学生感兴趣的共同话题。

上面三类知识在作文教学中可派这样的用处：按照这些知识选择教学目标、设计作文教学流程；按照这些知识的要求，检查学生作文，提出具体的指导意见，帮助学生修改。

不少语文教师，尤其是高中教师，对学生的作文常常不知所以，既看不出好在哪里、问题在哪里，更提不出具体的修改意见，其中一个很重要的原因就是，他背后缺少这样一个作文坐标系。

除了学科知识以外，教师还应该掌握一点心理学、教育学、管理学、传播学、信息学等方面的知识。这类知识不能直接传授给学生，但可以帮助教师认识教育规律、提高知识传播效果。当然，这类知识不仅可用于作文教学，在阅读教学甚至其他学科的教学中也普遍适用。

综上所述，虽然作文学习的经验性、习得性很强，但是并不应该排斥知识。一个高中生不需要背所有知识，但一个合格的教师则不可以。语文教师如果对写作背后的知识十分熟悉，又能灵活运用，那么对作文教学来说就只有好处而没有副作用。

拓展延伸

下面是一位老师整理的关于高中作文内容的主要"关键词"一览表：

范　围	关键词
自　我	理想、诚信、毅力 自立、自强与求助 个性与妥协 知识与能力 博学与专攻 积累与突破 目标与行动、说与做
社　会	竞争、合作、分享、双赢 严厉与宽容 索取与回报 义务与责任
自　然	环境、自然、生态 绿色生活
历史文化	继承与发展、模仿与创新 科学与艺术 高雅与通俗 形式与内容 多元与统一

　　上面这些话题在高中生的议论文题目中有广泛的适用性，作文题目变换的只不过是具体的材料而已。在高中的三年里，教师如果把这些话题让学生"轮流"写一遍，基本上就把高考作文出现的所有主题都覆盖到了。

修炼建议

　　1. 高中语文教师要具备一个大体的有关作文的知识框架。知识框架可以从平时的学习中总结出来，也可以到各类语文教材、教学参考书以及备课指南中收集。选择某一套语文教材及相应的参考书，把里面介绍的关于作文指导的知识找出来，并按照下面的框架加以整理。

知　识	定义及特点	我是否完全理解	我是否在教学中运用过	反思及再学习计划

　　2. 以上面的知识框架为线索，尝试着把一些概念渗透到平时的语文教学（包括阅读教学）中，例如学生发言提到两点原因，教师可以说，"你这两个理由是'并列'关系"，以此慢慢提升学生的知识积累和逻辑能力。

第三节　影响高中作文教学成效的因素

季老师：我们学校是文科见长的学校，领导和教师都比较重视语文，长期以来，我们学校在作文方面渐渐树立了一定的影响，参加作文竞赛获奖的学生甚至比名校还多。这说明，作文教学抓与不抓大不一样，教与不教大不一样。可是，就在我们学校内部，关于作文教学效果的评价，意见也不统一。有的老师说，影响作文效果的因素太多了，课堂教学所起的作用几乎微不足道。如何说服有这种观点的教师呢？

卞老师：我看到一位作文写得很好的学生在介绍自己的写作经验时说："我认为写作不外乎读与写。一个人的文字功底来自他长期的积累，这和他的阅读习惯和爱好是分不开的。因为阅读是写好作文的基础，而一个人只有通过大量阅读，积累下一定的知识，他才也可能将文章写得出彩。一个人只有热爱语文、热爱文学，才有可能对写作有感觉，而这种感觉正是写作的源泉。只要能坚持每天有一定时间的阅读，经常练练笔，我相信写作水平一定能有提高。"在他的经验里，似乎一点也没有提到作文指导的作用。

案例分析

在作文教学的作用这个问题上，长期以来的确存在两种观点，一种是"可教"，另一种当然是"不可教"。这两种观点不是非此即彼的关系，要辩证地分析。首先，文章有各种类型、各种表达功能、各种层次。比如作家的文学创作，需要有天赋、灵感、个性，需要独特的经历和感受，需要与众不同。这类写作能力，当然主要不是靠教师教出来的。

其次，一个人的写作能力受多种因素的影响，比如阅读、游历、讨论、大量练笔等等，而课堂教学只是学习写作能力的一种场合、一种手段，因此，对于具体的某个人来说，他的写作能力的确不是靠课堂教学得到提高的，比如当今很有影响力的青年作家韩寒。

不过，针对中学生的作文教学，目的并不是把学生培养成作家，只是让学生了解一些写作常识、掌握一些简单的表达套路，学习用书面语言进行沟通的简单格式和技巧。从这个角度看，写作当然是可以教的了。

当然，一些人认为作文教学没有效果，也不完全是这些教师的问题，因为影响作文教学效果的因素还有许多，尤其是我们在作文教学上的研究和课程建构不足。因此，我们特别欣赏那些致力于作文教学探索的教师，只要大家一起努力、坚持不懈，我们离建立比较完善的作文课程的目的就会越来越近。

理论点拨

近二三十年来，我国中小学教育的成效一直受到社会各界的质疑，其中又以对语文教学的意见最为激烈，而在语文教学的各项内容里，作文教学更是首当其冲，称得上"千万抱怨系于一身"。

从多方面汇集来的信息表明，现在中学生运用文字的能力确有逐年下降的趋势，无论是常用的应用文，还是较复杂的议论文，都"今不如昔"。不过，造成这种现象的原因比较复杂，不单纯是学校语文教育的问题。概括起来，有这样三类：

（1）时代因素，如网络的普及，读图时代对阅读和书写习惯的影响；

（2）社会因素，如应试教育极端化的负面影响、外语热的冲击等；

（3）学科教育因素，即语文课程实施的缺陷，主要是作文教学自身的问题。

在上述三大影响因素中，第一类是全球性的问题，表达方式、传播方式的革命不仅影响中国，对世界各国的传统教育都有影响；第二类是全国性的问题，其影响也不单单局限于语文学科和作文教学中，其他学科也深受影响。事实上，在整个功利主义的教育背景下，语文远不是受灾最重的学科，历史、地理、政治、艺术等学科的教育成效受功利主义的影响更加严重。在讨论作文教学这个话题的时候，我们应该明白，前两大因素——时代因素和社会因素都是大家共同面对的，也是语文教师们不可控制的。因此，抱怨社会和时代对语文教学的制约并没有实际意义。我们所能讨论、可以谋求改进的只有第三类因素，即那些与作文教学实施有关的因素，包括教育功能定位的偏差问题、作文课程化建设不足问题、教师指导的缺失问题，以及学生学习习惯问题。要提高当前高中作文教学的效果，可以从这三方面入手。

一、作文教育功能定位的偏差

所谓作文教育功能的定位，就是回答"为什么要写作文""作文教学主要解决什么问题"。这两个问题看上去简单，但是在认识上却很容易走进误区。人为什么要写作文？从根本上说，是生活的需要、表达的需要、与他人沟通的需要；为什么会有议论这种表达方法呢？那是因为生活中有许多问题需要解释、需要说服别人认可自己的观点。从这个立场出发去设计作文题目，必然要紧扣学生的实际生活；从这些地方开始让学生练习作文，学生有生活体验、有真情实感，自然感兴趣，也有话可说，说的自然也是真话。学生的写作中甚至会出现不得不说、一发不可收的情况。但是，语文教师布置的大量作文题（也包括高考作文题），都与作文的基本功能相违背。如下面这些作文题："路""窗""诚信""节约""论坚持""论恒心""逆境成才""先天下之忧而忧，后天下之乐而乐""毁树容易种树难""拒绝平庸""时间""面朝大海""忙""这世界需要你"，一个共同特点就是比较抽象、比较空洞，脱离学生生活实际。其中很多是让学生去证明一个大家熟知的常识、常理，学生自然感觉写作文无话可说。

67

近些年，虽然命题中出现不少材料作文、话题作文，但是，抽象、空洞，脱离学生生活的倾向依然比较严重。我们可以对比一下一些美国高中的作文训练题[①]：

（1）学校是否应该硬性规定学生穿校服？

（2）学校是否应该有配枪的校警察？

（3）赞成让十六岁的学生拥有选举权吗？

（4）黑人方言是否可以成为一种语言？

（5）对暴力电子游戏的评价。

（6）青少年的偶像崇拜与宗教的偶像崇拜、迷信邪教的偶像崇拜，有什么不同点？

看得出，这些题目都来自身边的生活，学生有感觉、有兴趣，自然愿意表达。久而久之，也就渐渐能做到无障碍写作了。当然，高考作文与平时训练不完全一样，高考中也有比较抽象的题目，如 2008 年美国西北大学作文题："谁是你们这代的代言人？他或她传达了什么信息？你同意吗？为什么？""有种理论认为：伟大的领袖人物都是由他们所处的具体时代创造产生的。照你的看法，伟大人物的产生，是由于所处的环境，还是由于个人的特质？试举出一位人物来支持你的观点。"2008 年法国的高考作文题："感知能力是否可以来自教育？""对于活体的科学认知是否可能？"[②] 不过，这些题目都有具体的疑问，有实实在在的讨论焦点，能引起学生的表达欲望，有利于培养学生写作兴趣，激发他们的议论潜能，这些做法值得我们借鉴。

二、作文教学的课程建设不成熟

作文教学进入中学课程体系是随着现代教学制度而出现的，在中国已经有近百年的历史了。但是，要成为一门独立的、规范的学科课程，需要一些不可缺少、得到社会公认的基本条件：

（1）特定的学科要素，如物理学科中的"质量""能量"等。

（2）描述学科要素特征的概念群，如物理学科中的"质量""力""距离"等。

（3）表示各概念之间关系的基本原理、定理，如物理学科中的"牛顿力学定律"等。

（4）研究该学科的基础知识、基本技能，如物理学科中的重力试验等。

（5）学习上述知识与技能的训练方法、训练序列，如物理学科的系列教材。

（6）相关辅助材料、测试手段。

（7）对上述内容做出规范的课程标准。

有了这样的一些条件，一门学科课程才算成熟，据此，学校、教师可以安排教学，学生可以复习、进修，有关部门可以对教学效果、学习结果进行评价。可是，到现在

---

① 方帆 . 我在美国教中学 . 上海：华东师范大学出版社，2006 年，第 222 页

② 蒲荔子、王丽 . 揭秘：外国"高考"作文怎么考 . 南方日报，2010－06－09.

為止，課程意義層面的作文課一直沒有建構起來。其主要表現有這樣幾點：作文教學依附於語文學習，沒有獨立的地位。雖然人們認可語文學習的主要活動是"聽、說、讀、寫"，但現今採用的選文式教材實際上只是"讀"的材料，作文在教材中實際上處於十分邊緣甚至是可有可無的地位。

對作文教學的設計思路存在爭議，有人試圖按照物理、數學那樣建構一套語文訓練序列，但以目前的研究水平，科學思維顯然難以適應作文這類涉及人的感覺、情緒、語言、心理、藝術、思維的複雜活動，因而被批評為科學主義；但是，按照傳統作文教學那種靠"多讀多練"來提高作文水平的做法，在現代社會顯然也行不通。於是，在作文教學中，基本上是盲人摸象的狀態。

三、部分教師的無所作為

據調查，不少學生覺得學校的作文課對自己作文水平的提高幫助不大。一方面，作文教學有一定的特殊性，因為作文能力的提高不像記憶知識那樣立竿見影，而是有很長的滯後性，其次，作文能力與人的綜合素質密切相關，不單單是作文課"教"出來的。再加上作文教學的課程建設不成熟，使得為數不少的語文教師在作文教學上處於無助狀態。主要有以下表現：

（1）認可作文能力不是教出來的說法，指望學生靠多閱讀、多練筆，自己悟出寫作規律、提高寫作水平。他們只是一學期布置幾篇作文題、寫幾句空泛的批語，基本上放棄作文教學，屬於"無為主義"。

（2）讓學生背誦一些所謂的優秀作文，教他們到考試的時候套用，屬於"投機主義"。

（3）將作文能力完全知識化，即光講解"什麼是好作文""如何寫好作文"的道理，對怎樣寫好作文則缺乏具體指導，屬於典型的"紙上談兵"。

他們的共同點是對學生的作文教學缺乏具體有效的指導。還有部分教師把"作文水平不是教出來的"當做借口，為教學中的"不作為"作掩護，成為影響當前作文教學成效的一大障礙。

儘管作文活動與不少學科學習活動有很大差異，但這並不能成為"作文教學"無法建構課程的理由，不能排斥教學對學生作文水平提高的作用。在作文教學中，一方面，我們希望我們的課程專家在未來不太長的時間裡使作文的課程化建設取得實質性進展；另一方面，廣大教師也應該根據本地、本校、本班的實際，在學生的作文寫作過程中能為他們提供一些實際的幫助，探索作文寫作過程中的指導經驗。

拓展延伸

下面是節選自《我在美國教中學》中的一節作文課教學實錄[1]，方帆老師的教學

---

① 方帆. 我在美國教中學. 上海：華東師範大學出版社，2006年，第169－173頁

过程指向明确,学生学有所得。

同学们,在这节课开始的时候,我们复习了一下议论文的要素,并且再次明确写作议论文的目的:只有能引起议论的主题才能成为议论文。("太阳从东边出来"就不可以成为议论文。)议论文的类型分为:定义性、对比性、分析性、反驳性和评估性这几种。"分寸"和"沟通"这两个题目,比较适合写成定义性的议论文。

我给出了一张"定义性议论文评分表"给全班:

一、开头引入段(每部分满分为五分)

分　　数	必须包括的部分	评　价
	有没有一个吸引人的开头?可以使用类比或者设问等方法	
	有没有解释题目?(就是给题目一个定义)	
	有没有提出中心论点?	
	有没有用一句话说明中心论点的每一个分论点?	
	有没有关于这篇文章的背景资料?	

二、中间分析段(每部分满分为五分)

分　　数	必须包括的部分	评　价
	有没有段落主题句?句子好不好?	
	分论点是不是用段落主题句表示的?	
	每一个分论点是不是在开头引入段提到过的?	
	作者如何论证每一个分论点的?	
	分论点之间有什么关系?	
	分论点论证成立后,是否就能得出中心论点正确?	
	如何才能做到中心论点提倡的道理或观点?	
	论据有没有代表性?	

三、结尾总结段(每部分满分为五分)

分　　数	必须包括的部分	评　价
	有没有再次强调分论点?	
	有没有用简练的语言总结全文?	
	有没有三句以上?	

我给了学生们下面的一篇文章来评估。大家评完分以后,全班一起来看,究竟作者在每一个部分应该拿多少分,理由是什么。

(出示作文,略)

最后我告诉大家:

到目前为止,大家已经知道记叙文和议论文应该怎么写才能符合要求了,大家也已经写好了初稿。加上同学们在使用这两份评分表评估了这两份作文以后,发现自己

中语文教师专业能力必修

Gao Zhong Yu Wen Jiao Shi Zhuan Ye Neng Li Bi Xiu

的初稿需要修改，可以用好几天晚上的时间修改，因为明天，我们就要进入同伴互相评估的环节了！明天以后才修改的，你的分数就会被记录下来；但是，如果你在今天晚上修改好了，初稿没有写好的，都没有关系的。

修炼建议

1. 社会上对作文教学的意见很多，有的意见还相当尖锐。网上收集社会各界对学校作文教学的意见，按照所指的对象和观点进行整理。看看哪些是有道理的，哪些是值得商榷的。

2. 看看上述意见的作者是什么身份，尤其是注意教师自己是怎么说的，他们的观点与社会上的意见有什么差异，为什么。

3. 在合理的意见中，看看哪些是你教学中也存在的，选择当中比较典型的一项，制订改进的策略。

第四节 探索适合自身特点的作文训练思路

问题展示

秦老师：我周围有几个年轻教师，对作文教学都很感兴趣，由于我们有共同的话题和兴趣，便提议成立了一个作文教学研讨小组，准备从作文入手教语文，但是，发现作文教学是很复杂的，头绪很多，平时大家又很忙，一段时间下来，大家的信心就没有一开始那么高了。没有现成的套路，看上去很零碎，说法也不同。我们应该从哪些地方着手？有没有现成的套路可以借鉴，让我们的探索少走些弯路呢？

雷老师：我买了一些专门讲作文教学的书，发现有两种情况。一是看书的时候，觉得书上说的有道理，但是，一用到自己的课堂上，效果却不明显。是我用得不好呢，还是这些指导书本身有问题？还有一种情况是，不同的作文书上介绍的不一样，有的甚至互相矛盾，让人无所适从。

案例分析

上面两位老师所反映的情况，是许多年轻教师都遇到过的问题。

语文学习是很复杂的活动，作文教学尤其复杂，不是记住几个概念、掌握几套公式就能解决的。也正因为它的复杂和艰难，到现在还没有一套为众人认可的作文套路，这种现象不仅是中国，也是世界教育的难题。但正因为难和没有定论，也就给我们每一个教师留下了发挥创造性的巨大空间。

我觉得秦老师等人的努力非常值得肯定。作文教学要想出成绩，有几点必须注意：一是教师要有想法，肯动脑筋，多听课，多找资料。尽管到现在还没有公认的、可一劳永逸解决问题的方法，但是别人的探索也许会在某个方面给我们启发；二是要坚持，一个学生的写作水平不是三五堂作文课能改变的，有的作文中的毛病纠正多次也未必见效，有时候学生的写作水平还会出现反复。一个教师的作文教学经验，至少要几轮才能摸索出点门道，因此，不能因为短时间里看不到进展就停止探索；三是要善于总结。把别人的好做法、自己成功的经验、学生的进步及原因，包括考试作文方面的材料，一点一滴地收集、研究，化为内在的能力。几年下来，也许在不知不觉中就有了适合你学生的情况、属于你自己的作文教学套路。

理论点拨

对每个教师来说，经常要考虑的是"怎么做"，作文教学也不例外。作文教学的路径之一是探索一些对学生的写作过程能提供具体指导的做法，并慢慢总结出经验、再提升为普遍性的规律。在这个方面，很多有胆识的教师已经做过不少努力，而且富有成效。这里向大家介绍几种做法，供大家参考。

一、制订以读促写计划

我国的语文教育实践历史悠久，成效也很显著，最有力的证明是每个时代都能培养出一些文章大家。鲁迅先生认为，名家的优秀作品中就隐含着"全部的怎样写"，只要多读多写、耳濡目染，写作水平自然能水涨船高。因此，他十分反感市面上那些所谓"作文指南"之类的东西，它们多少是骗人的。胡适先生也主张多读多练，他为青年开具的"最低限度的国学书目"就有185部，涉及经、史、子、集、小说、戏剧等多种类型，其中，仅白话小说要看二十部以上。大量阅读对提高写作水平的效果是毋庸置疑的。

但是，大量阅读带动写作能力的做法在现代社会面临诸多挑战。因为那种培养文学大师的做法不一定适用于所有人，其实，对许多学生来说，只要以最基本的阅读量来确保最基本的语言经验、获得基础的表达能力就可以了。因而，适应现代生活的读写模式，首先须确定一个合适的读书书目，其次是如何克服师生的盲目性和惰性，保证这个读书量的执行。解决的办法是制定阅读计划并以课程的形式严格实施。

读写结合的指导有两点需要注意：（1）用心。不去抱怨社会环境对作文的不利影响，而是设法解决问题，在作文教学上有自己的想法并形成一套系统的做法。（2）坚持。持之以恒，强调落实。每个学生都制订书面读书计划，落实到每一周的学习时间里；利用课前5分钟小演讲的时间让学生汇报读书进度和心得；把学生的读书情况列入语文学习的评价中。

影响读写结合计划效能的因素可能是：

（1）如何不断完善书单；

（2）如何在班级建立自行运转的体制；

（3）如何激发和保持学生对读书的热情。

高

中语文教师专业能力必修

Gao Zhong Yu Wen Jiao Shi Zhuan Ye Neng Li Bi Xiu

二、师徒式拨点法

作文是一种个性化的创造性劳动，不仅每个学生的条件不一样，同一个学生在不同时间里、写不同题目，都呈现出动态的个性的变化。因此，把全班作为一个统一的整体来教授作文无疑有先天性不足。相对来说，中国传统的作文教学法则有一定优势。

在作文教学指导上，中国传统作文教学法的一大特点是点拨式教学。具体操作可以归结为这样的模式：

（1）学生集中阅读某一类范文；

（2）教师命题，学生独立完成习作；

（3）教师点拨，指出习作存在的问题；

（4）学生修改，最后完成文章。

这种教学法有些像手工作坊里的学徒制，徒弟在师傅的指导下反复操作某一种技能，天长日久之后，徒弟的技艺达到一定水准，便可出师。这种做法的优点是教师能针对学生写作的实际情况进行具体指导，学生作文中遇到的每一个问题、取得的每一点进步，教师都能看在眼里，帮助到位。这在一定程度上符合现代教育学的规律。但其不足之处是，个别点拨要占用教师大量的时间，一次点拨影响的学生数量有限，在现代班级制教学中，其实施已经难以保证，对作文进行"面批"可以看做这种教学方式的遗留。近年来，随着教师工作压力的增大以及部分教师职业精神的滑落，在许多学校里，作文"面批"已经变得越来越稀缺。

其实，教师以"点拨"的方式教学生作文，是一种成效很高的教学方式，要使其在新的社会环境中焕发青春，从学校方面说，可在教学管理及评价制度上进行改革，激励教师把更多的精力投入其中；从教师的角度看，是如何对点拨教学进行创新，在点拨时机、形式等方面多做探索，以提高教学效益。

三、范文熏陶法

青少年的学习能力是十分惊人的，古人一直有"熟读唐诗三百首，不会作诗也会吟"的说法。唐诗三百首无疑是学诗的范文，一类文体的作品读多了，自然能潜移默化为感觉和能力。学诗如此，作文也一样。让学生大量阅读中学生的优秀作文，不仅能给他们提供直接的模仿材料，还有助于学生自主建立起优秀作文的图式。因此，让学生直接读学生作文，对学生掌握简单的表达模式、具有基本的作文应试能力，可能效果比要他们读文学名著还要明显和便捷。在实际教学中，有的教师就是这样让学生学习作文的。

上海市育才高级中学特级教师李强老师就做得很彻底，效果也不错，他把这种方法命名为"作文天天读"。他要求自己班级的学生每天朗读优秀习作半小时。这些优秀习作主要来自自己班级的学生习作。李老师在每次作文交上来之后，都会选出一些优秀习作或"可改之作"，请该生修改好，并上传到班级邮箱，供全班同学朗读。一段时间（一两个月）之后，班级同学写作水平明显得到提升。

四、科学化训练法

无论是大量读名著还是天天读范文，背后的理论依据都是靠学生自悟规律达到作文能力"自然养成"的目的的，而"自然养成"的最大局限就是效率低、结果不可控制。提高作文教学效率的出路是设计科学的课程、进行有序的训练，使大多数学生经过规范的训练以后都能达到一个基本的水平。

谋求作文教学科学化的尝试由来已久，我国现代语文教育先行者陈望道、叶圣陶、阮真等都做出过有益的探索，其中以阮真先生的探索最为彻底。早在20世纪30年代，他就提出了按学生的年级制定作文的要求和评价标准，例如，他为高中作文制定的标准是"思想清晰""语法通顺""论理正确""见解切合""结构严谨""修辞雅洁"，同时，这六条标准在衡量不同年龄段作文时所占的比例不同，这实际上就为学生的作文能力提高画出了一条"线路图"。只要按照这些要求去训练，学生作文水平的提高就是可以预期的了。

高中科学化的作文训练课程，必须解决以下几个问题：

（1）列出一个高中生必须具备的写作能力，使之构成一个知识系统。诸如"如何确定作文题目的可议论方向""如何陈述观点""如何引用材料""如何反驳不同观点"等。

（2）为每一项技能的获得设计一套由陌生到熟练、可反复训练的操作程序，就像掌握一门手艺，熟能生巧。

（3）把这些训练点排列成一个覆盖高中三年学习时间、循序渐进、互相关联的课程。

由于作文活动本身的复杂性，至今科学化作文教学的探索没有能够提供一套有说服力的知识系统。而用西方科学思维的工具能不能解释伴随着情感、意志、思维等过程的学习活动，也一再受到人们的质疑。因此，作文教学的科学化探索一直处在较低的层面上。例如，阮真先生所创制的"思想清晰""语法通顺""论理正确""见解切合""结构严谨""修辞雅洁"等，只是对一篇完成了的高中作文的静态描述，其后大多数科学化作文教学的努力，基本上都停留在这个层面，缺乏的是对学生在动态的写作过程中的具体指导。

拓展延伸

下面是宁波市鄞州区语文教研员张全民老师一节作文教学的实录节选，相信一定能给我们一些启发。

师：下面给大家播一段好听的曲子：马思聪的《思乡曲》。大家听的时候要用心感受，可以关注音乐本身的旋律与情感的基调以及思想内涵；也可以展开联想，调动生活中类似的经验，然后尽情用文字把内心的感受写下来，哪怕一句话甚至是一个词也都是珍贵的。

[播放马思聪的《思乡曲》，乐曲悠扬、缠绵，很快把同学们带入音乐的情感世界。曲子播放完毕后，学生朗读自己即兴写下的句子。]

生4：我听了这首曲子就想到一句话：世界上如果还有最后一方净土，那便是屋檐下母亲的期盼。

生5：听了这首乐曲，我仿佛看到内心的我站在夜色中，站在阳台上看天空，看明月，幻想病中的母亲那模糊的面容，那时，我的泪流下来了。

生6：我从这首乐曲中体会到，作者去国外深造，每逢佳节的时候，都会想起自己的祖国、故土、亲人。

师：哦，从你的回答可以听出你了解这首曲子的作者马思聪，是吧？

生6：因为我是拉小提琴的。

师：非常好！拉过这首曲子就有了自己最真实的感受，不单单对于曲子，还对于作者，嗯，相当不错，本身有这方面的艺术修养，所以能产生这样的艺术体验。而前两位同学也谈得非常好，能从乐曲联想到母亲，联想到故土，感受真实，情感真挚。

师：下面，我也想谈谈自己的一些体会，今天，我更是作为一个写作者来谈谈对这段音乐的感受。我曾经为此写了一篇听乐随笔，题目为《这个世界很美——关于马思聪〈思乡曲〉》，这篇文章曾发表在《散文》杂志2005年第6期上。

[展示幻灯片，教师朗读部分语段]

……

师：真的，我在李白的"举头望明月，低首思故乡"，在杜甫的"露从今夜白，月是故乡明"，在余光中的"小时候，乡愁是一枚小小的邮票"，在席慕蓉的"故乡的歌是一支清远的笛，总在有月亮的晚上响起"，找到了这种感受。尽管在发表的时候这些文字删掉了，但我的感受留了下来。在创作中，我还有一个感受：当我反复听这首《思乡曲》的时候，我迫切地想了解马思聪是怎样一个人，即所谓知人论世。后来，我读了他的传记，我发现我走得更远了。马思聪早年留学法国，学习作曲和小提琴，学成归国后，于1937年创作了《思乡曲》，反映的是遭受日寇侵略的背井离乡的广大人民思念故乡的强烈感情。"文革"中，他和许多文化名人一样受到残酷的迫害，后在亲友的帮助下，偷渡到香港，辗转流亡到美国。在美国虽然受到应有的尊重，但在国内却被扣上了叛国投敌的帽子，从此背上了一个沉重的十字架。在美国，很多个夜晚，他经常遥对着祖国拉着他的小提琴曲《思乡曲》。在他的生平传记中，有一个细节深深地打动了我：

［展示幻灯片，教师朗读语段］

……

师：下面，还想请同学们再来听一遍《思乡曲》，看能否找到更多的感觉。大家一边听，一边感受，有了感觉就尽情地表现出来，也可以在原来的基础上尽情创作。

［再次播放音乐《思乡曲》，一曲终了，同学们都沉浸于音乐中，并埋头在不断地写自己内心的听乐感受。］

师：一曲又终了，实在不好意思打断同学们的写作。如果愿意与大家一起分享你的感受，就请站起来朗读你的文字。

生7：中秋之夜，一家三口，围坐在石桌旁，谈天论地，其乐融融。夜深了，母亲用温暖的手臂抱着孩子，用自己的体温温暖着自己的孩子。爱原本就是很简单，它如音乐般柔和，轻轻地流入你的心底。（大家鼓掌）

师：联系到生活中温暖的场面，想到母亲温暖的手。我们彼此都有这样的体验。

生8：也许马思聪在想，自己是否如故乡的一滴水，飘零在浩瀚的太平洋上，如故乡的一粒尘土飘荡在这个遥远的国度。如果故乡的亲人听到他的《思乡曲》，一定有同样的共鸣，感受一样的忧伤。

师：能走进音乐家的内心，去捕捉音乐中蕴涵的情愫。

生9：我走在杂草丛生的岸边，河里的荷花早已凋谢，只剩下枯枝败叶，年老的渔夫驾着破旧的小船，缓缓地向河心荡去，惊起那边的一滩鸥鹭，忽地惊醒在像故乡一样的明月里。故乡啊，你是否如我思念你一般深深思念着我？如果没有，那也没关系，因为我是如此地深爱着你。

师：唯美的文字，能谈谈你的创作体会吗？

生9：因为刚才听《思乡曲》，开始的时候，旋律是思念、忧郁的，但中间有些欢快，我觉得他是想到了他在故乡时快乐的生活，很高兴的样子，我也想起了小时候跟哥哥一起玩的情境。

师：这位同学对作品的内涵和音乐的旋律把握得很准确。这首乐曲是幸福和忧伤交织在一起的，中间有一个小快板，我们可以想象马思聪可能是想到了故乡一些温暖的东西，所以中间有一个快乐的调子，这样把幸福和忧伤交织在了一起。

生10：听到这段曲子的时候，我想起了家乡，想起了我的童年，我的家乡有满山的竹林，就像电影《十面埋伏》中的那样幽静深远。我想到竹林中的童年，在那里我的额头留下了一块疤痕，我美其名曰"梦痕"，因为那里留下我梦一般的童年，梦一般的足迹。

师：这位同学不但结合自己的生活体验，同时也调动了平时的文化素养。看过电影《十面埋伏》，觉得故乡的竹林与影片中的很像，这是一种艺术的联想。刚才那位同学也提到了李清照的"争渡，争渡，惊起一滩鸥鹭"。这些联想说明了一个道理：有了一定的文化素养，我们的感受就会丰富多彩。

高
中语文教师专业能力必修
Gao Zhong Yu Wen Jiao Shi Zhuan Ye Neng Li Bi Xiu

修炼建议

1. 整理自己熟悉的有关语文教学的书籍、杂志等，摘录若干自己觉得可行的作文教学的方法策略，制作一本属于自己的"作文教学秘籍"。

2. 选择一项高中作文所需要的基本技能为教学点，如"分析现象背后的原因""用事实支持论点"，设计一份基于过程指导的作文教学设计。

3. 做好设计后，尝试依据该设计进行教学，反思该设计的优点与不足，写好教学反思，看看这样的探索对作文教学是否有意义。

专题三　语文选修课的教学

第一节　理解选修课的价值

问题展示

鄢老师：我们学校虽然排了选修课，但学校和教师似乎都不怎么重视，我也了解了其他一些学校，情况大体上差不多。如果不考试，谁会花精力在选修课上呢？既然选修，为什么又要规定必须上？

刘老师：现在中学语文教学提倡要上好必修课，又要上好选修课，学生课业负担会不会很重？现在都提倡"减负"，如何让学生在语文素养方面切实得到提高，又学得轻松愉快，这是困扰我们语文老师的问题。

案例分析

我们知道，以前只有大学里才开设选修课，而中学阶段，学生只要学好教材里有限的几十篇课文，写好作文，会做考试题，语文这门课的任务就算是完成了。因此，当选修课这种形式刚出现在中学课程计划中的时候，许多老师都感觉有些新奇。社会、学校以及师生对选修课的价值都充满期待，但在实际操作上，又缺乏明确的规范，从而使选修课的许多设想和目标都无法真正落实。

在选修课的建设与实施中，主要存在这样几种情况：一是将选修课等同于必修课，一样是在课堂，教师讲解课文、学生做练习题，当然，好一点的也安排阅读、背诵、小组讨论等等，只不过师生手里用的是选修课的教材而已，实质上与必修课几乎没有差异；二是有课时计划无上课内容，一些教师用选修课的课时做试卷，即借选修课之名来搞应试教学；三是选修课种类纷繁，上课形式追求标新立异，但和学生的生活实际脱节、和其他语文学习脱节；四是为了开选修课而开选修课，随意定教师、定内容，随意开课也随意停课，选修课基本处于无序状态。这些做法，都使选修课形同虚设。出现这种情况，一方面同我们的语文教育评价导向有关，另一方面，也由于学校、语文教师以及全社会对选修课的认识也不统一。

中学开选修课不是某个人突发奇想而产生的创意，而是与社会发展有关、与语文教育的趋势有关、与我们的培养方向转变有关。对学生来说，上选修课不是单纯的增加几个课时、多掌握一些语文知识那么简单，而是改革语文教学模式过分单一、学习内容单薄、全面提升语文素养的大问题，不能以是不是"增加学习负担"来衡量它。

理论点拨

当今的信息社会，传统的知识学习方式远远不能满足学生发展的需要，因此，学会学习、学会探究、学会合作学习，以学生自身发展为目的学习、学会终身学习，这些新的教育观念和人才培养趋势意味着，以往传统的课程结构已经难以满足新时期人才培养的需要。20世纪末开始，我国许多地方和学校尝试推出自己的校本课程或拓展课程，以弥补原来单一课程内容的不足。但是，无论校本课程还是拓展课程，都难免失之随意，学习难以做到常规化。而且，即便有的学校有语文选修内容，可不同地区、不同学校、不同班级之间，存在着不均衡的情况，而以国家课程的形式——通过结构化、序列化的语文选修课，就可以使人们拓展语文天地的种种努力相对规范，发展也相对均衡。

设立选修课的出发点是以学生为本，有助于培养学生的语文素养和人文素养，为学生的终身学习、全面发展及健康个性完善打好基础。人们对选修课的认识，经历了一个相当长的过程。

"全面发展"一直是我国教育方针中的重要内容，但如何使这一精神体现到课程计划中，落实到教学上，开设选修课不失为一种良好的途径。在新中国成立以来的"教学计划"或"课程方案"中，首次提出开设"选修课程"是在1963年。1996年《全国普通高级中学语文教学大纲》的颁布，正式出现了"必修课""限定选修课"和"任意选修课"的提法。2003年4月颁布的《普通高中语文课程标准（实验）》对语文选修进行了系统的设计，选修课不再是必修课的补充和附庸，而是语文课程双翼中的一翼，共同构成了语文新课程。《国家中长期教育改革和发展规划纲要（2010 - 2020年）》明确指出："创造条件开设丰富多彩的选修课，为学生提供更多选择，促进学生全面而有个性的发展。"

"必修课"的课程设置立足基础性和均衡性，这是因为要做到教育的公平发展。公平发展是让一切人享有平等的受教育的机会，所以要对一切人施以实质上是公平的教育。这是必修课程的直接价值支撑和体现。通过必修课的教学，目的是让全体高中生享受平等的受教育的机会。意味着学生该学的课程不能少，该达到的知识、能力标准不能低。这样，才能为学生获得较为全面的语文素养奠定坚实的基础。选修课作为基础教育课程的一部分，其课程设置则着眼于差异性和多样性。"有选择"三个字点出了选修课程开设所遵循的原则，其依据是为"顾及学生在原有基础、自我发展方向和学习需求等方面的差异……"。在能力的培养上，大体可以分为审美、应用、探究三个层面。在选修的五个系列中，学生不仅可以根据自己的实际自由选修自己感兴趣的模块，而且可以选修五个系列中任何一个或几个模块。这样就可以摆脱对某一选学科目必须作出"选"或"不选"这种非此即彼的选择，使选修具有一定的弹性和张力。同时，选修课的差异性与多样性，可以让教师有更大的选择空间，可以活跃并丰富语文学习的内容与形式，更加适应学生能力发展的需要，也更加符合我国高中语文教育实际。

从课程标准关于选修课的表述上，我们可以看到必修课和选修课之间是相辅相成的，服务于学生语文素养的培养和提高。

语文选修课是建构在必修课的基础课之上的，它具有一些必修课所不具备的特殊功能和教育价值。这些价值主要体现在这样几个方面：

1. 拓展阅读视野、丰富知识类型

由于受教材篇幅、课时及教学进度等因素的制约，学生在语文课中的阅读材料类型、阅读量都会受到一定的限制。借助选修课，就可以在一定程度上突破语文课的局限，实现阅读广度的拓展。同时，不少语文教材都是以生活内容来组织课文单元，以语文知识框架为教材单元之间的结构线索，学习目标最多只能满足对常识的了解，而选修课则主要是以专题为教材结构模式，一个专题一册，在一个专题上，学生可以得到较专业、较透彻的学习，学生学习一个专题后则可能成为一个"小专家"，这对改善中学生的浅阅读、浅学习习惯有很大帮助。

2. 丰富教学和学习样式

由于受教室环境、教学内容经典而单纯等因素的制约，传统的语文课多采用教师讲读、学生精读、师生问答等课堂学习形式，即使用泛读、课题研究等形式上课，也是偶尔为之，且对这类学习缺乏有效引导与评价，对传统学习方式的影响不大。选修课大大增加了学习材料的类别和容量，迫使教师必须改变原来较单一的教学模式与上课习惯，这就迫使教师必须打破传统的思维，而去探索一些其他的教学样式，如学生自学、课题探究、小组合作等。更加有意义的是，法定选修课要求有与之相配套的管理与评价机制，可使选修课的有效性得到保障。

3. 改善语文学习的功能

以往，由于学习材料相对单一，学习目的相对集中，中学语文学习的功能相对也比较单一，即主要集中于语言学习功能和思想熏陶功能。选修课的普遍开设，可大大改善语文学习的功能，如从以工具学习和主旨理解为主的功能向文化熏陶、人格培养、思维提升、方法探究、专业知识学习等功能延伸，强化了育人功能。较早接受专业学习，可以使部分学生对某一类知识有更多的了解，对专题研究产生兴趣，这对培养未来的学问家大有益处。

4. 实现优质资源共享

通常，出于管理简便的需要，多数学校在高中阶段都是由一位教师在一个班一直教到毕业，即使有的学校到高三换所谓的"把关教师"，那么，一位高中生在三年的学习阶段充其量也就是接触到一两位语文教师。由于每个教师的知识积累、思维特点、

高 中语文教师专业能力必修 *Gao Zhong Yu Wen Jiao Shi Zhuan Ye Neng Li Bi Xiu*

教学优势都有各自的特点，比如有的教师偏感性，而有的则偏理性；有的擅长古文，而有的擅长写作。如果一个学生接触的教师数量和类型比较单一，在语文学习上极易产生"营养不良"。而选择由不同语文教师执教的选修课，就可以接触不同类型的语文教师，部分实现语文教育资源的共享。

5. 激发教师的教学个性和创造性

必修课的教学目标主要满足普遍性、规范性、公平性和基础性的要求，因此，其教材具有很高的稳定性，教学内容、教学目标也相对统一，这可以确保不同地区、不同班级的学生能享有教育公平，但在一定程度上使教师的主动性、积极性受到限制，实际上，每个语文教师的学习背景、研究兴趣、天赋专长都会存在不小差别，语文选修课的开设，可以为具有不同才能和研究兴趣的教师提供个人发挥的巨大空间。

语文教师不应把选修课看做对原来必修课的一种补充，而是各具功能，各有价值，从某个角度看，甚至是对必修课的提升和完善，应该引起广大教师的重视，并努力把选修课建设好。

拓展延伸

下面是山东省枣庄市第一中学成利老师在实践选修课教学时的一些感受。

在高二我们开设选修课《唐诗宋词鉴赏》。学第一专题时，我选了《春江花月夜》这首诗认真讲评，让学生充分发挥，朗诵讨论，其他的诗学生自己选学。但是看着全书有十多个专题五十多首诗词，要求的时间又不到半学期，我又担心在这两个多月的时间里，学生自己不学或者不会学、学不好，而且当时考试总会考课内诗词鉴赏，为了出成绩，我就选择把每首诗词都给学生在课堂上讲到。所以后来，我几乎每节课讲三四首诗，每天备课我都累得筋疲力尽，每节课我也都讲得口干舌燥。两个月下来，我自己倒是提高很快，对诗词的研究深入了很多，然而我的学生却是每节课都听得晕晕乎乎，有的当时听懂了，一下课就忘了，考试时答题，比起以前根本就没进步。就这样，我的诗词鉴赏选修教学以失败而告终。

我觉得自己的失败，就在于不敢"放手"，把选修课上成了比必修课还"必修"的课，加上时间短，每节课都是绷紧神经，滔滔不绝像打仗一样。学生朗诵、讨论等活动就相应地减少了很多，学生经常是对前一首诗歌还没感悟透彻，后一首就开始了，连喘息的机会都没有。即使再认真的学生也只能是蜻蜓点水，怎么能深入思考？怎么会有时间消化老师讲的理论方法？怎么能陶醉到诗词的美好意境中去？

我只是一味地担心学生自己学不好，不自觉去学，自己大包大揽，剥夺学生选择的权力，改变了选修课的性质，结果提高了自己，忽略了学生，这还是"教"学吗？事后，经过反思我深深地感到：自己太为学生着想，不敢"放手"反而害了学生，违背了选修课的要求。

成老师的实践感受告诉我们，不能混淆选修课和必修课的界限，改变选修课的性质。选修课是对语文教学资源另一种形式的整合，应该以拓展学生语文学习的视野，突出学生个性需求为内在要求，以培养学生自主、探究学习方式为途径，走出课堂，走进生活，接受中外优秀文化的熏陶，为学生提供更加丰富的语文学习环境。由于各门选修课涉及的领域不同，具体的教学目标有差别，各自的教学模式也不尽相同，但应注重学生审美、应用、思维能力的培养。如果教师一味地包揽，显然既违背了选修课开设的宗旨，也脱离了学生的实际。

修炼建议

1. 从选修课中选择一个主题，如"现代诗歌阅读（或鉴赏）"，看看不同版本的选修课教材在"课文篇目""知识介绍""阅读要求""训练题"等方面有哪些差异。

2. 思考选修与必修的差异，为某篇课文（如《琵琶行》）做一份教学设计。

第二节　选修课程的建设

问题展示

吴老师：我们学校的选修课，是让教师自己报课题，大家都是挑选自己感兴趣的专题去备课，还有一些专题从来也没有人上，从学校层面看，如何组织选修课效果才好些呢？

叶老师：以前我们学校不少教师本来都为学生上一两门选修课的，比如我上《中外电影欣赏》已经好多年了，我一个同事的《经典广告鉴赏》也很受学生欢迎，但现在规定的选修课与原来的内容不一样，学校要我们调整，我们不得不重新去备一门新课。既然是选修，为什么又要规定必须上？

案例分析

两位教师反映的情况，是中学语文选修课建设中普遍存在的一些现状和难题。其实质是如何处理选修课中常见的"灵活性与规范性""分与合"的矛盾。

据我所知，在正式推出选修课之前，不少学校已经开有许多选修课，这些选修课的内容，大致也是文学欣赏、影视欣赏、广告欣赏，或者时文阅读之类。这些课的开设通常是由教师的时间和精力来决定的，时开时停，比较随意，现在的选修课系列，把选修课纳入较严谨的教学计划中，这对选修课的建设是一个有利条件。我认为，现今的选修课系列完全可以把原来的内容"收编"进来，有的可略作调整，有的仅仅是规范而已。

学校在安排选修课教师的时候，最好对原来的选修课师资及其他教学资源作些了解，统筹调配教师。教师在教学中应根据课标和学情、个人专长主动申报选修课任务，

高中语文教师专业能力必修
Gao Zhong Yu Wen Jiao Shi Zhuan Ye Neng Li Bi Xiu

使教学资源得到合理高效的利用。例如，有的学校以年级为单位布置选修课的课程师资，在教学中对教材模块进行调整、重组、补充、拓展，构成了校本化的选修课程和必修课程。有的学校则是集中部分教师专门筹备选修课、面向全校学生选课，使优质教学资源的教学效益实现最大化，这都是值得肯定的。因为一些学校对选修课的建设不够重视，所以才出现有课程计划无课程内容的情况。这个问题的解决不是技术问题，而是认识问题。

理论点拨

选修课教育功能的实现，在很大程度上取决于选修课程的建设。选修课的建设主要包括内容建设、选修制度建设与师资队伍建设三部分，其中与教师关系最直接的是内容建设。

《高中语文新课程标准》指出："高中语文课程，无论必修还是选修，其内容和目标要充分反映时代的要求，注意和现代生活相联系，体现现代的思想意识、价值追求和行为方式……必修课必须突出课程的基础性，使学生具有正确、熟练、有效地运用语文的能力，为今后进一步学习打下比较扎实的基础；同时，帮助学生形成较为成熟的文化心理和健全的人格。"

在课程论意义上，我国语文选修课的内容已经由课程标准加以规定。高中语文课程的必修课和选修课都是按模块来组织学习内容，但两类课程内部的分类是有差异的。必修课分"阅读与鉴赏""表达与交流"两个系列，选修课程则设计成五个系列：诗歌与散文，小说与戏剧，新闻与传记，语言文字应用与探究，文化论著选读与专题研讨。

以下是国内现有各种版本语文教材中选修课教材的内容构成：

人教版（16 种）：《中国古代诗歌散文欣赏》；《中国小说欣赏》；《新闻阅读与实践》；《语言文字应用》；《先秦诸子选读》；《中国现代诗歌散文欣赏》；《外国小说欣赏》；《中外传记作品选读》；《演讲与辩论》；《中国文化经典研读》；《外国诗歌散文欣赏》；《中外戏剧名作欣赏》；《文章写作与修改》；《外国文化著作选读》；《影视名作欣赏》；《中国民俗文化》。

苏教版（18 种）：《现代诗歌选读》；《短篇小说选读》；《新闻阅读与写作》；《实用阅读》；《＜论语＞＜孟子＞选读》；《唐诗宋词选读》；《＜红楼梦＞选读》；《传记选读》；《写作》；《＜史记＞选读》；《现代散文选读》；《中外戏剧名著选读》；《语言规范与创新》；《鲁迅作品选读》；《唐宋八大家散文选读》；《当代语言生活》。

语文版（14 种）：《唐宋诗词选读》；《＜红楼梦＞选读》；《新闻阅读与写作》；《汉语学习与应用》；《＜论语＞选读》；《中外现代诗歌欣赏》；《外国优秀短篇小说欣赏》；《名人传记选读》；《演讲与辩论》；《唐宋八大家散文鉴赏》；《中外名剧选读》；《写作基础》；《中国现当代散文鉴赏》；《经典电影作品欣赏》。

粤教版（15 种）：《唐诗宋词元散曲选读》；《短篇小说欣赏》；《新闻阅读与写作》；《说话的艺术》；《＜论语＞选读》；《唐宋散文选读》；《戏剧欣赏》；《传记选读》；《语言文字规范与应用》；《先秦诸子百家名著选读》；《中国现代诗歌选读》；《电影文学欣赏》；《常用文体写作》；《中国现代散文选读》；《中国现当代小说选读》。

山东版（11 种）：《中国现当代诗歌选读》；《中国古代小说选读》；《新闻采写与编辑》；《比喻与创新思维》；《＜论语＞＜孟子＞选读》；《唐诗宋词选读》；《19 世纪欧美经典小说选读》；《＜史记＞选读》；《语言的运用》；《唐宋八大家散文选读》；《莎士比亚戏剧选读》。

上述选修课内容的共同特点可以用拓展性、专题化和丰富多彩来概括，且主题比较集中。这些内容和结构样式为不同学校、教师和学生作个性选择和深入阅读提供了方便。但是，学校选修课的实施，至少还需要完成如下三重选择：

（1）学校开设哪些选修课程；

（2）如何让学生选课；

（3）教师选讲哪些内容。

首先是学校如何决策。虽然各地区已经编有专门的语文选修课教材，但对作为实施方的学校来说仍然存在一个选择的问题：这些课全部都开还是有选择地开？因为在选修课当中还存在一个"基础性"与"选择性"的问题，虽然都称"选修课"，但高中的选修课与大学的选修课并不完全一样，中学里无论是必修课还是选修课，其教育对象始终是全体学生，从这个角度说，高中选修课的教学内容与大学教材的教学内容在教学对象上显然有明显不同。这是选修课教学设计的一个重要依据。选修课模块虽然强调选择性，承担提高素质、扩展视野的任务，但也要考虑基础性，做到基础性和选择性相结合。

其次是如何让学生选课。自选是选修课的精髓，但是高中生还处在人生的成长阶段，大部分人的人生观、价值观尚未成熟，对学习意义的认识普遍缺乏理性，因此，学生的选择往往带有一定的盲目性，如有的过分看重兴趣，有的偏重功利，因此全部由学生自己选择选修内容并不现实，如何以有效的选修制度，在规定、引导和自主选择之间建立平衡，是学校选修课制度建设的重要任务。

其三是教师对学习内容的"再选择"。选修教材提供了一门选修课的内容框架，但是如果依选修课教材照本宣科地讲课，那么这样的选修课与必修课并没有多大的差异。因此，教师应吃透选修课的设课意图，灵活地利用选修教材，根据当地和本班的具体情况，发挥教师自身的优势，精心选择一部分内容作为学习重点，不要求面面俱到。教师在选用教材的时候，不妨以一套教材为主，并适当参考其他教材的相关内容设计教学方案。

苏盛葵老师对学校如何建设语文选修课提出了"六少六多"原则，可供教师们参考：

少些求新求异，多些务实高效；

少些大包大揽，多些放手自学；

少些共同任务，多些自选目标；

少些全线出击，多些攻其一点；

少些单向挖掘，多些纵横比较；

少些固定课型，多些灵活变化。

综上所述，必修课突出学生通过必修课程的学习，具有良好的语文素养和运用语言文字的能力。选修课在体现基础性的同时，更需要着力于让学生有选择地学习，促进学生有个性地发展。选修课程的学习是对必修课学习的延伸和提高，其教学内容更具有灵活性和针对性，教学方法更应体现个性学习的理念，学习方式上应更注重自主性、探究性，在思维的深度和广度上应比必修课有明显的拓展，使学生在应用、审美和探究等方面得到比较协调的发展。

拓展延伸

下面是南京师大附属中学孙雷中老师开设《＜史记＞选读》模块时主要采用的方法。

讲授式教学法。如《太史公自序》等文史知识复杂，可由教师讲授。《滑稽列传》《刺客列传》等可由学习小组共同设计教案，选出最佳教案，由学生小组一人或几人协作讲授。

探究式教学法。教师积极构建开放的语文学习环境，给学生提供有关研究资料、网站、书籍等，让学生先自行阅读、探究，提出疑难问题，通过对话、探究，达成共识。也可提供相应的研究话题，引导学生积极探索，培养其创新精神和实践能力。

开设专家讲座。充分利用南京高校强大的优势师资资源，邀请《史记》研究专家开设讲座，开阔学生视野，激发阅读兴趣。

通过音像资料，赏析《史记》中的影视片断。如让学生欣赏《霸王别姬》《英雄》等，比较改编后的剧本与《史记》原文的异同，品评其优劣。

组织辩论会。如学习《太史公自序》《屈原列传》及《报任安书》就"生"与"死"话题展开辩论。学习《淮阴侯列传》，就"韩信是真谋反，还是被诬陷"设正方、反方展开辩论等等。

举办话剧节，让学生将《史记》中的一些精彩片断改编成话剧，并进行表演。如让学生表演"鸿门宴""易水送别""高祖还乡"等经典片断，提高学生的鉴赏力，增强书面和口语表达能力，发挥学生的创造力。

举办成果展示栏，可将学生的研究性学习的活动与论文在校园内及时展示，营造研读、探究《史记》的浓烈氛围，让学生有阅读、探究成就感。

语文选修模块的学习，可以采用活动体验、文本研习、问题探究等方式，也可以就文本理解、艺术风格、作品和作家比较、不同评论等方面展开，尽可能使学习过程多样化，最大限度地激发学生语文学习的兴趣。

修炼建议

1. 比较不同版本的选修课，看看对同一内容，如小说阅读、戏剧欣赏等，与教材介绍的知识有什么异同。

2. 与学校教研组的其他成员分工，分别整理不同选修课中的知识，归纳完成一份选修课语文知识列表。

3. 列举你们学校在开设选修课过程中遇到的难题，把它们发到一些语文教学网上，与同行讨论，看看他们是否也遇到过这类问题，互相交流是如何应对的。

第三节 选修课的教学实施与评价

问题展示

章老师：我在备选修课的时候总是想，怎么才能上得跟必修课不一样，怎么才能上出选修课的味道。不知道这样的想法到底对不对？

陈老师：我们这里的选修课，要么只要求学生写一篇文章，要么还是一份考试试卷。能不能介绍一些选修课评价的手段？

案例分析

相信许多教师都像章老师一样，想在选修课上"上出点味道"，这种追求精神是十分可贵的。对很多人来说，选修课属于"新生事物"，所谓新生事物就是刚刚萌芽，还没有发展成型，也没有被普遍认可的事物，在很多方面都有生长空间，目前的语文选修课也正是这样。套用一句老话：新课程有两面性，一方面没有他人的理论论述和实践经验作参照，心里没有底，从另一方面说，没有定论也少有束缚，从学习内容到上课形式，给任课教师留下了很多发挥空间，这是新生的语文选修课的性质所在，也是建设选修课程的目的之一。如果教师们都像章老师那样，在备课和上课的时候多用点脑筋，多一些钻研，我们的选修课必定会绽放出更多光彩。

从宏观的层面上说，上好选修课首先要把握选修课与必修课、不同系列的选修课之间的差异，功能的差异会在很大程度上影响上法。语文课程标准在选修课的"教学建议"部分告诉我们，不同的选修课侧重点不一样，"有的重在实际操作，需要突出某一方面的专门知识和技能；有的重在发挥想象和联想，注重情感和审美的体验；有的重在思辨和推理，强调理性和严谨。所以选修课特别需要注意寻求与课程内容相适应的教学方法。"

当然，这只是选修课的教学设计原则，至于一堂课、一篇文章、一项学习活动具体应该怎么进行，主要还是应根据学习内容、学习要达成的目标和学生的情况灵活掌握，不一定非要与必修课不一致。因为必修课也没有固定的学习模式，所谓差异是相对而言的，或者说是一种量的差异，比如说，必修课可能以课堂教学为主，但也不排除其他课型，因此，刻意追求不一样有时候反而束缚了自己的手脚。

同理，选修课的评价也是由课程目的决定的，选修课的选择性要求评价方式的多样性，选修课的探究性和实践性要求评价具有针对性，并增加形成性评价的成分，至少那种靠做一份试卷考知识，有统一的标准答案、用分数评定高低的做法是很不合适的。

理论点拨

许多教师都会在语文选修课的教学形式上有所纠结。的确，如果与必修课的上法大同小异，那么便显示不出选修课的特色，甚至会质疑开设选修课的必要性；而如果与必修课的上法不一样，那么它应该是什么模式？不同的选修课是否该有不同的模式呢？

上课形式与其功能存在密切联系。从哲学的角度看，目的决定手段，手段服务于目的，选修课的教学实施也不例外。从学生的角度看，开设语文选修课的主要目的是"拓宽学生视野""改进学习方式""提高实践能力"，那么有利于达成这些目标的学习内容都值得选修，例如，大量阅读能拓宽学生视野，阅读新闻主要是提高快速筛选信息的能力，了解文字规范与应用知识主要是用知识提高表达的规范性。

在课标规定的五个选修系列中，"诗歌与散文""小说与戏剧"两个系列属于文学作品，学习重点应着重让学生接触比语文必修教材容量更大、相对更完整的经典文本，学会用历史眼光和现代观念审视古代诗文的思想内容，学会尊重、理解作品所体现的不同时代、不同民族、不同流派风格的文化，形成良好的文化心态，理解作品所表现出来的价值判断和审美取向，并作出适当的评价，这些学习都侧重培养学生的人文情怀和文学审美能力，提高学生的精神境界和审美趣味，其教学策略是引导学生沉浸文本、感悟文本，获得自我独特的情感体验，提高学生观察、感受、分析、判断能力；"新闻与传记"系列属于实用类文本，学习这类文本，应体现时代特点，关注对信息的快速、准确理解和筛选能力，拓展学生的视野，使其学会用现代信息技术辅助交流，并从中获得有益的人生启示，逐渐形成有一定深度的思考和判断，其教学重在培养学生的媒体素养和批判性思维能力，引导学生关注现实生活和社会发展，对感兴趣的社会问题进行独立思考；"语言文字应用"这个系列重点培养学生的语文基础知识拓展和应用能力，包括对语言文字方面论著和法规的研读、对语言文字问题的理论研讨，其教学重点应该联系语言文字应用中的新现象和新问题，提高能力，重在实用；"文化论著研读"通过中外文化名著的研读，拓宽文化视野和思维空间，探索作品的丰富意蕴，领悟作品的艺术魅力，其教学策略重点培养学生的思辨能力和探究能力，探究论著中的疑点和难点，关注学生思考问题的深度和广度。

选修课教学方式或学习方式的选用应该与教学内容相适应。例如，学生自主研读能最大限度地利用时间，接触大量文字材料，培养阅读习惯，这是有利于拓宽视野的方法，而做课题研究对改变学习方式有更高的示范价值，社会采访则能提高语言运用能力和综合实践能力。因此，教师在作教学设计的时候，应依据不同的学习内容和学习目标进行选择。语文选修课常用的教学、学习方式有以下几种：

一是课堂教学。课堂教学是指以学校课堂为教学场所、以阅读分析为主要途径、以师生交流和对话为主要方式的学习。课堂教学时间和场所固定，有集体学习的气氛，学习过程容易控制，学习效果较容易保证，是现代教育的主要形式。这种方式比较适合文本类材料的阅读，例如小说、散文、社科文的阅读，其不足是相对封闭。人们对课堂教学的认识容易出现两种极端：一是认为课堂教学就是传统教学，而传统教学都是落后的；二是认为课堂教学就是教师讲学生听。其实，只要辩证地灵活运用，课堂教学在选修课上依然有不可替代的价值。

二是课题研究。课题研究是指走出课堂，以社会文化现象或语言材料为研究对象，以问题为导向，考察社会、分析问题、自主得出结论的过程。课题研究的优点是综合性、实践性强，在解决问题中能学会研究和学会思考，对提升学生多方面的素质有很大帮助，其不足是时间消耗多，不宜过多采用。另外，学习成员之间的投入难以监督评价。采用这种方式前教师要帮助学生做充分准备，如在选题、学生分工、研究步骤、评价方式等方面提出具体要求。

三是专题讲座。专题讲座是一种由专家、教师向学生单向传播信息的方式，其弱点是互动性差，对学生来说是一种被动学习。但讲座的优点是信息量大，传播的知识具有权威性，因此，听讲座其实是一种十分高效的学习途径，其效果取决于讲座内容讲演者的水平。部分选修内容不妨聘请校外专家来开讲座，在引导学生学会听讲座的同时学会聆听、判断、质疑、选择，即在被动学习中争取主动，也是现代人必不可少的技能和素养。

四是文献研读。选修课教材再丰富，其容量也是有限的，因此，利用学校阅览室、社区图书馆、家庭藏书及网络资源开展定向而大量的阅读，是语文选修课必须增加的"课外作业"。当然要使这种学习方式具有成效，教师准备要充分，要求要具体，评价要落实，并注意激发学生的兴趣。例如可以分专题阅读、课堂汇报阅读收获、网上展示读书报告等，也可以模仿美国篮球联赛的激励做法，评选读书大王，最有价值的读物、进步最快的学生、本周最精彩的点评等。

五是课外活动。课外活动是各种非课堂学习类型的总称，如观摩戏剧表演、参观文化馆，组织春游等。其优点是趣味性强，但组织程序相对复杂。可就近利用地区自然和文化资源开展有创造性的活动。注意，活动内容要与选修课有关且不宜过多。

为了准确理解不同教学内容的学习价值，选择恰当的教学方式，教师在平时应熟悉课标中关于不同文体阅读鉴赏方法和文体基本特性的有关阐述，并认真研读选修课教材，理解整册教材和单元编写意图。当然，无论是课标提出的审美能力、应用能力和探究能力，还是教材编者为单元设置的教学目的，并不与各个系列形成完全相对应的关系，也不要削足适履地套用某一类能力，不能机械地理解，千篇一律地用一种教学方式。也要避免常用的选修课模式。例如文学类文本的分析、欣赏、评价中，显然有探究的成分，而将探究的成果形诸文字或进行群体性交流，就是在锻炼语文的应用能力；"文化论著研读"中也可能涉及文学审美因素，各个系列都可能不同程度地含有应用的取向。此外，课标还提出"尝试诗歌、散文的创作"，"尝试创作小说、剧本"，"尝试新闻、通讯的写作"，"尝试人物传记的写作"等关于不同文体写作方面的要求，促进阅读和写作之间的互动和转换。

选修课的教学评价对激发学习兴趣、促进教学质量起着重要的导向和监控的作用，其宗旨应该立足于选修课的整体目标，有利于教学的可持续发展。传统教学评价主要关注学习结果，以量化分数作为主要标准。而二期课改的评价立足于定性评价与定量评价相结合，形成性评价和结果性评价相结合。选修课程更应着眼于培养当代高中生的传统文化底蕴、多元文化视野、现代媒体素养，立足于陶冶心灵、怡情悦性的人文素质教育，为学生的终身学习和有个性的发展奠定基础，选修课评价应该成为学生语文素养全面发展的真实记录和促进学生语文学科能力发展的鞭策。具体要求如下：

评价应具有可操作性，评价内容具体，注意顾及不同的学生情况和不同的学习状态，否则会大大削弱选修课的教学效果和设置价值。

评价形式应灵活，宗旨应明确，应遵循语文教育的规律。可以从资料的搜集情况、学习心得、学习效果、情感态度、团队合作、参与程度等多方面进行评价，当然也可以将一些教学内容转换成研究性课题或是训练题，尽可能使评价方式多元化。

评价以鼓励、表扬等积极的评价为主，宜采用激励性的评语，从正面引导学生更加有效地学习语文，激发学生的内驱动力，鼓励学生充分展现个性和创新精神。

评价载体可以是纸质文本形式、口头形式、电子文本形式，如读书札记，感悟类、鉴赏类文章，小论文的写作，课题报告，古典诗词吟唱，背诵默写比赛，作文比赛等活动，使评价更富有吸引力。

评价主体多元化。课标建议"要鼓励同伴、家长等参与到评价之中，使评价成为学校、教师、学生、同伴、家长等多个主体共同积极参与的交互活动"，当然教师与同伴是重要的评价主体。

课程标准评价建议在"诗歌与散文"部分提出了四条评价原则：（1）学生的阅读积累是评价的基础，要注意考查他们的阅读兴趣和文化视野；（2）以学生的审美能力、艺术趣味和欣赏个性为评价的重点，如能否拓展想象和联想，能否通过作品的形象和意境产生感情的共鸣，能否发现作品的丰富内涵和深层意义，是否有独到的感受和对作品的创造性理解等；（3）可通过写读书报告、读书札记、评论鉴赏文章等具体成果考查学生的诗歌散文鉴赏水平；（4）在诗歌散文评论和创作方面，既考察学生的参与态度，也评价其成果的水平。为了让学生更好地规划自己在这模块的选修，可以自主选择诗歌散文，借助工具书，撰写鉴赏文章；可以选择背诵，参加诗歌散文朗诵比赛；利用电子小报展示自己的学习心得；参加古诗文竞赛；设计一张检测试卷等等。多元化的评价形式更能使选修课面向全体学生，并能关注不同学生的兴趣、特长和不同的学习需要等差异，将定性与定量相结合，从知识和能力、过程和方法、情感态度和价值观三方面进行有差别的考查，使每个学生都获得成功的喜悦和乐趣。在评价主体方面，除教师评价外，还要注重自我评价和同伴评价，使评价成为学校、教师、学生、同伴等多个主体共同参与的交互活动。

拓展延伸

下面是山东省枣庄市第一中学成利老师《语言规范与创新》的选修课案例。

1. 关于字音、字形、字义、成语熟语的文本内容，让学生自己学习，教师指导学生分工合作，指导学生学习方法，定时抽查。

2. 对于病句、仿写、扩写等文本内容，教师结合例子，进行理论性的归纳总结，指导学生实践，然后让学生自己分类学习，最后教师分类精选习题，检测学生，总结问题。

3. 根据自己班级学生的实际情况，针对主要的优缺点，进行精讲精练，组合或者分解有的模块，因材施教。

比如：我们班学生的语法知识和病句分析都很差，就把模块"句子成分"和模块"语病分析"组合在一起，自己先归纳总结，把两者联系起来，再做了一个课件，设计几个典型例题，给学生上了一节理论与实践结合的指导课。效果很好，学生学会把两者结合，用句子成分的语法知识分析病句，用病句的错误现象更好地巩固语法知识。

老师教会学生自己去选择时间、选择内容、选择重点学习，也教会学生自己总结方法。其实，这就是"授人以渔"的做法。教师不必按部就班地每节文本内容都不放过，应该重点选择，精讲精练，理论结合实践进行指导，培养学生自觉自学的习惯，提高教学效率。当然，这也要求我们要多调查研究，深入了解学生情况，掌握学生动向。忽视这一点一切都是空谈。

　　成老师在选修课程的评价上，非常灵活，充分遵照因材施教的原则，尊重和突出学生的学习个性和学习愿望，重视学生的个性化学习，注意构建学生个性化的学习空间。

修炼建议

　　1. 经常和开设不同选修课程的老师探讨评价方法，积累经验。

　　2. 根据所举课例，尝试罗列出一些选修课的教学策略，整理出来和同事一起分享。

下 篇

技 能 修 炼

语文课堂教学的常规工作，包括教学设计、教学实施、教学评价等，对语文课堂教学的实效有着重要的影响。教师应加强这些技能的修炼，促进专业能力的提升。

专题四　教学设计

第一节　学情分析

问题展示

严老师：现在好多教案评比都要求写"学情分析"，是不是一定要写学情分析？有的教师不写学情分析，照样教得很好。这是为什么？

孙老师：学生情况复杂，包括很多内容，怎么才能把对学生情况的分析用到教学中去呢？

案例分析

下面是一位职初教师针对《桃花源记》的教学所做的"学情分析"：

这篇课文是人教版八年级下册课本第五单元第一篇课文，它针对的是初二的小朋友，初二应该是学基础的时候，特别是对于学习古文而言。虽然他们已经学习过一些古文，但就古文基础而言肯定需要加强。所以字词句以及读音等，肯定是要提醒的。其次，我们面对的初中学生都是出生较晚的孩子，他们处在一个信息技术发达的现代社会，对古文肯定是有点疏离的，兴趣肯定也不会很大。这就需要老师多运用一些方法注意提高学生学习的兴趣。这篇课文表达的是对现实社会的不满却又无力改变，所以在文章中描写了自己向往的世外桃源的生活，这样的背景离学生很遥远，而学生对古代这方面的作品了解也不是很多，所以学生在对文章深层次的理解上可能会有问题，需要老师着重讲。

以上分析中加点的表述对教学设计没有任何指导意义，甚至可能还是有害的。其一，"初二是学基础的时候""就古文基础而言肯定需要加强""这样的背景离学生很遥远"属于可以不讲的信息；其二，"出生较晚的孩子"这一表述词不达意，依据什么判断出生的早晚不清楚；其三，一个班级中学生的情况应该有所不同，体现为不同的学习积累、不同的学习兴趣等，但在该分析中似乎这个班级所有学生的情况都是一样的，没有差异；其四，"对古文肯定是有点疏离的，兴趣肯定也不会很大"的表述比较武断，不是所有的学生对古文都是疏离的，兴趣都是不高的，实际上许多学校都有一些在古文学习上有兴趣有积累的学生。以上海为例，每一年市级的古诗文阅读竞赛就有一定影响，每年都有一些学生在古诗文阅读方面表现不俗。这份学情分析显然是无效的分析。

相对于上面的"学情分析"而言，下面这份《雨霖铃》教学设计中的"学情分析"的质量较高，该教师没有武断的结论，能对学生的来源、语文学习基础、学习兴趣、学习经验等方面作出分析。

我校是省示范高中，所教班级为高一普通班。其中绝大部分学生是由市级初中和各县级初中考进本校的，还有少量的择校生。所教班级为年级中的普通班，市里学生和农村学生各占一定比例，市里学生语文基础较好，农村学生语文基础相对薄弱，语文学习的兴趣也不大。教学设计中应充分考虑到这些差异。不过，作为高中生，经过必修三个模块的学习，他们对高中语文学习的要求和方法也有了较多的了解，这是本课学习的有利条件。

从加点的部分可以发现，这份"学情分析"的遗憾之处在于这些对学生基本情况的分析都是模糊的，而作为教学设计依据之一的"学情分析"应该有一定的清晰度。该分析中不少表达都是粗略的估计："少量的"是多少？3个？5个？"语文基础"意味着什么？是记诵量、积累量比较多，还是古诗词的感受力比较强？是字词句篇等知识的掌握，还是基本的阅读能力、表达能力？"较好"是一种什么程度？可以进行什么样的描述？

理论点拨

学生是教学目标的实现对象，是教学活动的认知主体，一切教学活动的实施都是为了促进学生的学习和发展。许多心理学家的研究告诉我们，学习者在学习之前已经具备了一定的认知基础，包括语文学科素养、生活经验以及元认知能力。只有深入了解学习者的这些素质和技能，教学设计才能有针对性。因此，准确把握学生情况，是分析教材、确立学习目标、创建学习环境、安排学习程序以及选择恰当的评价和反馈方式的前提和基础。

人是高等动物，具有复杂的结构和心理机制，每个人的情况都不一样。到目前为止，关于人类心智活动的研究仍然处于十分低的层次，因此，分析学生情况是一个复杂的课题，很难用规范的科学手段、步骤进行操作。

其次，学情不是一个静止的概念，而是随着课堂教学的展开不断发生着变化，因此，学情分析不可能更无法一劳永逸地解决。

其三，学情是影响课堂效果的因素之一，但并不是全部。也就是说，有时候，学情对教学效果的好坏有直接的关系，有时候又看不出直接关系，不能作为课堂的评价依据。

正因为如此，很多教师觉得学情分析是伪命题，对教学设计没有多少实际作用，在备课过程中常常省略。不少教师在写教案时，虽然有"学情分析"这一板块，但内

高 中语文教师专业能力必修 Gao Zhong Yu Wen Jiao Shi Zhuan Ye Neng Li Bi Xiu

容非常空洞，大多是"学生第一次接触""学生感兴趣"等大而化之的废话，缺少具体的内容，对教学设计的参考意义很有限。

其主要原因是教师在分析学情时缺少针对性，很多学情分析都是笼统的，不是针对这个班学生的语文学习情况展开分析。更糟糕的是一些语文教师在学情分析时主观臆断，随意性比较大。

克服学情分析的大而空、武断、片面等问题，可从以下三个方面具体展开。

一、分析学生的整体情况

每位学习者存在着较大的个体差异，他们是自身和环境综合作用的结果，先天的品质，后天习得的技能、过往的经验、成长的环境等因素都在学习者的认知系统中留下了印迹，这些印迹反过来又会对学习活动及效果产生影响。1997 年，美国心理学会工作组分析了影响学习者学习效果的各项因素，归纳出四大类：认知与元认知因素、动机与情感因素、发展性与社会性因素、个别差异因素，四大类又由 14 个具体小类组成。这一研究结果提醒我们，学习者不是一个个简单的、相同的个体，而是各种因素相互作用的不同组合体，教师在备课中，应该对学生的情况有充分的了解。

与语文教学有关的学生情况，既包括不同学生的年龄特点、个性特征、认知风格、语文学习兴趣、语文学习习惯和语文学习积累等项目，也包括这届学生整体的代际特点和这个班级的基本风格，如这一年龄段学生的知识结构、阅读状况、思维方式、情感表达方式、他们的学习需求、对社会问题的关注热点等，也就是社会、时代的特点投注于年轻人，通过"这一群"人反映出来，又与学习活动有关的特质。

是否关注了学生的代际特点有时候决定着教学是否能够顺利开展。一位教师执教《打渔杀家》，他选择的主要教学活动是让学生分角色朗诵台词。照理说，用分角色朗诵的手段学习剧本体的课文，大方向应该是不错的，但是他没有考虑到，今天的年轻人其生活环境与情感体验，与学习材料之间存在很大的距离，他们生活在优越的物质条件下，每天接受的又大多是无处不在的娱乐文化，他们对近代中国社会矛盾的了解和情感体验非常缺乏，对"阶级斗争"话语带着低层次的反感和戏谑，在学生缺乏必要的历史感、教师未做充足的情感铺垫的情况下，剧本朗诵必然变成搞笑大会串。试想，如果教师对学情早有判断，并预先采取措施，让学生走进历史情境，唤起学生的悲悯情怀，再进入分角色朗诵环节，情况就会好很多，至少不会出现太令人尴尬的场面。

当然，学生基本情况分析不需要每次设计教学都写一遍，一般在接到一个新班级，变换新教学任务时，我们就需要对班级情况做整体分析，而平时应更多关注学生的差异。

二、判断学生在某项学习内容上的基础

教师除了关注学生的整体情况以外，更多要分析学生对某项内容的基本情况，主要内容包括：

1. 学生学习该项内容前的基础——学习起点。

2. 学生学习该项内容的"最近发展区"——可能抵达的发展点。

3. 学生学习该项内容可能遇到的困难和问题——学习的障碍点。

4. 学生对该项学习内容所做的准备，如课文预习、资料收集等相关活动。

5. 与这部分内容学习相应的能力或表现，如古文的阅读能力、讨论的表达能力、合作学习习惯等。

对上述内容的学情分析要有程度上的把握，并兼顾大多数学生的整体状况和差异。

三、分析学生的相关知识

所谓相关知识，就是不是直接的学习内容，但可能与该单元教学内容有关。例如学生对课文所涉及的年代、社会背景的了解程度，对课文体现的价值观、情感色彩及审美倾向的认同程度，对该话题的熟悉与敏感程度，对该教材语言习惯的接受程度。例如学习《记念刘和珍君》，是否熟悉社会背景就直接关系到对课文主旨的理解，而了解鲁迅的文风对鉴赏语言也至关重要。还有，以前学生学过哪些鲁迅的作品，也可以设计成对比学习和探究性学习活动。与该单元学习内容相关的学科知识、基本技能的准备情况，如归纳能力、分析能力等。若是散文的教学设计，教师须知道学生以前学过哪些著名散文、他们了解多少关于散文文体的知识等，这些信息对教学设计和教学活动组织都是很重要的。

学情分析没有固定的模式和步骤，以前不太习惯分析学情或运用不够熟练的教师，可以考虑从以下几个问题入手：

（1）围绕主要的教学内容，列出哪些因素可能对该单元的教学效果产生影响。如课文涉及的时代背景、民族文化、当时的生活方式、作者的思想审美倾向、语言表达习惯等，比较与今天的年轻人的差距，预先对学生在理解这些内容时的反应作出判断。

（2）考虑学生在主要教学目标的达成中可能遇到的学习障碍，如涉及其他学科专业知识，应预先设计应对策略。

（3）考虑在该单元的学习中，与班级学生的年龄、身份、家庭背景、个性特征的联系，包括对教学有积极意义的联系或可能出现的负面联系。

学情的内涵是复杂的，在针对一节课或一篇课文的设计中，教师不可能对所有情况都作重点考虑，而只能以多数学生的平时表现为参照基准设计教学，兼顾班级里基础高、低的学生以及有特殊背景、特殊才能的学生，教师对教学内容的信息量、难度等方面也需要加以控制；教师还需要预先准备好高、中、低三种层次的教学目标，以应对可能出现的对学情判断的失误。

学情是不断变化的。要知道在作教学设计前教师眼里、心里估计的学情，与学生的真实情况并不是一回事，课堂上学生的表现常常出乎教师的预料，因此，在教学中，教师应时时依据新情况及时调整自己的判断，而不应削足适履、让教案牵着学生走。

分析学生情况的途径有很多。教师如果是个有心人，他可以随时随地了解学生，掌握对教学设计有价值的学情信息，积累根据学情进行教学设计的经验。例如，可以采用课堂考察、平时了解、作业分析、问卷调查、个别访谈、网上交流等方式。其中，课堂观察是了解学生情况的主要手段。

教师与学生接触最多的空间就是课堂，课堂不仅仅是教书育人的场所，同时也是观察学生、了解学生的好机会。教师首先要心里有学生，不仅要注意全班学生的学习状态、行为，对教学内容的反应等，还要特别关注某些特殊学生。在教学实践中，一些教师往往更在乎预先设计的教学内容是否讲完，教学流程是否顺畅，教学效果是否精彩，而忽视学生表现——尤其是某些基础较差、精神状态不够好、课堂表现不够积极的学生，这是以教学为中心的表现。当然，观察学生也需要一些工具或技巧，例如利用提问、上黑板、读书等形式观察某些学生，记录下某些学生的变化。

作业是学生给教师的最直接的反馈信息，通过批改作业，教师不仅可以知道学生对学科知识的掌握情况，哪些东西是学生真正领会了的，哪些东西学生还比较生疏，需要在上课的时候再加以强调；通过作业调查，还可以发现学生的学习态度认真与否，学生学习的兴趣如何。因此，好的作业设计，除了能检验学生的学科知识，最好还能获得学习态度的明显反馈。教师对学生作业的批改要及时、准确。另外，每次作业，教师做必要的梳理记录，也有利于对学生情况的准确把握。

拓展延伸

阅读下面的材料，了解概念图的编制，如果我们能将高中语文的知识、技能画出概念图，这将是对我们自己学科知识的一次检阅；如果学习新知识之前，我们请学生画出有关该知识的概念图，也可以比较清楚地了解学生已有的知识基础。

每一位学习者在学习新知识之前，所具有的与新知识相关的信息和潜在知识并不会是零，语文学科尤其如此。对于学生所具有的知识，教学设计时应该充分考虑，只有把教学内容与学习者已有的知识相联系，教学效率才会达到最大化。

知识具有连贯性、系统性的特点，呈阶梯状发展，只有扎实掌握了先前的知识，才能进行后续的学习。所以，对学生起点状态的分析就显得非常有必要，如果不进行起点的分析，很容易将起点定得太低或者太高，太低会使教学效率低下，难以形成应该具备的能力；太高则会使学生难以适应，影响学习兴趣。

知识结构是指"学生现有知识的数量、清晰度和组织方式，它是由学生眼下能回想出的事实、概念、命题、理论等构成的"[①]。学生原有知识结构的表征可以用"概念图"来表示。概念图是由约瑟夫提出的判断学习者认知结构的技术。它的基本思想是认为每位学习者的记忆中存在着一张结构图，新学到的知识不断地被整合到这张图中。如果新知识与该图有某种切合点，则会较快地被同化，相反，如果所学知识与概念图相冲突，甚至挑战了整个框架，则会被排斥。所以，教师在安排教学内容之前，需要

---

① 施良方. 学习论. 北京：人民教育出版社，1994年，第235页

了解每个学生的知识结构，以便确立适合的教学内容。

绘制概念图的基本步骤是：①

（1）确定已学的内容中的概念。让学习者根据已学过的知识内容，利用关键概念，列出概念一览表；

（2）将概念符号排序。从最一般的、最广泛的概念开始排列，一直排列到最具体、最狭窄的概念；

（3）按金字塔结构，将所列的概念排列。一般的概念置于顶端，具体的概念按顺序放在较低的层次上；

（4）确定各概念之间的关系。在每一对概念间画一条线，并选定符号，表示两概念的关系。随着认识的深化，学习者对概念之间的关系可能会有新的认识。所以，线条可改动；

（5）找出图中不同部分概念之间的关系。在图上标出各种交叉的连接线；

（6）经过一段学习后，重新考虑和绘制概念图。

如图所示②：

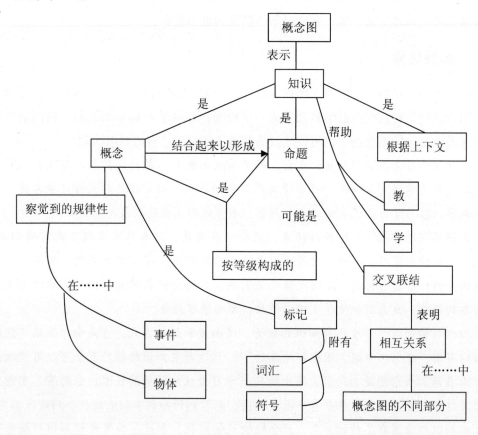

① 徐英俊. 教学设计. 北京：教育科学出版社，2001 年 9 月，第 101 页
② 孙可平. 现代教学设计纲要. 西安：陕西人民教育出版社，1998 年，第 219 页

1. 熟悉学生情况从叫出班级学生的名字开始。想一想,你接到一个新的班级,一般多长时间能叫出全班的名字。与周围的同事交流,看看他们是如何记学生名字的。总结一些这方面的经验与大家分享。

2. 你现在正在教哪个年级?列出这个年龄段学生在语文学习方面的几个特点,例如阅读名著、阅读报刊、写日记等情况,思考这些情况对教学设计有什么价值。

3. 选择你某一次上课效果不太好的经历,看看从学情的角度能不能找到原因,试着写一篇简短的教学反思。

第二节　教材分析

问题展示

宋老师:教材分析和课文解读是什么关系?

李老师:有时候翻一些杂志上刊登的课文解读的文章,不由得对一些学者的课文解读叫好。他们知识渊博、观点新颖、分析透彻,让我十分佩服。我们普通的中学教师,一不是这方面的专家,二来也没有时间和精力,很难达到那种境界。我们作教材分析也好文章解读也好,还有什么价值呢?

赵老师:一般语文教学参考书中都有详细的课文分析。我们在作教学设计时,是以教参的分析为主呢,还是以自己的理解为主?

案例分析

教材分析是教学设计的前提,也是一个语文教师展示其积累、才华、创造性以及教学个性的重要途径。如果一个教师对教材分析不到位、理解不透、把握不全面,不仅影响教学设计,还会发生这样的情况:课堂教学中,学生提到的某些问题你没有思考过、不能作出令学生满意的回答,这种处境自然是很不妙的。

教材分析与平时说的课文解读既有联系又有区别。简单说,课文解读可以不考虑教学,而教材分析一定是冲着教学去的,课文解读可以尽情展现创造性和个性,但教材分析则需要取得共识,不能把个人在某个问题上的看法当做常识传达给学生。例如,有人认为徐志摩的《再别康桥》是写给以前的恋人林徽因的最后告别,美好而哀怨。这不失为一种作为课文解读的"新解",但拿来上课就未必合适了。可以这样说,别人大量的课文解读是语文教师作教材分析的参考,不一定作为分析教材的依据。

从功能上看,教材分析不是一定要提出新观点,而是要教师对教材理解、熟悉、钻研。一个教师能针对一篇教材提出新观点固然可喜,但对大多数语文教师来说,能了解人们对一篇文章的一些说法，而且具有基本的判断鉴别能力，就已经了不起了。

在教材分析中，会经常遇到自己的看法与教参不完全一致的情况。我觉得这个问题可以从两个方面理解。一方面，教材教参的编写人员往往是站在课程的角度分析课文的，因而有可能是全面一些，因此，教师要做的首先是理解教材意图；另一方面，教材编写总是宏观一些的，微观层面常常留出很多空白；教材和教参的编写时间相对滞后、观念相对保守，而社会生活则日日更新。因此，在有利于课程目标或者对课程目标影响不大的情况下，教师完全可以按照自己的解读设计教学内容。

理论点拨

教材是知识的载体，在教学活动中起到连接教师和学生的中介作用，因此，它是构成语文课堂学习活动的核心资源之一。相对于教学策略和方法的选择，教材的选择空间看似较小。不过，教材的内部空间却又是无限的，教师备课的任务之一，就是在看似有限的教材中畅游，挖掘并确定那些最值得关注、值得学习的信息。

教材分析的主要目的有两个：一是分析课文内在特质——构成文章各要素的逻辑关系，准确理解这篇课文；二是分析该课文与其教学要素的相互关系，确定理解。前者主要解决"作者到底写了什么？写得怎么样？"，后者主要解决"教材编者的意图何在？我应该教点什么？"。

一、分析教材的内在特质

语文教材阅读部分基本上是由一篇篇文质兼美的选文组成的，分析教材首先要明白这篇文章写了什么。一篇文章的内在意义主要受两大因素制约：一是作者在写作时的创作意图，这在作品完成以后就形成了；二是这篇文章在传播过程中被不同时代、不同类型读者解读，新的意义会随着时代变迁、研究方法的创新而不断产生。例如莫泊桑创作短篇小说《项链》的本来意图是讽刺爱慕虚荣的底层妇女"死要面子活受罪"的现象，这种现象在资产阶级刚诞生的时候可以说是很普遍的，作品当时的意义也是很深刻的。两百多年过去了，人们对物质财富的追求欲望、对美的追求被广泛肯定，对女性的特征、对不同生活方式有了更多理解和宽容，因而对《项链》主旨的理解就超越了对一个普通女性进行讽刺这一层面，变得丰富起来，出现了诸如"美丽的瞬间与永恒""浮华与代价""偶然与必然"等更具哲学意义和现代意义的思考。

如何获得一篇选文的内涵逻辑信息呢？不妨通过这样几种途径：

（1）看教材提示、系统训练，多数教材或教参都注明或隐含了对选文比较主流或公认的理解。

（2）看以往的学术研究。历史较久远的作品、公认的经典作品，如先秦诸子和唐宋八大家的名篇，研究资料可谓汗牛充栋，足够我们选择。

（3）看近期名家的解读。近期学者常常会对一些经典或教材名篇作新的阐释，如孙绍振先生的《名作细读》，从中常常可以获得启发。

（4）看其他执教者的教案或教学实录。凡是被选进教材中的名篇，都经过无数语文教师的解读和教学设计处理，这些处理会不同程度地反映在他们发表的教案和教学实录中，青年教师不妨把他们的处理方法作为借鉴。

当然，学习他人的成果时应该注意，这些研究、解读获得了普遍认可，其结论比较靠得住，但也有一些说法是个人的感受和观点，甚至还有人为创新而创新，喜欢提出一些与众不同的"新说法"，不一定都适合"拿来"。因此，要注意批判地吸收。其次，他人的研究或实践经验只是为我们提供了一个分析文章的大致方向，参考他人决不能代替教师对文章本身的反复阅读和仔细分析。

除了主旨以外，文章文体特点和语言表达特点也值得关注。文体特点是某一类型的文章长期以来形成的，它综合了这类文章的存在价值、表达对象、语体风格以及某些外在格式。例如，小说的特点是讲述一个虚构的故事，即使作者不注明文体，读者也能辨析；诗歌有分行和用韵，特征十分鲜明；剧本中有规定的对话角色等等；社科文最讲究概念、判断和推理的逻辑关系。从文体的角度分析教材，有时候更容易抓住文本表达重点、理解隐藏在语言背后的信息，以便选择学习目标。例如，剧本的对白常用潜台词，分析剧本可重点注意语言背后的"话外之音"；对白讲究"你有来言我有去语"，教学中就可以让学生体会和学习交际语言的特点。语言特点包括用词特点、句式特点、语言风格特点及篇章结构特点。依托文章在表达结构方面的突出特点，可以使语言教学落到实处。

二、分析教材的教学价值

明白了一篇文章写了什么、写得怎么样，分析教材的工作还没有结束，这是由教材的特殊性决定的。教材里的文章与报刊、书籍中刊登的文章不一样，一般读者阅读文章与学生阅读教材里的文章大不一样，这是因为教材是有组织、有序列的知识体系的集合体，教材中的文章除了它自身携带的语言、思想、文化内涵以外，还被教材的编写者赋予了一定的教学价值：

（1）即通过学习一篇或几篇，不仅让学生理解这几篇文章写了点什么，还能明白这一类文章的表达特点，进而获得理解这一类文章的阅读方法，当然，最好还能参悟出一点这一类文章的写作窍门。

（2）这些选文中隐含了课程标准规定的语文学习目标，这些隐含的价值被设计成为一个有序系列，通过某一阶段的学习，学生能获得这一阶段应该具备的语文知识和用语经验。

这就是通常所说的语文课程。由此可知，如果教师从课程标准规定的学习目标出发、从教材设置的知识序列和结构框架出发，理论上说也是从学生的成长需要出发去分析教材、确定教学内容，那么就可以被称为有课程意识；反之，如果仅仅从单篇课文出发、从教师对课文的独特理解出发、从学生是否喜欢出发去选择课文、设计教学目标，就可以说他课程意识不强。

从课程角度出发分析教材、选择教学目标，必然会遇到这样的问题：一篇课文中的某一个特点——主旨或语言，也许本身是很显著、很有学习价值的，但却未必是课程序列所选择和强调的，这就很容易导致在分析教材、设计教学内容时产生"价值分裂"或"价值对立"。例如，有的教师从李密的《陈情表》中读出了很显著的过分夸饰特点——借祖母的病情婉拒司马氏的任命。但某套语文教材把《陈情表》放在"亲情单元"里，如果把语言的"夸饰"当做主要学习目标，对亲情的主题便有所损伤，教师在设计中就故意避开不谈。这种做法是可以理解的。当然，由于语文的综合性很强，从课程的角度选择教学点的原则也是相对的，应该让教师掌握一定的灵活性。

　　分析教材的教学价值还有一个视角，即考察选文的教学。逻辑思路是这样的：

　　（1）不同的文本应该隐含着不同的语文和文化信息；

　　（2）这些隐含不同信息的文本，决定了它们应该具有不同的语文教育功能；

　　（3）依据教育功能的差异，可以把选文分出不同类型；

　　（4）教师可依据某篇文章的选文类型，来确定它最恰当的教学内容。

　　王荣生在《语文科课程论基础》一书中，将教材的选文类型归纳为四类：定篇、例文、样本、用件。按照他的判断，定篇即相当于指定篇目，基本不受时代、制度和价值观影响，也不以学生的兴趣为转移，构成语文教材的核心，且必须强制学习。例如《诗经》、《论语》、唐诗宋词、唐宋散文名篇等。对这些篇目的学习没有外在的功利目的，而仅仅是理解、背诵和欣赏。定篇的概念有些等同于"经典"。例文是隐含着表达上的"共同的法则"和"共同的样式"的文章，这些共同的法则和样式，需要通过具体的选文体现出来。例文没有独特性，其中所体现的法则和样式，可以通过别的方式得到落实，也可以通过学习其他的文章进行替代。例如用《荷塘月色》训练学生的景物描写能力，就可以用《日出》等文章替代训练。样本是指可以为学习同类作品提供经验的选文。比如课堂上学习郁达夫的《故都的秋》，通过对《故都的秋》的学习，可以让学生知道散文意境鉴赏的方法，通过这些方法，学生可完成课外类似散文的学习。用件，"这一种类型，关心的主要是其'内容'的方面，也就是课文'说了什么'；对'怎么说'，则只关心其逻辑的合理性与否，即说得对不对，说不说得通。学生其实不是去'学'文，而主要是'用'这一篇选文里的东西，或者借选文所讲的那东西、或者由选文所讲的那东西触发，去从事一些与该选文或多或少有些相关的语文学习活动"。① 用件类型的选文只是一个触发点，它的意义更多的在于课文之外，而非课文本身。

　　这是较早地提出从选文类型来挑选文章、编写教材、分析教材，并相应设计教学活动的想法，这在学理上具有创新性，但是，在实际运用中似乎难以实现。例如，按照现在教材中的选文现状来看，"定篇"选文恐怕占 70% 以上，那么自然其教学方式

①　王荣生. 语文科课程论基础. 上海：上海教育出版社，2005 年

也趋同，都是理解、背诵和欣赏，这就使得区分选文类型失去了教材分析和教学设计的意义。其实，一篇教材的教学价值不外乎以下几种：

（1）人文精神熏陶与文化传承功能；

（2）篇章结构的写作借鉴功能；

（3）表达方面的语言习得功能；

（4）百科知识的认知功能。

经验告诉我们，一篇好的文章，通常在许多方面都很出色。例如苏洵的《过秦论》、魏征的《谏唐太宗十思书》、范仲淹的《岳阳楼记》等，无论从思想内涵、篇章结构，还是语言表达，都值得后人反复吟诵和认真研读，把这样的文章放在哪一类里都是可以的，因此，对选文类型不能过于拘泥。通过阅读、感悟和分析，教师只要能判断一篇课文大体属于哪一类，便可以围绕这一点来选择教学内容了。

目前，国内语文教材对选文教学价值的处理普遍采用了二维结构法，即既指出文章在思想内涵方面的学习价值，也言明其在篇章结构和语言表达方面的学习价值，也就是围绕主题组织课文单元，在训练题中强调表达特点。美国的一套语文教材则采用了奇特的三维结构法，显得很有新意：

（1）以美国近代的进程、文章撰写的时序为一维，构成教材的前后顺接；

（2）以演说、游记、小说等文体类型为单元，构成教材板块的第二维；

（3）以思想内涵和表达方法为知识点和教学点，构成学习训练的第三维。

这种编法无疑给教材分析和教学设计留下了更大的空间。

三、分析教材与学习者的联系

教师在做教材分析时，还有一个参照系是不能遗漏的，那就是学习者。教材的编写者所依据的是一般学生的知识水平和认知状况，但是并不能适用于所有人。那么，根据本地区、本学校部分学生的具体情况，分析教材与学习者的契合点，例如教学侧重点的选择、难点控制、新知识与旧有知识的衔接点把握等。

对学生来说，新知识的接受需要有一个结点，新的教学内容只有触动了这个结点，才能促成"有意义"的学习。这就是奥苏伯尔的先行组织者策略。

先行组织者策略是指学生在学习新的任务之前，应为其安排一段引导性的学习材料，这段材料可以激活他们以往的知识结构，并对即将要学习的新内容进行定向，使新旧知识发生联系。在分析教材的时候，教师的心中应始终有学生，分析教材中哪些内容能引起新旧知识的联系，哪些地方需要激发学习者的最佳状态。

每一篇文章都有多个方面的特点，有限的课堂时间不可能面面俱到，这就需要对材料进行筛选，与重点内容相关的材料放在学生上课状态最好的时候。对学生最佳状态的把握，每位老师可以凭经验判断。对一些无关紧要的内容，完全可以删去不讲，或者可以作为调节，在课程临近结束时，学生较为疲惫的时候用来舒缓气氛。

　　下面的文字节选自《从两个句子理解＜荷塘月色＞的两处关键》一文。语文老师分析课文，需要看到课文内容、主旨、结构、语言等多方面的东西，尤其需要看到那些看似平常的语句背后的意味，这些语句往往也是学生自己发现不了的地方。教材分析涉及的专业准备真的很多。

　　第二个关键处是文章的最后一节的结尾文字："——这样想着，猛一抬头，不觉已是自己的门前；轻轻地推门进去，什么声息也没有，妻已睡熟好久了。"

　　如果说上文中的小路是通往精神自由境界的通道的话，那么荷塘就是"我"享受独处时光、任思绪自由飞翔的自在家园。可惜，这精神家园只在万籁俱寂的荷塘边，只在古人诗词中，只在自己的艺术想象中。连在下意识中，作者都知道这精神家园不能久留，"猛一抬头，不觉已是自己的门前"，就如当年鲁迅所说，没有人能拔着自己的头发离开地球。一般人不能，何况是已经有些名声的朱自清呢！

　　理解该处文字首先要理解破折号转换的语意是什么。有人认为"破折号前面的句号应该删去"，这显然是没有理解"这样"指代的内涵。这里的破折号表示语意的转换，"这样想着"不止是"这令我到底惦着江南"，而且是前面作者一系列的联想和感慨，想起"采莲的事情"，想起《采莲赋》里年轻男女嬉游欢笑的场景，想起《西洲曲》里的句子，还有"可惜我们现在早已无福消受了"的感慨等。简而言之，破折号所表示的转换是本文逻辑中一次根本性的转变，其作用和前文分析的第二节最后一句有异曲同工之妙，前者是作者从现实世界进入个人世界的转折点，此处则是作者从"个人的心灵世界"（荷塘）回到"现实世界"（家）的转折点。

　　这段文字中有两个词语特别需要关注："猛"和"不觉"。"猛"有"忽然""突然"的意思，"不觉"表明"没有意识到"，这两个词语表明作者从"荷塘"回到"家"是一个不知不觉的过程。"荷塘"令人沉醉，以至于"我"在回"家"的整个过程中都在联想与之相关的情境；而"家"则更为强大，在不知不觉之中就习惯性地回到"家"中。理解这两个词语有助于理解该文两个核心意象"家"与"荷塘"的内涵。

　　理解此处文字还需要关注引文中的分号。作者用分号而不用句号，给读者的感觉是这两句话的语意连接更紧凑，前后关联更紧密。如果用句号，不觉回到家门口的行为与进门看到家中的景象就成了各自独立的语意，彼此有一定的独立性。"我"是"不知不觉"回到家，并且"轻轻地推门进去"，可家中却是"什么声息也没有，妻已睡熟好久了"，"我"对"家"的本能情感与"家"对"我"的无视对比意味更强烈，带给读者的震撼与思考也就更强烈更深入了。

　　在分析这段文字时，我们不妨将"轻轻地推门进去，什么声息也没有，妻已睡熟好久了"与开头"妻在屋里拍着闰儿，迷迷糊糊地哼着眠歌"的情境联系起来看，我们会越发感受到"家"这一核心意象的内涵——现实就是如此的无奈。一方面，我们看到做母亲的无论多么劳累，还是要关心孩子，哪怕这个关心是无效的；另外一方面，儿子希望得到母亲有效的呵护，但是"迷迷糊糊地哼着眠歌"的母亲已经无力提供更为温馨的关爱了；而一个"颇不宁静"的丈夫对于妻子会期待一些什么呢？我们也是可以想象的；一个"颇不宁静"的、离开家一段时间的丈夫回到家希望看到什么样的情境呢？我们也是可以想象的。如果我们的推测力不够的话，可以联系《荷花淀》中的一个情境——"但是大门还没关，丈夫还没回来"想一想。

《荷塘月色》是一篇经典课文，这篇课文可教性很强，教会学生从课文关键处理解、分析作品之妙，是语文教学的要义所在。

修炼建议

1. 回忆你的教学经历，想一想你上古诗文课一般都教什么，又是怎样教的。

2. 不管时代背景如何、选编者的价值倾向怎样，语文教材中总有一些熟悉的面孔，例如初中的《岳阳楼记》、高中的《过秦论》，有人也叫它"共同篇目"，以现在使用的这册教材为例，与其他教材比较，看看有哪些共同篇目。选择你最喜欢的一篇，收集人们对这篇文章的分析和评论，看看哪些观点是你知道的，哪些角度对你有新的启发。

3. 找一篇新的选文，在不看任何参考材料的情况下，试着自己作解读，然后再与别人的解读比较，看看两者有哪些不同，想一想为什么。

4. 与同年级的教师交流如何判断一篇教材的教学价值。

第三节　确定教学目标

问题展示

崔老师：以前我们的语文老师教我们的时候，都要我们通过大量的阅读和持久的熏陶，潜移默化地提高语感和应用能力，现在我们教语文，每次都要写教学目标。目标化教学是否适用于语文呢？

包老师：最近我们学校组织教案评比活动，要求每一个教案要写三维目标。我不知道别人怎么样，我是觉得所有课都要写三维目标很困难，有没有这个必要？

案例分析

一节课的教学时间有限，学生认识新事物、掌握新知识的空间也是有限的。因此，要在一堂课的时间内完成一定的教学活动，并使其富有成效，必须选择比较确定的内容，否则很容易开无轨电车，上到哪里算哪里，这是设置教学目标的主要价值。

在确定教学目标时，以前出现比较多的问题有这样两类：一是"杂乱"，一是"偏"。所谓"杂"，是要求学的知识多、内容多，这些内容之间缺乏内在联系。教学内容的"杂"必然带来课堂流程的"乱"，教师在课堂里东拉西扯，学生被教师牵着东游西荡，不知所以然；内容"杂"还会带来教学结果的"浅"，在每一个知识点上蜻蜓点水，浅尝辄止。所谓"偏"，就是教学设计漏掉选文中应该教的重点而选了一个无关紧要的内容，或抓住一些文句随意发挥，搞所谓的多元解读、教学创新，偏离语文学习的轨道。例如，学习鲁迅的《狂人日记》，一位教师不去引导学生重点分析"狂人"形象的象征意义以及当时的时代所指，而大谈鲁迅的多疑性格，这就不仅仅是偏题跑题的问题了。如果教学设计有明确的教学目标，这种情况就会减少很多。

设计教学目标的做法是科学思维的体现，其效率至上的原则、逻辑思路与理科的研究路径的确很接近，当然，也不能完全照搬。在教案评比中，组织者出于管理和评价的需要，在格式上提出统一要求，这应该是可以理解的，而如果教师熟悉教学目标的表述规律和表述语言，写出简洁明白的教学目标也不难，千万不能因为自己不熟练、不习惯而轻易怀疑它的价值。

至于日常的教学工作是否应全部写明三维目标，我认为应视具体情况而定。有的教学内容有具体鲜明的三维特征、教学中也围绕三维来展开，教案中写清楚三维目标正好名副其实。例如学习《过秦论》，其三维目标可以这样表述：

（1）知道"论"的文体及史论的语言特点；

（2）探究文章中观点及论证材料的关系，对比秦兴秦亡前后的影响因素；

（3）感受历史兴衰的教训。

但是，有的知识性比较纯粹、工具性比较强的学习内容，情感态度与价值观教育价值并不显著，教案中完全可以不用写。

理论点拨

教学目标是教师完成教学任务后，学习者所应该达到的知识和技能水平，以及他们在情感态度方面变化的客观具体描述，是一系列可执行的子目标的有序组合。

一、教学目标的作用

确定合理的教学目标对教学效果起着至关重要的作用，其具体作用机制体现在以下几个方面：

1. 教学目标引导教学过程。课堂教学是一项综合性很强的教育活动，教材、学生、环境等各方面的因素都会对课堂产生影响，有了教学目标，便可安排、协调许多因素的关系使其达到一种合理的平衡。在教学目标的统领下，有利的因素被保留，无关的或者有害的因素被剔除，课堂就会变得简单而高效。课堂由导入、发展、高潮、结尾等大环节以及活动、方法、策略等小技巧、小环节构成，每一个环节的设计都指向教学目标，课堂才会有序高效。

2. 教学目标引导学生的学习方向。根据心理学家的研究，学生有意注意的学习比无意注意的学习具有更高的效率，当学生知道自己的学习目标之后，对与目标相关的信息会更加关注，并采用相应的方法和策略，促使自己达到目标规定的要求。在平时的课堂中，国内一些语文教师往往很少事先将学习目标向学生明示，或者根本就不告诉学生，而让学生自己去"猜"这节课要学什么，这样的"悬念"可能会让课堂有好的气氛，但学习效果未必好。

3. 教学目标是教学评价的主要依据。教学评价有许多依据，比如学生的参与程度、思维的活跃情况、教师引导的有效性等都可以作为评价标准，但是这些项目都是从属性的，其最终的归结点仍然是学生的学习结果，而衡量它们是否合理的依据是教师的教学活动有没有促进学习目标的达成。一堂预先打算教朗读技能的课，如果培养的是修辞技巧，从教学评价的角度来讲，则很难说它是成功的。

二、教学目标的构成

由于学习活动和学习主体都是复杂的，其目标的达成不像马拉松的终点、工厂里一天的生产计划那样有一个能够确定的目的，而是具有层级特性的，即它是由多个层面展开的、由若干向量组合而成的整合体。从微观角度来讲，教学目标自身可以分解成一系列子目标，这些子目标的序列就构成了总目标（如图一所示）；从宏观角度来讲，教学目标与课程目标、学期目标、单元目标等外部目标构成层级目标体系，教学目标处于这个体系的最下位（如图二所示）。以下两个图分别表示了这两种状况。

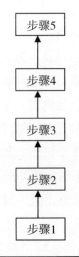

图一 （根据迪克《系统化教学设》一书改编）

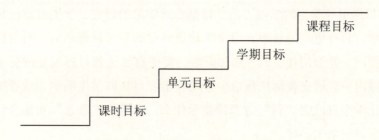

图二　宏观层级教学目标示意图①

　　有专家指出："处理好各个层次、各个阶段语文教学目标之间的关系，从而确立一整套有机联系的语文教学目标体系是使我国语文教学走上序列化坦途的有效途径"②。一般来说，宏观角度的教学目标的确立大都与国家的教育导向、教育政策、教材编制体制等密切相关，而微观目标的确立，则是教师经常性的工作。当然，微观教学目标大体应在宏观目标所确立的教育价值和内容范围之内。

　　如图所示，教育工作者要实现既定的教学目标，他必须从步骤1开始，依次完成2、3、4、5的步骤，在正确完成所有教学步骤之后，可以被认为实现了教学目标。根据这样的程序，教师很容易实现因材施教。因为对于基础较好的学生可以不用从第1步开始，直接进入2、3、4甚至第5步的学习，对于在某些方面知识有欠缺的同学，可以增加相应的步骤，增至6步、10步都是可以的。例如，理解《红楼梦》中林黛玉的形象，可以通过如下步骤使学生深化学习：

　　（1）理解林黛玉的行为特征；

　　（2）理解导致林黛玉行为方式的心理；

　　（3）理解林黛玉周围的人对她的心理及行为的影响；

　　（4）理解她所处的大家庭人物关系对她的影响；

　　（5）理解性格、家庭变故、身份、处境对一个人的意义。

　　教学目标的分层方式有两类。一种是量的积累，也叫"丰度延伸"。以小学生的识字量为例，一堂课的目标由先认识5个汉字，增加到10个汉字，再增加到20个汉字，这种目标分层就是量的积累。对于语文教学来说，有的内容适合以量的积累的方式实现总目标，如名篇背诵和名著阅读等，但一般来说，课堂教学目标的设计要尽量避免单纯做量的积累。

　　还有一种目标分层属于质的积累，也叫"深度的延展"。例如，学习《阿Q正传》，同样以"分析小说中的人物形象"为总目标，我们有如下几种目标分层模式：

---

　　① 皮连生．语文学习与教学设计（稍有改动）．上海：上海教育出版社，2004年，第14页
　　② 皮连生．语文学习与教学设计．上海：上海教育出版社，2004年，第21页

分目标	模式一	模式二	模式三
步骤1	理解阿Q的形象	理解未庄的时空环境	理解"精神胜利法"对阿Q这个人的价值
步骤2	理解赵老太爷的形象	理解阿Q的生存方式	理解"精神胜利法"与未庄底层农民的关系
步骤3	理解假洋鬼子的形象	理解阿Q的需求及精神满足方式	理解"精神胜利法"与19世纪初中国国民心态的关系
步骤4	理解王胡的形象	理解阿Q的地位、面临革命机遇的选择	理解"精神胜利法"与中国人普遍心态的关系
步骤5	理解吴妈的形象	理解阿Q的革命动机与结局的关系	理解"精神胜利法"与人类生存、精神生活的关系

　　显然，第一种目标分层模式就属于典型的量的积累。这种分层目标的达成会消耗大量时间精力，是相对低效的。而第三种分层中，每一层中的小目标显得太大，学习中不容易操作。相对来说，第二种分层目标在大小、难度、分目标之间的关联与推进方面比较好，适合于高中教学。

　　在现实当中，我们碰到的问题往往是较为复杂的，并不能完全确认各个步骤之间的前后关系。特别是语文知识，往往没有办法采用量化的方法保证各步骤的科学性，对于这样的问题，我们可以采用更加细致的"子目标"分析方法，把各个步骤的分目标再进一步细分（如下图所示），分解得越细致，科学性可能也就越高。

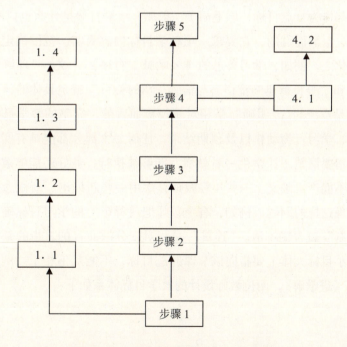

（根据迪克《系统化教学设计》一书改编）

三、确定教学目标的原则和要求

语文教师平时要设计的教学目标，应以完成国家课程规定的教育教学任务、有利于学生的语文素养提高为宗旨，以语文课堂为主要活动空间，以一个班师生的集体教学为主要形式，以一节课或一篇课文为一个教学单位。适应这些条件的教学目标，应具备以下几个特点：

（1）合乎课程标准的要求和教材设计框架，这是实现学科教育价值的保证。

（2）教学内容是教材选文或课程系统中的应有之义。那种撇开教材本义、对教材做胡乱解读和引申的做法不可取，至少不能作为常态课堂。

（3）教学目标基于学习资源的状况，包括学习者特征、各种可利用资源以及学校客观环境。教师仅仅从主观愿望出发设想"对学生的期望"，常常会遇到障碍。

（4）教学目标应集中、具体、明确、连贯，这是确立教学目标的技术要求。

（5）教学目标的难度、广度、实现层次是相对的，应具有一定的弹性，以适应不同学习者和教学中出现的各种变数。

以上要求中，教师重点掌握的是教学目标的技术要求，即集中、具体、明确、连贯。"集中"是相对于分散而言的，它要求一个学习活动或一堂课最好重点分析一种语言现象、解决一个问题、掌握一种技能，这样有利于获得较好的学习效果。比如学习朱自清的《荷塘月色》一文，"理解笔下环境与作者感情变化的关系""学习文章景物描写的方法""鉴赏文章精致的语言""分析时代背景下知识分子的心路""体会'荷塘'意象的含义"，都可以单独作为阅读教学的目标，但如果觉得每一点都有价值而将这些目标都作为重点目标，眉毛胡子一把抓，结果自然是什么也抓不住。"具体"是相对于空泛、空洞而言的，它要求一项教学目标内容真实、范围确定，便于理解把握，不能大而化之。例如，学习鲁迅的《＜呐喊＞自序》一文，"理解鲁迅弃医从文的转变过程"和"分析鲁迅晦涩语言与情感基调的关系"就是具体的，而"理解不一样的鲁迅"就是空泛的。"明确"是相对于模糊而言的。完整的教学目标中的学习主体、学习情境、学习行为动作以及预期结果，任何一个部分都应具有实在的意义，且语言表述的所指要清楚，让学生一看就懂，能够被执行，最好还能够被测量，不能让别人去猜测、不能产生歧义。一些年轻教师喜欢用一些新词语、新概念来描述教学目标，就容易出现这样的问题。例如，有个教师把《背影》的学习目标确立为"学习朱自清为文的控制"就含糊不清。"连贯"是相对于分散而言的，指的是一节课中的各个教学活动的小目标大体上要指向该节课的总目标，不能互不相干。例如，以前的教材中有韩愈的《进学解》，两位教师设计的教学目标体系如下：

	A 教师的目标模式	B 教师目标模式
分目标 1	疏通文字、理解主旨大意	学习文章中的用词和语法现象
分目标 2	分析各层次之间的逻辑关系	了解韩愈的学习经历、学习态度和读书方法
分目标 3	鉴赏韩愈的说理语言和论证方法	体会韩愈论辩的风格色彩
分目标 4	体会韩愈的论辩能力及文章风格	结合韩愈的生活经历，体会文章感情基调

看得出，A 教师的教学目标是连贯的，利于"通过学习《进学解》理解韩愈文风"这个总目标的达成；而另一个教师的目标就分散在四个不同维度，教学目标面面俱到，教学效果定然不尽如人意。

在确定教学目标时，比较普遍的问题有这样几种：

把某一节课涉及的知识全部列为教学目标。例如学一篇小说，有的教师会把这篇小说中出现的关于小说的知识，诸如"语言描写""动作描写""情节曲折""语言生动""人称""主线与副线""倒叙插叙"等全部列为学习目标；有的教师是把他上课要提及的知识都列进教学目标。其实，将学生以前学过的知识适当复习一下作为本节教学活动的基础，不应列入教学目标；而有的知识点是这节课新学的，但不是这堂课的重点，也不要列为教学目标，例如课文中出现的几个生字词。

教学目标和学习目标有很大的共性，目标"是目前达不到的事物，是努力争取的、向之前进的、将要产生的事物"[1]。而教学目标是从教师的视角看教学活动的预期结果，"教学目标是教师完成教学任务所要达到的要求或标准，同时也起到指导教师课堂教学实践活动的作用"[2]，是衡量教师教学工作成效的依据；学习目标是从学习者的角度看问题，是学生学习活动的预期结果。在教案中，一般是从教学者的视角来表述的，但在教学操作中，教师应多从学习者的视角分析学习内容和学习结果。

生硬地理解和区分三维目标。新课程要求大家从"知识与能力""过程与方法""情感态度与价值观"这三个维度确立和描述教学目标。有的教师把三维目标割裂甚至对立起来，例如，在第一个教学活动中完成知识目标，在第二个教学活动中完成方法目标，在第三个教学活动中完成态度目标。其实，教学目标有整体性和一致性，知识和能力是在阅读分析中学习和运用，过程是阅读分析的过程，态度和价值观的养成是在阅读分析中渐渐熏陶的。设立三维教学目标的意图是让教师在设计活动、引导学生研读课文时心中有数，而不是分别完成这些目标。

四、学习目标的编制理论

编制学习目标是每一位语文老师的常规性工作。理想状态下，每一堂课、每一篇

---

① 克拉克. 中学教学法（上）. 北京：人民教育出版社，1985 年，第 163 页
② 皮连生. 教学设计——心理学的理论与技术. 北京：高等教育出版社，2000 年，第 49 页

课文、每一个单元都需要制订相应的学习目标。由于我国目标管理方面的研究起步较晚，尤其是文科学科，不论是从事研究还是教学，很多做法都缺乏规划，目标编制比较混乱，随意性成份较重，没有一定的规范。这里提供几种目标编制理论，供老师们在编制目标时借鉴。

在目标的编制方面，美国心理学家马杰（Mager）的目标编制方法明确、简洁、易执行，因而得到了最广泛的应用。马杰认为，一个规范的学习目标必须是具体的、明确的。任何一个目标都必须包括以下几个要素：主体、预期的行为要求、达到预期要求的条件、测试学生达到何种程度的评价标准。

学习者是教学活动的主体，这是我们一直在强调的，但是在目标的制订过程中，很少能将这种观念体现出来，绝大多数情况下都被省略了。更为具体的表述，可以将学生进行更明确的定位，比如"初一学生""城区学生""一般普通学生"，这样的目标实行起来针对性就非常强。

预期的行为要求是指学生在本次学习活动结束之后，学会了什么，所学到的东西是在教学活动之前所不会的。这个要求必须是可测量的，比如"要求学生掌握比喻句的知识"这个目标就是无法测量的，但是如果把目标改成"判断 30 个句子是否为比喻句，是比喻句的说出比喻的类型，判断正确的数量在 20 句以上，就可以认为学生掌握了比喻句"，这便是一个可测量的目标了。

达到预期要求的条件和评价标准：一件事情如果可以无条件地永远做下去，相信只要没有先天的缺陷，每一个学生都可以达到最终的要求。但是教学强调的是效率，是在有限的时间内培养学生的能力，所以就要对这方面的条件作一些限制。条件一般包括时间、场合、范围、完成的程度等。评价标准也需要量化，尽量将模糊的标准转化成可执行的操作。比如"培养学生描写的能力"，就可以转化成"初一学生能在 5 分钟内用 200 字描述教师呈现的图画，要求整段文字有 5 个以上动词、5 个以上表示色彩的形容词，自己想象的内容限定为一处或零处"，这样的目标就具有非常明确的可执行要求和评测标准，检验起来非常方便。

马杰的目标编制方法为我们提供了明确的可操作步骤，后来的很多教育家、心理学家在他的基础上作了补充，使他的成果更加完善。

加涅（Gagné）在研究了马杰等人的著作之后，将他的理论作了进一步深化，在表达层面上作了明确的规范。他认为一个具体的学习目标应该包括这样四个部分：（1）表明刺激情境的词语；（2）描述可观察行为的动词；（3）行为指向的对象；（4）规定学习任务的特征及其评价标准的短语。

克拉克（Clark）、斯塔尔（Starr）从细节上提出了编制目标时的注意点，可以作为教师编制目标的参考：

（1）用术语描述每一项要求的行为目标，如理解、明白、鉴赏等；

（2）把每一项行为目标描述成学生学习的行为而不是教师教的行为；

（3）把每项行为目标描述成学生终点的行为，而不是过程当中的行为，更不是教师的教学程序；

（4）每项行为目标的要求要合理；

（5）最终的行为目标通过每一步具体的行为体现；

（6）每一步具体的行为结果需要有充分的抽样数据来证明这一步是否达到了要求；

（7）行为目标不单单是技能和知识，还需要包括复杂的情感和认知目标；

（8）每项行为目标只能包含一个学习结果，不能将几项学习结果列到一起。

拓展延伸

在所有的教育目标分类当中，布卢姆的教育目标分类方法具有较广泛的影响力，也成为新课程制定能力标准的依据。布卢姆把教育目标分为三个领域：认知领域（cognition）、情感领域（feelings）、动作技能领域（action skill），每个领域又分别分成六个方面。下面结合前一部分讲到的目标编制方法，选取了认知领域的目标分类和情感领域的目标分类，表格中为每种技能提供了描述教学目标可用的动词，供教师们参考①。

认知领域的目标分类

目标类型	特 征	可参考选用的动词
知 识	这是对以前学过的材料的回忆，包括具体的知识、方法、过程、理论。知识是认知领域中最低水平的认知学习结果，所要求的心理过程主要是记忆，相当于教学大纲中的"识记"层次。	为……下定义、列举、说出（写出）……的名称、复述、排列、背诵、辨认、回忆、选择、描述、标明、指明
领 会	理解材料所传达的信息。一般可借助转换、解释和推断三种形式来完成。转化是指用自己的话或者换一种表达方式表达自己对材料的理解；解释是指对材料进行概括说明；推断是指根据已有的知识判断未知的状况。领会是最低水平的理解。	分类、叙述、解释、鉴别、选择、转换、区别、估计、引申、归纳、举例说明、猜测、摘要、改写
运 用	指能够将学到的知识应用于新的情境，包括概念、规则、方法、规律和理论的应用。运用是较高水平的理解。	运用、计算、示范、改变、阐述、解释、说明、修改、定计划、制订……方案、解答

---

① 参见皮连生．教学设计——心理学的理论与技术．北京：高等教育出版社，2000年，第53－56页．文字部分：徐英俊．教学设计．北京：教育科学出版社，2001年，第129－130页

续表

目标类型	特　征	可参考选用的动词
分　析	分析是指把复杂的材料分解成一个个简单的组成部分，以寻找某种内在的规律或关系。分析是比运用更高的智能水平，它不仅要理解材料的内容，而且要理解材料的结构。	分析、分类、比较、对照、图示、区别、检查、指出、评析
综　合	是指把各种要素组合成一个新的整体。它强调的是对整体结构模式的重新调整，而不是简单的拼凑组合，具有较高的创新要求。	编写、写作、创造、设计、提出、组织、计划、综合、归纳、总结
评　价	是指依据一定的标准对材料做价值判断。这就需要对材料做全面的分析、综合、运用，调动前面所有的认知方式，还需要有一定的依据，所以价值判断是最高水平的认知方式。	鉴别、比较、评定、判断、总结、证明、说出……的价值

情感领域的目标分类

目标类型	特　征	可参考选用的动词
接　受	指学生愿意感知外界的现象或刺激，包括从意识到事物的存在（这是较简单的注意）、愿意接受、选择性注意（这是较高水平的注意）。接受是低级的价值内化。教师的任务是指引和维持学生的注意。	听讲、知道、看出、注意、选择、接受、赞同、容忍
反　应	指学习者主动参与。处在这一阶段的学生不仅能注意外界的现象，而且能够对外界刺激作出相应的反应，比如自愿阅读课外读物，而且能表现出一定的情感，例如有所得之后的满足感。	陈述、回答、完成、选择、列举、遵守、记录、听从、称赞、欢呼、表现、帮助
评　价	指学生会对某些对象或现象作价值判断，这时候的学生很容易接受外界的评判标准，并形成自己的一套价值观，并且愿意为达到某一标准做出努力。这些价值标准往往会通过学生的行为表现出来，并且具有相对的稳定性和一致性。这与我们经常说的"态度"和"欣赏"类似。	接受、承认、参加、完成、决定、影响、支持、辩论、论证、差别、区别、解释、评价、继续

目标类型	特 征	可参考选用的动词
组 织	是指对不同的价值标准的体系化。学习者会将许多价值标准进行比较、联系，克服各种标准之间存在的矛盾和冲突，形成自己内在的价值体系。在学习者的观念中，已经形成了一整套的价值图式，而不是具体的一条条的原则和标准。	讨论、组织、判断、使联系、确定、建立、选择、比较、下定义、系统阐释、权衡、选择、制订计划、决定
价值与价值体系的性格化	这一阶段的学生的价值观念已经渗透在他的言语和行动当中，成为他为人处世的准则，控制着他的行为。在外人看来，这种不变的方式和态度就是他的"性格特征"，这种性格是普遍的、长期的和可以预期的。	修正、改变、接受、判断、拒绝、相信、继续、解决、贯彻、要求、抵制、认为……一致、正规

修炼建议

1. 你平时翻阅课程标准吗？阅读课程标准，把课程标准中关于你任教年级的语文的要求划出来，仔细理解其含义。整理回忆你的教学经历，想一想你上古诗文课一般都教什么，又是怎样教的。

2. 梳理现在你使用的教材，看看其单元设置、篇目编排、引导语和训练题与课程标准的要求是否吻合。为教材编写组写一份关于教材是否切合课标的鉴定。

3. 你做教学设计时，教学目标是从教参中看来的、自己从文章中读出来的，还是任意选择的？总结目标的不同来源与课堂教学效果的关系。

4. 你习惯写三维目标吗？写的时候遇到最多的是什么问题？找一篇如何写三维目标的文章读一读，看看有没有帮助。

第四节　设计教学流程

问题展示

张老师：一次，我听一位青年教师讲孙犁的《荷花淀》，第一个环节是设置情境，了解作者背景；第二个环节是读课文，梳理故事情节、感受文章基调。应该说，这两个环节的设计和教学气氛都不错。课堂发言时，一个学生提到，这篇小说给他的印象与一般对抗战的描写（例如电视剧《亮剑》）不一样，没有激烈、残酷的场面。这个同学的发言引来了一阵应和的笑声。但是，这位教师没有就这一点展开讨论，而是匆忙转入第三个环节：讨论小说中的女性形象。课后，我跟他提出这一点，他回答说，因为在他设计的教学流程中没有这个环节。他还解释说，有一次他参加大奖赛，上课过程中改变了原来的教学流程，受到了专家批评，说上课不按照教学流程走就相当于没有完成教学任务。

平时我们不是说教学要以学生为本吗？那么教学是跟着原来的流程走，还是跟着学生的表现走呢？

案例分析

张老师提出的问题，可以说是教学流程设计的基本问题，几乎每一个教师都遇到过，也颇为纠结。做教学设计的时候，很多人都希望最好每一种情况都预计到、每一步都设计好：怎样导入，怎样总结；什么时候学生提什么问题，教师怎么应答；哪里放一段录像，哪里用小组讨论；什么地方出高潮，什么时间戛然而止，环环相扣、井井有条。这样的设计上起课来轻松而流畅，听起来紧凑而精彩，但唯独缺了真实。

这里所说的真实，当然不是与"虚假"对立的真实，不是指上课过程是教师虚构、导演出来的，而是它脱离了学生的认知基础、脱离了学生认知过程中的变化，一句话，脱离了"真实"的教学情境。当然，张老师提到的那位教师的课还没有那么严重，只是过分看重了预先设想的教学目标和教学计划，对课堂里出现的更有意义、更值得关注，常常也是更能出彩的教学实际视而不见，显得有些机械了。

教学流程的设计是"大体有序，过程灵活"。"大体"是指教学目标和主体活动，事先如果没有整体设想，而是临时选一个内容仓促上讲台，既不可能有好的效果，也是没有责任心的表现。但是，教学活动是复杂的，设想再周全，与学情也有不相符的地方，还会遇到突发事件，教师应根据情况随机处理，有时甚至要不惜改变原来的教学计划和流程。

其实，绝大多数情况下，突发事件或学生提出的"怪问题"，并没有超出原来的教学内容，只是角度有些特异而已，教师来不及反应，便只好视而不见了。例如那位学生提到的，为什么《荷花淀》里的战争与《亮剑》里的战争不一样，教师可以这样处理。

教师：的确不一样。这个问题我也没有想过，让我们大家一起来研究。怎么比较呢？先来看看两部作品的区别。如：

写的是抗战的哪一部分内容？

写的抗日力量中的什么人？

文章是谁写的，他是什么风格？

学生：（可能有这样的回答）

一个是正面战场、荒原，一个是侧面战场、水乡；

一方是男性为主，一方是女性为主；

一部是英雄剧，一部是荷花淀派。

教师：孙犁笔下的战争和战争环境下的女性，独具一格。下面我们来分析孙犁笔下的女性形象。

这种旁逸斜出的话题，很多并不影响原来的教学流程和目标，只是增加了一个小插曲，有的甚至还能将其深化呢！当然，这样的处理能力，也是教学设计的一部分，备课越充分，教师知识和思考所覆盖的问题面越广，就越容易把课堂意外化为精彩。另外，处理问题的经验也需要长期历练才行。

理论点拨

教学过程是教师对一堂课的逻辑结构或上课思路的基本构想，是对一系列教学活动的顺序安排。教学过程的设计，就是将与一次课堂教学有关的教育方与学习方、教学内容与教学形式、教学目的与教学手段等各类组成要素整合为一个以时间为维度的连续过程，使一节课中一连串的师生行为变得具有课程意义。

以一节语文课为例，一节课的教学时间大多为 40 或者 45 分钟，在这有限的时间内，面对既定的教学内容，应该达到什么目标？主要通过什么途径？以怎样的步骤达成这些目标？这些都是教学过程设计要回答的问题，即根据教学内容选择教学方式，通过一系列教学活动步骤，达成既定的教学目标。教学设计就是在这个总体框架下，统筹安排与课堂教学有关的各个要素。一堂语文课的构成要素如下：

（1）从教学活动的功能的角度，教学过程设计要考虑导入、学习准备、教学主体、教学反馈、教学总结、知识巩固、教学评价等；

（2）从活动主体的角度，教学过程设计要考虑教师活动、学生个体活动、学生互动、师生互动等；

（3）从教学行为类型的角度，教学过程设计要考虑教师讲授、读书、问答、小组讨论、板书、课堂评价、课堂训练等；

（4）从课堂行进节奏的角度，教学过程设计要考虑节奏的快慢、铺垫、高潮、调整、收尾等；

（5）从达成的教学目标的角度，教学过程设计要考虑知识与技能目标、过程与方法目标、情感态度与价值观的目标等；

（6）从教学质量和效益的角度，教学过程设计要考虑哪些学生在哪些问题上应做多少事情、可能做成多少事情等；

（7）从教学资源的角度，教学过程设计还要考虑教材、教学环境、教学设备、地域文化特点、学生家庭及社区资源等。

教学过程设计，就是将上述各要素整合为一个有机的、以一节课时间为单位的教学流程图。这个教学流程，应具有一定的结构，体现一定的节奏。"结构"就是把一堂课分成几个不同的板块或环节，主要板块的学习目标相对集中，板块之间有清晰的内在逻辑；"节奏"主要是指板块或活动之间应体现轻重缓急、高低起伏的变化，以适应学生注意力和情绪上的变化。

设计教学流程一般应满足下列要求：

（1）针对性，即针对课程计划、针对教材内容、针对教学目标、针对学生的基本情况。这是教学流程设计的前提条件。

（2）板块化。把一个教学单元、一篇课文、一项教学任务、一节课分成几个独立的教学活动板块，每一个板块完成一项相对独立的教学内容。

（3）节奏与变化。不同的教学活动板块之间在学习内容上相互关联、在教学活动形式上富有变化，例如有开端、发展、高潮的变化，有阅读、小组讨论、师生对话的变化，有详略快慢的节奏变化等，使课堂显得生动活泼。

（4）可操作性。每一步的教学任务都能落到实处，保证课堂教学的有效性。

在上述几项要求中，以往人们对教学流程的针对性意义认识比较一致，对落实也较好，但是，对其他要求的落实则不够彻底。例如，我们所看到的绝大多数听课评课，从节奏和变化的角度去评价一位教师的教学设计和教学活动少之又少，专门研究教学活动板块及其规律的也不是很多，其实，这些对教学活动绩效的影响是巨大的。

凡事都有自身的表现规律，也就是组成事物各部分之间的排列顺序，如一年分成四季，交响乐要分成几个乐章，戏剧要分成几幕几场，文章要几层几段。按照这个规律，设计一堂课时也应该把它分成前后几个部分或板块，这是教学设计的第一步。

对于各个板块的具体内容，加涅提出了九个教学事件，包括引起注意、告知学习者目标、促进先行知识的回忆、呈现刺激材料、提供学习指导、引出行为表现、提供反馈、评估实绩、提高保持和迁移。引起注意、告知学习者目标、促进先行知识的回忆、呈现刺激材料都属于导入部分的内容；提供学习指导、引出行为表现属于主体部分的内容；提供反馈、评估实绩、提高保持和迁移属于结尾和评价部分的内容。加涅更加关注导入部分和结尾部分，对于主体部分没有做更细致的划分。

加涅等人所说的"教学事件"大致等同于我们常说的教学活动或教学环节。有的教师在设计教学活动时，教学过程不分板块、一口气到底，整堂课学生几乎没有喘息的机会。其实，一节课有40多分钟，学生的注意力难以保持长久，不同的学习内容之间也存在不少区别。这些特点都要求我们一定要把一节课划分成许多段落，才能使整节课显得张驰有序。但一节课的学习内容又是一个整体，总体时间也有限，教学时间也不能切割太碎，否则就没有相对独立的时间完成某些教学任务了。例如，有位老师为鲁迅的《祝福》仅一节课就设计了十几个环节，单导入部分就有"播放纪录片《鲁迅》片段，了解鲁迅的思想与艺术成就"，"播放电影《祥林嫂》片段，感受祥林嫂的形象"，"放映照片，感受鲁镇过年的风土人情"等。如此多的活动看似丰富多彩，其实是对主要的教学活动构成了挤压，不利于教学目标的达成。

课堂流程的主体由问题、学习任务、课堂氛围三部分构成。问题构成课堂教学的框架，特别是主问题，往往是支撑整个课堂的主干。学习任务是包含问题的材料与活动的实体，课堂因为一系列的学习任务而变得充实、饱满。课堂氛围是一种黏合剂，将各种零散的事件黏合在一起，虽然这种作用是间接的，却也是必不可少的。问题有主要问题（一般称为主问题）和辅助问题之分，主问题是构成课堂框架的主线，是贯穿课堂流程的线索；辅助问题则是对主问题的补充，通过对辅助问题的解析，可以进一步明确主问题。主问题的设计具有决定性的作用，是教学设计当中需要特别考虑的内容。主问题的设计一般应遵循以下原则。

1. 内容精练，数量适中。按照中学课堂问题的性质和难度，一堂课中的主问题不宜过多，但主问题过少则很难支撑起一堂课。从一些名师的课堂经验来看，主问题以四到五个较为多见，七八个主问题以上的课堂就会显得零碎，教师会为了完成一堂课的任务而匆匆忙忙，学生来不及想清楚前一个问题时，教师已经把下一个问题抛出来，思考、消化不够，教学效果自然不佳。辅助问题的设计是对主问题的补充说明，通过辅助问题的分步骤讨论，学生可以逐渐加深对主问题的理解。

2. 难度值和开放性适中。高中生的表现欲、挑战欲其实都比较强烈，所以问题的设置要有一定挑战性，问题的解答对学生来说具有激励作用，学生可以从中获得满足感。但是在现在的课堂当中，充满了大量的"浅问题"和"伪问题"，诸如"这篇文章的作者是谁？""他去荷塘有没有同伴？""朱自清最后回到了家里没有？"，这类问题既没有难度也没有开放性，不用任何思考就可以直接从书本上找到答案，属于不是问题的问题。

3. 关联与推进。围绕主要教学目标，问题之间或并列、或层进、或补充，要形成一定的关联。主问题之间的相互关联有助于学生更好地理解每一个问题，提高课堂效率，同时还可以使课堂形成一定的紧凑感和整体感。

4. 指向明确。学习任务是对问题框架的填充，根据每一个问题的性质，任务被安插在不同的位置，用于思考、分析、理解问题，以达到教学目标。这样，课堂也就形成了这样的链状关系：从设计的角度和流程看，教师依据教学目标设计问题，再依据主要问题设计教学任务。例如曹禺的《雷雨》（片段），教学目标若是设计为"理解剧中的人物形象"，教学主问题可能就是"角色在冲突中的表现有什么不同？"，而教学任务则是"寻找剧本中的几次冲突""列出谁和谁有冲突""冲突的原因"等。而教学实施的时候，则刚好反过来，师生通过完成学习任务解答主要问题，而通过解决一系列问题最后达成教学目标。

拓展延伸

史密斯等人提出的"教学拓展事件"可以作为对加涅模式的补充（如下表）①，我们可以从中看到西方研究者对教学的建议，也可以获得不少启示。

---

① 史密斯等著，庞维国等译. 教学设计. 上海：华东师范大学出版社，2008 年，第 188 页–第 190 页

教学拓展事件	
生成性的……学生产生	替代性的……教学提供
导　入	
引起对学习活动的注意 确定意图 激发兴趣和动机 预习	获取对学习活动的注意 告知学习者意图 提高学习者的兴趣/动机 提供概述
主　体	
回忆相关的先行知识 加工信息和样例 集中注意力 运用学习策略 练习 评价性反馈	促进对先行知识的回忆 呈现信息和样例 获取和引导注意 指导或鼓励使用学习策略 提供练习并指导 提供反馈
结　尾	
总结和复习 学习迁移 进一步激励与结束教学	提供总结和复习 加强迁移 提供进一步激励并结束教学
评　估	
评估学习 评价性反馈	进行评估 提供反馈和辅导

修炼建议

1. 你以前做教学设计时有没有按照"活动板块"来设计？现在你了解划分教学板块的价值了吗？

2. 选择你的几则教学实录，把教学中所提的问题梳理出来，看看哪些属于"主问题"，这些问题是否指向教学目标？它们之间相互关联吗？如果再做同一篇课文的教学设计，你怎样对其进行调整？

3. 选择一本语文名师的教学实录，从教学流程的板块、主问题等角度进行分析，写一篇名师实录的分析鉴赏笔记，试着向语文杂志投稿。

专题五　教学实施

第一节　课堂教学导入

问题展示

黄老师：我看钱梦龙老师的课堂教学实录，给我的一个强烈感觉是，钱老师真是太聪明了，连课堂开头都如此精彩，让我自叹不如。这种精彩的导入能不能学呢？

郑老师：我看到一篇文章中说，教学导入要新颖别致，是不是越新颖越好？

案例分析

教师走进课堂，日复一日看上去面对的是同一批学生，但在这些熟悉的面孔背后，每一天又是不同的。比如，有的学生已经做好了充分的学习准备，有的学生则心神不定；有的学生在猜老师这堂课会带来什么新东西，有的却还沉浸在课间某项有趣的活动中。这时候，教师就需要用一种言行来收束学生的注意力，让学生对接下来的教学活动产生兴趣，就像一部大戏开演之前都要用一段序曲来安定观众情绪，让他们的目光聚焦到舞台中心一样。这就是课堂导入的任务。

一些有经验的教师会用心设计课堂导入，例如黄老师提到的钱梦龙老师，在备课时会花十五分钟专门想一想怎么开头。钱梦龙老师的课好——包括开头精彩，我认为，主要因素不是聪明不聪明，而是有没有把心思花在这上面。其次，精彩的课堂导入也是可以学的，试想，一个月解决一篇课文导入，十年下来，所有的语文篇目不就都有精彩的导入了吗？

新颖别致的导入容易获得好的效果，但也不是导入越新颖越好，主要还是要有利于把学生的注意力集中到课堂上来，集中到课文中去，不能本末倒置。

理论点拨

教师在一堂新课开头所说的几句话或做出的一种行为，能引导学生进入课堂学习状态，就称作课前"导入"，也称学习导入。课前导入有这样几种作用：

（1）安定课堂秩序，集中学生注意力；

（2）引出要学习的材料或话题，提示主要的学习目标；

（3）激发学生的兴趣，为进入下面的学习阶段创造条件。

如果一个导入能达到其中的一个目的，就算是合格的；如果同时能满足上面的两项要求，就是优秀的导入；如果在满足两个要求的同时，还让学生觉得特别新颖独特，那就属于精彩的导入了。

俗话说"万事开头难"，过去的戏剧演员非常重视出场，一个好的开场往往能为下面的演出定下基调。同样，一次好的课堂导入也往往能抓住学生的情绪，赢得师生的互信，为圆满完成学习任务打下良好的基础；反之，如果一个开头不成功，不仅学生提不起兴趣，教师也无精打采，课堂气氛和效果都会受影响，从此陷入恶性循环。因此，聪明的教师常常会花一些心思去设计一堂课的开头，争取有一个顺利的起跑。

如何判断一则导入是否合适呢？不妨从这几个方面进行衡量。

（1）内容有机关联。课堂导入语一般以"曲入"为上，以"直白"为下，也就是导入与学习内容最好拐一个弯，显得灵活新颖、富有吸引力。但话语、导入手法与学习内容之间要有内在联系，不能相距太远，更不能毫不相干。

（2）过渡和谐自然，即从导入板块过渡到学习活动自然顺畅，不是生硬地嫁接，更不能本末倒置，造成导入基调与课文主旨不和谐的情况。

（3）篇幅简短精干。用几句话、几幅图片，或一个问题、一样物品、一个动作迅速导入到下面的学习活动，不要让学生去欣赏导入活动本身。

（4）形式独特新颖。不同的课采用不同的导入方法，让学生始终对新课充满期待，不要每一次都是陈词滥调。

这些原则看上去并不复杂，但是在实践中，教师们未必会自觉按照这些原则去要求自己。其中，最常见的不妥当导入是"冗长"和"不关联"。例如，一位教师上马丁·路德·金的《我有一个梦想》，他从昨天的一场美国 NBA 篮球赛开始，让学生说出最喜欢的 NBA 明星，然后从 NBA 黑人明星引出"美国梦"，再引出要学习的课文，整个导入耗费了十二分钟，占用了过多学习课文的时间不说，更糟糕的是，这次导入还把学生的兴奋点引导到与课文基调并不十分吻合的体育与娱乐方面，学生的心绪很久难以平静，这就不能算是好的导入了。

在一些年轻教师中，导入冗长的毛病并不少见，尤其是一些公开课、参加大奖赛的课，教师越是想把课上得精彩一些、教学手段多一些、表现得完美一些，就越容易犯这种叠床架屋的毛病。在备课时，有的教师同时想到了几种导入法，觉得每一种都挺好，不忍心割爱，于是全部用上去，这是导致导入冗长的重要原因。如何避免导入繁琐的毛病呢？在设计导入时不妨做些检查。

（1）一般来说，一节课的导入部分有两三分钟已经足够，若超过五分钟就算很长了，应考虑压缩、精简；

（2）一个导入只选用一种元素即可，如放幻灯、看录像、听录音、介绍一则新闻、检查预习、展示实物等，两个元素并用，往往会多余；

（3）导入与学习活动合而为一的，可不受时间限制，如检查预习与下面要开展的学习活动可完全融为一体。

与冗长导入相反的是不用导入，有的教师长年累月都是用这样一句话开头："同学们，今天我们学一篇新课文，请翻到某某页……"，这无疑给这节语文课定下了四平八稳甚至死气沉沉的基调。大家想，学语文若是没有了活力和激情，效果还能好到哪里去呢？

其实，为一堂新课找一个过得去的开头并不难，在备课的时候，只要肯花五分钟想一想导入方式，往往就能找到有一定效果的开头。当然，你还可以在平时就动些脑筋提前想好，或借鉴一些前人总结出来的导入模式。下面，我们向大家介绍一些常用的导入新课的方式。

1. 温故知新

回顾过去学过的某位作家、某篇课文、某条知识，引出下面的话题。

实例：鲁迅是现代文学大家，以前我们学过他的哪些作品？

今天，我们要学的一篇新课文，也是他的代表作之一——《阿Q正传》。

适用的课文类型：古今中外名家，如李白、杜甫、苏东坡、蒲松龄、鲁迅、朱自清等的作品选入课文较多，可以考虑用这种方法导入。

2. 角色置换

描述课文的情境，把课文里的主角换成学生，让学生设身处地地想象、体验、感悟，从而引出话题。

实例：谁去过北京？什么季节去的？

说说你对北京秋天的印象？

如果换一个人，这个人是个气质忧郁、处于漂泊苦闷中的诗人，时间是1934年，他对北平会有什么印象呢？

今天，我们来看看郁达夫眼里的"北京的秋天"是什么样子（板书：《故都的秋》）。

适用类型：叙述义，课义描写的生活内容、生活场景与学生的生活经验相似。也不妨这样简单导入："我们班有谁的老家在外地？最近有没有跟爸爸妈妈回老家去过？"类似课文有《听听那冷雨》《都江堰》等。

3. 创设情境法

用多媒体等手段再现与课文内容有关的场景、人物、情节等的影像资料片段，或反映相同景点的照片、图片等，引出课文。

实例：播放一段都江堰视频画面，引出课文《都江堰》。

适用类型：课文场景、画面感突出的，且有相应视频、图片资料的课文，如鲁迅的《祝福》《阿Q正传》，沈从文的《边城》等，均可用同题材的电影；《兰亭集序》

《米洛斯的维纳斯》《瓦尔登湖》等，均可用图片。

4. 借用社会热点

从最近发生的某条新闻、某部热播的影视作品入手，引出内容类似或相关的课文。实例：

最近，电视上在播放新翻拍的电视剧《红楼梦》，有人看过吗？说说拍得怎么样？说它拍得好不好，一种思路是可以与老版本比，还有一种思路是与原著比。让我们来读原著中的一段《香菱学诗》。

适应类型：人类历史上的重要事件、当前重大的社会问题、与人生有关的重要命题，这类题材的艺术作品，在不同时代、不同媒体上，总是被反复表现，它们与一些经典课文的相关度极高，所以很多课文都容易找到联系点。例如：

（1）《拿来主义》——改革开放、货物进出口方面的新闻；

（2）《＜宽容＞序言》——创新受挫的故事、网络纠纷事件；

（3）《双桅船》——关于爱的电影、流行歌曲；

（4）《项链》——追求时尚、高消费、爱面子的代价等新闻。

5. 描述生活见闻

从介绍身边的生活细节出发，引出与课文相关的话题。

实例：昨天儿童节（或前几天中秋节、母亲节），我给我儿子发了一条短信，你与父母用什么方式沟通？——《傅雷家书》

适应类型：课文里的某个场景、细节、人物与现在的生活细节有共同点，或反差极大、能形成强烈对比的，如《促织》《等待戈多》《礼拜二午睡时刻》等。

6. 检查预习作业

许多教师在上新课前经常布置预习作业，那么，上课时用适当时间进行检查，既可了解学生预习情况，也顺理成章地进入了学习环节，这是一种不错的导入方法，可应用于各类课文。

7. 实物展示

出示一件生活中不太常见的或意义不凡的物品，造成悬念，导入学习话题。

实例：教师出示一串荔枝，导入《荔枝图序》（初中）的学习；出示一件微雕作品，导入《核舟记》的学习。

适用类型：说明文的阅读教学，作文（描写）训练课等。

8. 提问

用较为冷僻、蹊跷的一个问题，引出课文中的人物、故事或话题，很容易激发学生对话题的兴趣。

实例：教师问："谁是最最伟大的科学家？国外媒体把牛顿排第一，爱因斯坦排第二、霍金排第三……谁知道他的主要贡献？"，这个开头，既可以引出写牛顿的文章，也可以是写爱因斯坦或霍金的。

还有，如你最佩服的女性，你旅游最向往的地方，你最愿意生活的年代等。

9. 发挥教师才艺

许多语文教师都多才多艺，如写诗、绘画、唱歌、朗诵、擅长抒情议论等，这些特长都可以用来作为新课导入的手段。例如，一位教师很擅长写诗，在每一堂新课前，她都先向学生献上她写的一首配合课文内容的短诗，天长日久，欣赏她的诗成了学生每一堂课的固定节目。试想，如果学生对教师充满敬意、对语文带着神圣感、对语文课堂怀着期待，把学语文的过程看做一种享受，那么学好语文就是自然而然的事了。

10. 借鉴他人的设计

不少语文名师都很重视课堂导入，他们的从教经历为我们留下了许多有名的导入"段子"。著名特级教师钱梦龙先生就很肯在导入设计上花功夫，例如讲《死海不死》，他让学生根据提示"猜课文名"；讲《人民英雄纪念碑》，他先在墙壁上挂上十几幅反映人民英雄纪念碑雕刻的图片，要学生"看图说话"；讲《第比利斯地下印刷所》，他开头这样说"今天，我要给同学们上一节图画课"，要学生把印刷所的结构画出来；上课了，他开口说的第一句话是"今天早餐我吃了一个烧饼，两根油条，喝了一杯凉水，后来又吃了一个鸡蛋和一个苹果。谁能告诉我，我吃的都是食物吗？"——他要讲的课文是《食物的来源》。[①] 这些导入简短、独特、与课文内容密切相关，许多导入令人拍案叫绝。初学设计的教师可以适当加以借用。当然，借用并不等于抄袭，恰当的做法应该从模仿开始到自己创新，渐渐改善自己的导入能力。常见的借用方法如下：

（1）模仿，直接拿来用；

（2）移植，换到另一篇文章中使用；

（3）改造，用别人的思路，替换某些元素，变成自己的。

上文列出了一些常见课文的导入方法，实际运用起来可以说变化无穷。其实，每个教师还可以根据自己的特点，创造适合自己的方法。你想，如果你花点精力构思，即使一个学期解决两三篇课文的导入问题，几年下来，在每一篇经典课文上，你都有了比较精彩、也相对固定的导入手法，不仅上课效果好，而且还可以省下你宝贵的备课时间，实在是一举两得啊！

拓展延伸

下面是曹勇军老师执教的《守财奴》教学活动的导入环节。研习这一教学环节，我们可以巩固以上关于教学导入的一些关键内容。

---

① 钱梦龙. 导读的艺术. 北京：人民教育出版社，2000 年

（课前投影巴尔扎克肖像）

师：世界文学史上有四大吝啬鬼形象。他们是英国戏剧家莎士比亚喜剧《威尼斯商人》中的夏洛克、法国剧作家莫里哀喜剧《悭吝人》中的阿巴贡、俄国小说家果戈理《死魂灵》中的泼留希金，还有就是法国小说家巴尔扎克《欧也妮·葛朗台》中的葛朗台。李健吾先生说，这四个吝啬鬼写得都非常好，其中最生动、最逼真，可以说是吝啬鬼中的吝啬鬼的，就是葛朗台。今天，我们就一起来学习节选自巴尔扎克《欧也妮·葛朗台》的课文《守财奴》。

师：读小说，第一感觉、第一印象非常重要，它是进一步理解、评价作品的基础。读完课文之后，你一定会觉得课文中有些片断、有些细节非常生动，令你过目不忘。请同学举出一个你认为印象最深的片断或细节，并说明它为什么让你印象深刻。

生1：我印象最深的一幕是葛朗台抢女儿的梳妆匣，因为它深刻反映了葛朗台自私自利、唯金是图、见钱眼开的性格；一看见金子，眼睛就闪光，反映了他爱财的一面。

生2：我觉得印象最深的是葛朗台归还他女儿梳妆匣的那段话，反映了葛朗台的虚伪。

生3：给我印象最深的是葛朗台临死前看见法器的神态和动作，它反映了葛朗台嗜金如命、至死不变的守财奴性格。

生4：给我印象最深的是葛朗台临死前每天都要看他的金子，表现出他临死前依然不忘占有金子的性格。

生5：我觉得印象最深刻的一句话是课文最后一句"把一切照顾得好好的"，可以看出葛朗台的本性。

生6：给我印象最深的是葛朗台抢夺梳妆匣时，他手臂一摆、使劲一推这两个动作，表现了葛朗台为了金钱，可以不顾父女的亲情。

生7：给我印象最深的是他临死前抓十字架，表现了他至死不变的守财奴的性格。

师：刚才请了几位同学谈了自己阅读后的印象，谈得很好。看来是读出了心得，读出了体会。不过，这只能算是一般的阅读，还算不上鉴赏。鉴赏，鉴赏，一鉴二赏，鉴别欣赏。（板书：鉴赏）在理解的基础上去鉴别它，欣赏它，并进而获得初步的评价和认识，这才叫鉴赏。

这一导入有四个层次：一是曹老师课前投影巴尔扎克像；二是曹老师让学生了解世界文学史上有四大吝啬鬼形象，并以李健吾的话引出今天学习的葛朗台形象的艺术价值；三是七位学生交流印象最深的片断或细节及其理由；四是曹老师指出这节课的学习任务——"在理解的基础上去鉴别它，欣赏它，并进而获得初步的评价和认识"。

这四个层次的活动可以说是有轻有重，重点突出，环环相扣，推进明晰。

首先我们来看曹老师在导入上的轻重处理。这四个小活动，曹老师处理得最轻的是看巴尔扎克像，处理得最重的是交流印象最深的片断或细节。学生看不看巴尔扎克像并不影响这篇课文的学习，但是，巴尔扎克作为一代文豪，马克思曾评价他为"历史的书记官"，罗丹的巴尔扎克头像雕塑也举世闻名，学生能对这一伟大的文学家有一点感性的了解也是有价值的，看照片是绝大多数学生喜欢的，基本不用教师引导或者强调。所以，曹老师上课之前投影巴尔扎克照片是有效地利用时间资源，提高学生的学习效率。相反，有一些教师执教《守财奴》往往不顾自己的教学目标，一上来不仅投影巴尔扎克照片，还介绍若干关于巴尔扎克的知识，从一部部的代表作到生平经历，甚至还会介绍巴尔扎克写作时的特殊习惯等等。一节课的教学时间是有限的，化在这些与教学目标关系不大的活动上，用来实现重点教学目标的时间就少了，这是一个显而易见的道理，只是至今还是有一些教师没有想明白这一点，还在实施着一些"形式大于内容"的教学活动。

曹老师重点展开的活动是学生交流印象深的片断或细节，因为阅读小说这样的文学作品，感受是很重要的，曹老师在学生交流之前就强调了这一点，此其一；其二是曹老师后面的小说鉴赏这一目标首先集中在一些细节的语言描写上，所以这一交流活动不只是引发学生一点兴趣，更重要的是为下面的鉴赏打下基础。

再看曹老师导入活动的环环相扣这一特点。从看巴尔扎克照片、了解四大吝啬鬼到交流印象深的片断细节、出示学习目标，这些活动显然是从了解文本之外的相关知识开始，逐步深入到交流文本内容、鉴赏文本的深度学习，学生对《守财奴》的学习也就在这几个环节中逐步深入了。

如果将这一导入活动与曹老师这节课的其他活动联系起来看，可以发现，曹老师的教学首尾呼应，犹如一篇结构谨严的文章。这节课的结束活动是曹老师说："最后，请大家注视屏幕（投影巴尔扎克肖像），让我们向他表示深深的敬意。"学生肃静。看到这样的场景，我们不禁会感叹教学的艺术之美。

修炼建议

1. 回忆近年来你认为比较精彩的一些课堂导入，用简短的语言把它描述下来，如果有可能，把它发到博客上去。

2. 选择几本名师的课堂教学实录，摘录他们的课堂导入，归纳几种名师们常用的课堂导入法，尝试完成短文《名师课堂导入艺术》，给有关语文教学的杂志投稿。

3. 为一篇课文设计几种不同的导入方式，在不同班级尝试运用，看看哪一种效果好，想想为什么。

4. 把收集到的导入方式记录到你的教材或备课笔记中，时间长了，你就有了一套自己的课堂导入法，你也变成了这方面的专家。

第二节　讲授

祝老师：一次，我听一位全国有名的特级教师的课，在那节课上，从头到尾都是他自己在讲，几乎没有学生的活动，而这位教师平时的观点都很现代的，而他的教学观居然十分传统。对这种课应该怎么评价呢？

李老师：我每一次备课都很认真，设计的时候，自己觉得一些过渡、总结段落挺精彩的，但是一到课堂上效果常常出不来，搞得很沮丧。

案例分析

人们习惯把教师的教学活动称作"讲课"，可见，"讲"与"上课"有很大的关系。一提到带"讲"的词语，很多人就会联想到"讲解""主讲""演讲""宣讲"等，在课堂教学中，的确有一些教师是从头一直讲到尾的，因而不少人把"讲授"理解为一种传统的教学模式，认为应该抛弃。

我认为，单凭一堂课是不能断定这位教师的教学观念是现代还是传统的。是不是符合现代教育观、是不是以学生发展为本，既要看他上课的具体情况，也要看他从事语文教育的整体情况。具体情况包括这一堂课的教学内容、学生情况、这堂课的开课目的等。例如，这堂课教师的目的是介绍自己对一篇文章的独特理解，那么从头讲到尾就是一种适当的，至少是能够说得通的做法。因为不是所有被动学习都是低效的，例如，我们听一次精彩演讲也许比自己看两个小时的书收获更多，如果他常年都是以这样的方式上课就有问题了。

在教学实施中，教师对讲授的运用容易出现两种不太恰当的倾向：一是重讲、多讲，甚至只讲不问、只讲不练；另一种做法是机械地认为，教师少讲比多讲好，学生讲比教师讲好。其实，教学方式没有绝对的优劣之分，评价教学观是否符合现代理念，不仅要看"要不要讲"，还要看"为什么讲"和"讲得怎么样"，任何不分学习内容、不看学生实际情况、不顾教学目的，机械理解教学方法的做法，都是不够全面的。李老师遇到的问题可能有多种原因，其中是否也有"怎么讲"的问题呢？我建议他把自己的上课实录整理几份，从讲授技巧的角度找找原因，看看能不能做些针对性的改进，这样做虽然不能保证彻底解决问题，至少能使教学效果有所改善。

理论点拨

讲授就是由教师讲、学生听组成的知识传播形式和过程。

"讲授"这一概念有两个层面的含义：（1）在教学观念和教学模式层面，"讲授"有些等同于"灌输式教学"，差不多是一种教师主导的单向传播，是应该被修正甚至摈弃的；（2）在教学策略和教学手段这一层面，"讲授法"是教师完成局部教学任务时不可缺少的手段，也是教师必须掌握的基本功之一。本文所说的讲授，限于第二层面的含义范围。

在传统语文教学中，讲授始终处于主导地位，这种教学方式有其历史必然性和现实合理性。在中国古代的封建社会，儒家经典代表的是一套权威性的知识体系，体现着社会的主流价值观，并且与政治秩序和行为准则融为一体，容不得半点走样；其次，在知识匮乏的时代，学生与教师之间存在巨大的知识鸿沟，学生几乎不可能占有足够的学习材料，基本上没有独立探究专业知识的可能性，因此，学生只能从教师那里被动地获得知识，这是导致学生对教师无条件服从的客观因素。这种情况不仅在中国长期存在，处于落后状态下的其他国家也同样如此。例如，欧洲中世纪，僧侣阶层就曾经垄断过知识的占有权和传播权。只不过，中国传统伦理的力量似乎更加强大，师道尊严在学习上的影响更加明显，教师主导的讲授带来的负面影响也更加突出而已。

近代以后，讲授法得以存在的上述两个前提条件都发生了重大改变，以教师讲授为主的知识传播形式也受到了质疑与挑战，代之而起的是各种以学生为本的教学方式，如探究性学习、合作学习、综合性学习、对话教学等。

不过，在中学里，教师的角色不仅仅是政治意义上与学生平等的公民，他还是社会主流价值的传承人、人类知识的传播者以及青少年社会化的促进者。也就是说，在基础教育领域，"讲授"之所以存在的两个基本条件——灌输主流价值和传播知识的需要——依然存在，因而讲授教学在学校也具有独特且不可取代的地位。

讲授的主要优点体现在以下几个方面：

（1）教学效率高，可以节省上课时间；

（2）知识传递性好，有利于学习者准确掌握权威、科学的概念和定理；

（3）教学流程可控，能随时根据情况调整教学计划；

（4）有利于发挥教师的特长和个性。

讲授的优点告诉我们，在中学课堂里，问题的关键不是教师要不要讲授，而是应如何发挥讲授的优点，体现讲授的价值。判断讲授是否合理有效的因素主要包括以下几方面：讲授内容、讲授时机、讲授技巧以及讲授与其他教学方式的关系。教师要依据教学内容，把握讲授的时机，控制讲授的时间和节奏，掌握讲授的技巧，并把讲授与其他学习方式有机结合起来，才能使课堂教学产生最大的效益。

1. 选择讲授的内容

理论上说，在课堂里任何时候都可以讲授，什么内容都可以由教师讲出来，但是，如果教材里已经写得清清楚楚、通过学生自读就能明白的内容，是不需要教师讲解的。

比如，关于课文作者的信息，在许多教材下方都有清楚的注释，学生没有阅读障碍，教师要做的只是要求学生如何去阅读、掌握到什么程度就可以了；再如，对有些课文内容的理解，其创作的时代背景并没有多大意义，完全可以不讲，但一些教师在教学中，不管上什么课，都按照作者简历、时代背景、创作风格等一路讲来，这是值得商榷的问题。其实，教师需要讲授的，应是"学生不能讲""教材里没有讲"、学习中又是"不得不讲"的，具体内容和作用可以分为下面几类。

（1）调控性讲解：宣布教学目标、明确活动要求，对教学活动的串联、过渡。

（2）理解性讲解：经典文章、核心概念、科学知识的界定理解。

（3）归纳性讲解：归纳知识要点、讨论结论总结。

（4）补充性讲解：补充必要的背景、专业知识、研究方法及对比材料；

（5）引申性讲解：对课文信息的情感抒发、理性议论与升华。

这些内容，如果教师不讲的话，学生未必能自己发现，或者学生虽有发现，却不够深刻、精练，存在一定的提升空间，此时，教师的作用就是用讲解将学生的认识引向更高的境界。

在教学设计时，教师需要对教学的基本流程和核心内容预先做些分析，判断哪些内容肯定是需要教师讲的、哪些最好由学生讲出来、哪些可能需要师生合作讨论。

在"讲什么"的问题上，教师备课还要留出一定的弹性，避免那种"全部由教师讲"或"一定要逼着学生讲出来"的机械做法。

2. 把握讲授时机

除了讲授内容外，教师选择怎样的讲授时机，对讲授效果也有重要影响。有时候，同样的内容，放在不同的时间里、不同的条件下讲解，效果就会有很大差别。什么样的讲授时机能让讲授获得更高的价值呢？

（1）在学习难点、学生理解的障碍点上，教师的讲解有利于推进教学；

（2）在关键性概念、公共知识的引入与界定时，教师讲解能提高其权威性、准确性；

（3）对重要结论、核心观点进行归纳、强调，有利于教学目标达成；

（4）对学生发言中闪现出的思想火花及时捕捉、评价、引申，能提升学习层次；

（5）教学过程中遇到问题，要有效组织学习活动，担当学习的催化剂；

（6）必要时调节课堂气氛，控制教学节奏。

当然，上课是一个由多种因素构成的随机过程，情况千变万化，机会转瞬即逝，因此，所谓讲授时机只是相对的。我们只要能遵循一些大的原则就可以了，没有必要句句计较。有时候，在某个局部上，教师多讲一点少讲一点，并不是很要紧，遵循课程流程的自然状态更加重要。有一次，一位教师上公开课，最后只剩下一分钟了，但按照他的设计，还有一个问题没有讨论完，按照教学设计，这个问题是通过学生讨论自己归纳出结论，可在这个问题上，学生发言偏偏都不得要领，结果，一直换了七八个学生发言、拖了十多分钟才下课。其实，此时，教师直接说出问题的答案也没有什么不好。生搬硬套所谓教学原则，非要等学生自己得出答案，反而是胶柱鼓瑟，不利于这堂课的大局。不过，要把握灵活性与原则性的关系，需要教师在实践中多总结。

3. 讲解前做好充分准备

"凡事预则立，不预则废"，要想在课堂上讲解得清晰、有效，教师要做好充分的准备工作。首先是对课文及课堂教学过程的研究和准备。

（1）熟悉课文内容，经典课文、精彩段落最好背熟，课文层次、关键词句一目了然；

（2）对课文涉及的知识、背景、作者、风格，有比较全面的了解；

（3）梳理教学设计，对教学目标、教学环节有坚定的把握；

（4）对课堂学习中可能提出的问题、可能涉及的知识有足够的预计；

（5）对不同学生的需要、可能达到的程度有一定预测；

（6）在一些讨论的关键点上，设想可能会得出的结论；

（7）如有必要对核心结论、抒情议论的生发点、重要学习段落的总结、最后的总结陈述等，可以打好草稿。

其次，教师要搜集必需的辅助资料，如他人的观点、相关实例材料或图表等。许多时候，支持观点的例子不是唯一的，我们要用两个或者更多的例子来辅助讲解。

将搜集好的资料做成幻灯片、张贴画等视觉材料。如果是实物，要考虑到展示的条件等。

如果是一名刚走上讲台的年轻教师，为了保证讲授过程的准确和流畅，他完全可以在头脑中事先把用于讲解的要点进行排演，有时甚至需要试讲一遍；如果有必要，对一些重要段落，他可以预先写成课堂对话的"小剧本"，把预设的部分内容背诵出来。这种做法看上去比较"笨"，但对教师讲授水平的提高效果却是很显著的。听过上海著名特级教师于漪老师上课的人都十分佩服她干净、流畅、精致的课堂表达，殊不知于老师刚走上讲台时，用的就是"背教案"这种"笨"办法，几年以后，于老师实现了从"背"到"说"的飞跃，练成了炉火纯青的讲授本领。

4. 掌握一些讲解的技巧

讲授要有好的内容，也一定要有好的表达方式和技巧。比如说，在什么地方要用重音来强调，什么地方要用轻声；什么地方快，什么地方慢；什么地方略而不讲，什么地方要重复讲解，这些都很重要。教师讲授的语言，应该具有以下几个特点：准确、简洁、清楚、明白、生动、风趣、连贯、流畅。教师的讲解，是规范性和艺术性的结合，审美性和教育性的结合，平实性和趣味性的结合，普遍性和针对性的结合，预定性和应变性的结合。

澳大利亚课程专家马什教授提出了以下有效的讲解技能①：

（1）用逻辑清楚的步骤讲解话题/问题——在头脑中排演你将运用的顺序和序列；

（2）用直白的语言并避免专业术语；

（3）向学生呈现信息的速度恰当；

（4）运用例子描述观点；

（5）重复难点；

（6）同时运用多种交流方式（如投影仪、幻灯片和口头论述）；

（7）用生动有趣的语调；

（8）用眼光接触保持注意；

（9）在整个讲解过程中给学生提问的机会。

课堂讲解技能很多，我们不可能一下子全部掌握。年轻的教师不妨试着这样做：在一段时间里——一个月或者更长的时间，在课堂上有意识地锻炼一种技巧，等熟练掌握了以后，再逐渐扩展试验范围，直到形成适合自己的讲解技巧和风格。

拓展延伸

下面是韩军老师执教的《登高》教学活动的导入环节。研习这一教学环节，我们可以巩固以上关于讲授这一活动的一些关键内容。

师：同学们愿意听电影故事吗？

生：愿意！

师：不过，这不是一个欢乐的故事，而是一个凄楚悲凉的故事，听了心情会很沉重。我还要给大家提个要求：因为是电影故事，请大家边听边在脑海中把这个故事幻化成电影画面。我相信大家都是杰出的"电影摄影师"，一定能够把画面在脑海中构想得场景逼真，而且每人都能够身临其境。能做到吗？

生：能！

师：我开始讲述。（语调低沉，语速缓慢，满怀感情）1200 多年前，一个秋天，九月初九重阳节前后。夔州，长江边。大风凛冽地吹，吹得江边万木凋零。树叶在天空中飘飘洒洒，漫山遍野满是衰败、枯黄的树叶。江水滚滚翻腾，急剧地向前冲击。凄冷的风中，有几只孤鸟在盘旋。远处还不时传来几声猿的哀鸣。这时，一位老人朝山上走来。他衣衫褴褛，老眼浑浊，蓬头垢面。老人步履蹒跚，跌跌撞撞。他已经满身疾病，有肺病、疟疾、风痹，而且已经"右臂偏枯耳半聋"了。

重阳节，是登高祈求长寿的节日。可是这位老人，一生坎坷，穷困潦倒，似乎已

① 科林·马什著．吴刚平，何立群译．初任教师手册．北京：教育科学出版社，2005 年，148 页

经走到了生命的冬季。而此时，国家正处在战乱之中，他远离家乡，一个人孤独地在外漂泊。

面对万里江天，面对孤独的飞鸟，面对衰败的枯树，老人百感千愁一起涌上了心头……

（放音乐《二泉映月》，老师在乐声中满怀深情地朗诵《登高》全诗。课堂中气氛凝重，有些学生流下泪来）

师：这个老人是谁呀？

生：是杜甫。

生：老师，请您再朗诵一遍吧！（她红着脸，噙着眼泪，全体学生都应声附和）

师：老师朗诵得好吗？还没听够呀。

生：好，还想再听！

（师再朗诵，学生跟读）

师：大家读得相当棒！我猜一定比平时读得好。知道这是为什么吗？

生：老师，你很动情。你感染了我们，我们不知不觉被感动了。

师：那么，老师为什么很动情呢？

韩军是一个才子型的教师，他组织的教学活动常常会让听课的教师出乎意料之余，又会让人惊叹。这里我们只讨论他在这个环节的活动组织中所使用的讲授技巧。

韩军老师上课伊始，用"同学们愿意听电影故事吗"这个吸引学生的话题引入，一下子把学生的注意力集中起来。

看着学生的热情，韩军却来了一个小的转折，指出"一个凄楚悲凉的故事"，从叙事学角度看，韩军很善于讲故事。这一个转折给学生造成一个小的悬念，进一步吸引了学生。此时，韩军马上提出了对下面活动的要求："因为是电影故事，请大家边听边在脑海中把这个故事幻化成电影画面。"一般说来，没有目的、指向不明的学习活动往往收效甚微，更重要的是韩军提出的这个要求是阅读《登高》这样情境交融的古诗的一个关键，即通过想象诗歌营造的画面，感受诗人创造的意境。

从讲授这一教学活动的技巧上来分析，可以看出韩军在讲授之前引发学生听的兴趣，提出听讲的要求，明确听讲时的任务。

优秀的教师都是善于鼓励学生的，韩军当然深谙激励之道。面对这样一个有挑战性的学习任务（毕竟只是靠听，没有画面的辅助，只有语言精练含蓄的八句诗），韩军在提出要求之后，立即表示对学生的信任——"我相信大家都是杰出的'电影摄影师'，一定能够把画面在脑海中构想得场景逼真，而且每人都能够身临其境"。"罗森塔尔效应"我们都很熟悉，期待的力量是巨大的，而紧接着的"能做到吗"一句又用商量的语气，表示出韩军对学生的尊重。

专心而愉快地听教师讲授的氛围这时已基本创设好了，此时，韩军还运用了《二泉映月》作为背景音乐，进一步创造情境。

韩军讲授的内容是有关诗歌创作的背景和诗歌的内容意境。这一段讲授从技巧上看有三点值得同行学习：一是"语调低沉，语速缓慢"一类的语音技巧，二是"满怀感情"这一态度，三是选择了蒙太奇式的电影镜头语言，与前面给出的提示和要求一致。

讲完之后，韩军注重学生听讲的感受，并回应学生的要求，再一次深情朗读。此时，师生之间虽然没有问答，没有什么小组讨论，但是，学生对诗歌的情感基调、对诗人的情怀都有了深切的感受。

细细分析，当然还会有很多可圈可点之处，如韩军讲完之后与学生交流的四个问题：

（1）这个老人是谁呀？

（2）老师朗诵得好吗？

（3）大家读得相当棒！我猜一定比平时读得好。知道这是为什么吗？

（4）那么，老师为什么很动情？

这四个问题也是由简单到复杂，由陈述性知识到程序性知识的学习，也可以说是层层深入。这里就不展开了。

修炼建议

1. 集中观看一位名师的课堂讲授录像，分析他在讲授时有什么特点或优点值得你学习借鉴。

2. 征求学生、家人以及同事的意见，找出影响你讲授质量与效果的主要因素，把它们分门别类地列出来。

3. 选择其中的一个因素，制订有针对性的改进计划，坚持做一段时间的专门训练，例如练习用一定的手势增进表达效果，看看改进效果如何。

第三节　提　问

问题展示

寸老师：我承担过一个区级研究课题：《语文教师的课堂提问研究》，观摩了多位教师的课堂教学后发现，目前语文课堂的提问中存在的问题有以下几种。

（1）提问过于频繁，数量过多；

（2）重复问题和重复学生的回答，使大量有意义的时间丢失，降低了课堂教学的效率；

（3）不会倾听学生正在回答的问题，这样会挫伤学生思考、回答问题的积极性；

（4）提问面过窄，喜欢选择部分好学生回答问题；

（5）控制问题的答案，使整堂课都是教师的观点，没有学生自己的观点；

（6）给予消极的反馈，这样会降低学生参与课堂交流的愿望；

（7）忽视学生的提问。

案例分析

提问是组织教学的重要手段。离开了提问，教师要正常地开展课堂教学是难以想象的。以往，一些教师习惯一讲到底，很少向学生提问，这种做法被批评为"满堂灌"；新课程实施以来，课堂提问得到大力提倡，教师运用课堂提问组织教学的情况有了很大改观。不过，从整体上看，目前语文课中的提问质量仍然不够理想：一些教师仍然不大鼓励学生提问；还有不少教师简单机械地理解提问的意义，变"满堂灌"为"满堂问"，从一个极端走向另一个极端，这也不利于教学质量的提高。

这位教师在调查中发现的问题还是比较普遍的，甚至可以说，教师"不会提问"的问题，不仅语文课堂里有，在其他学科的教学中也存在类似的情况。出现上述情况，有的是观念问题，只顾着完成既定的教学任务，把提问当做完成教学任务、串联教学流程的工具，而忘记了学生是课堂学习的主体，提问主要是为了更好地帮助学生学习这一根本任务；有的是技巧问题，如不了解提问的类型和功能，在课堂上乱提问、多提问，提问的质量和作用都难以保障。所以，要改善课堂提问质量，也要从改变教学观念、掌握提问的技巧两个方面入手。

理论点拨

提问对师生而言都是一种重要的交流途径，教师会通过提问来检查学生对课文的理解等教学内容，学生会通过向教师提问来弄清自己的困惑之处。师生的提问都能促进彼此的思考，提高师生交流的质量，从而改进教学。

客观地说，教师从"不提问"到"多提问"，已经算是一个进步，但这还远远不够，我们还要争取从"多提问"再到"善于提问"，实现教师对课堂驾驭的质的飞跃。

要改善课堂提问的质量，可以从三个方面入手：（1）了解提问的作用；（2）改进提问设计；（3）实施有效的提问。

一、课堂提问的种类、作用

教师对学生进行提问有多种目的，目的不一样，提问的要求也不一样，教师要熟悉不同的问法，为组织好教学服务。从提问的功能来看，有以下几种：

类　型	提问的作用	示　例
指向学习内容的问题	了解学生对基础知识、背景的掌握 检查学生对学习任务、学习材料的理解测试学习效果	这个字怎么写？ 这句话是什么意思？ 小说的主旨是什么？
帮助教学组织的问题	激发兴趣学习、吸引学生投入 串联教学板块的关系 引导思考路径、指向深入学习 强调关键信息 控制教学流程、节奏 平衡学习者的参与偏差 激励、告诫个别学生	谁有不同意见？ 第一段还有疑问吗？ 上学期学过他另一篇文章，你还记得吗？有什么区别？ 还有哪一个问题没有解决？ 你为什么不发言？
日常沟通的问题	调节气氛 处理日常事物	都读完了吧？谁读得最好？ 要不要休息一下？

还可以从另外的角度为课堂提问分类，如：

（1）贯穿性问题和阶段性问题。前者是达成课堂教学最终目的的问题；后者只是阶段性的，指向教学段落、局部教学活动的目标。

（2）预设问题和随机性问题。

（3）有效提问和无效提问。

有效提问有没有标准呢？国际培训、绩效、教学委员会（IBSTPI）颁布了最新的（指2004年修订的）教师能力标准，其中包含5个能力维度的18项能力以及98条具体的绩效指标的描述。其中能力10是关于有效的提问技能，具体有以下指标：

（1）提出清晰和恰当的问题；

（2）有效跟进学习者所提问题；

（3）使用多样的问题类型和问题层次；

（4）提出并重新引导到那些促进学习的问题；

（5）用问题激发和引导讨论；

（6）以回答问题来连接学习活动。

需要说明，课堂提问中，有没有价值不是机械固定的，有的问题从一个角度看没有价值，但从另一个角度看则刚好相反。例如，为了鼓励一个学习有障碍的学生参与学习，教师向他提一个简单问题，会给他很大的鼓励。另外，也不是所有的问题都需要学生思考和回答的。如教师自问自答的问题，引导学生的竞争意识、好奇心的问题，虽然不是直接指向学习任务的，但却能促进课堂学习，这样的问题就是有意义的了。

二、教师课堂提问的策略

教师提问题，第一要明确问什么，问题的指向要清楚，让学生知道可以怎样思考，

高
中语文教师专业能力必修
Gao Zhong Yu Wen Jiao Shi Zhuan Ye Neng Li Bi Xiu

应该回答什么。其次问题不能太长，问题长了学生很难记住，难以回答。当然，如果对学生进行了长期的训练，经常一组一组地提问，这就是另外一回事了。问题也要具体，不要太概括太宏观，学生回答时难以把握。此外，问题也不能问得太碎，不少老师很多时候是从头到尾地问。

备课时，教师要设计好若干与教学目的直接相关的问题，这些问题应该包括不同水平的问题。其中要保证基本问题的次序对学生来说是合乎逻辑的。教师除了在教案上写下主要问题外，还可以把主要问题写在小卡片上即时贴上，这样在上课时可以随时参考。

上课时，教师提问要注意一次只问一个问题，如果有必要改用别的措辞表述，要保证措辞清楚并适合学生的水平。提出问题后，要给学生足够的时间（包括等待时间）回答问题。教师提问时要注意肢体语言，避免针对部分同学提主要问题——用来组织教学的那些基本问题，要把主要问题分配给全班每个学生。

教师应该用不同的方式对学生的回答作出反应，例如肯定、赞扬、否定、修改、忽视、纠正和接受等。对教师的提问，有时候某个学生会故意来一点"曲解"甚至恶作剧，他的回答自然会引人发笑。此时，机智的回应固然很好，不过用一种表情加以否定或忽视也未尝不可。教师可以请其他学生评价该生的回答，也可以把一个学生的回答和别的回答放到一起做一个总结；或者可以进一步追问；或者可以给予部分表扬，但建议学生在其他方面还要考虑等。需要注意的是，教师应该谨慎使用齐答的方式。齐答往往针对陈述性知识的问题，有思考容量的问题是很难齐答的。即便是陈述性知识的检测，采用全班齐答的理答方式也会让部分同学"浑水摸鱼"，起不到强调作用。

语文教师尤其需要运用追问的提问策略。教师的追问能促进学生将自己的思考明晰起来，引导学生改善其语言表达。有效使用追问也是需要教学技巧的。追问的问题必须针对学生的回答，切口要小，这样才能引导学生明确要思考的问题，针对这个问题深入思考。对同一个内容，有时候教师需要换个角度问学生。

所谓调整角度的问题，是教师和学生在对话中第一次提出的问题，因指向不明而导致学生难以理解，教师应及时发现，并对原来问题的大小范围、答案的指向性、表述句式等予以修正，或给学生提供参考材料和思考路径，帮助对话双方接上思维的线索。如下面这个片段：

学生：远近横着几个萧索的村庄，为什么用一个"横"字？

师：你很会咬文嚼字！为什么用"横"字？

（学生停顿，不知如何回答）

师：可以换上别的字吗？

生：用"有"。

师："有"也可以，哪个好？

生："横"好，村庄好像是躺着的，给人悲凉的感觉……

师：很好！

（钱梦龙《故乡》教学实录）

能根据内容和学生情况及时调整问题的能力，反映了教师有一种时时关注学生的意识，也需要事先对问题做精心设计，只有胸有成竹，才可能保证问题的质量，并随心所欲地应对各种障碍。钱梦龙先生为自己定下了保证问题质量的4项要求[①]：

（1）来自学生的问题，"先让学生在自读中质疑问难"，教师从中发现有价值的问题；

（2）牵一发而动全身的问题；

（3）学生普遍关心的问题；

（4）存在着两种对立的意见，这个问题如何解决肯定会引起学生的兴趣。

三、教师反思自己课堂提问

提问的重要性不言而喻，教师要经常问一问自己下面这些问题。

（1）提问的目的：为管理班级纪律而问，还是为组织、推进教学活动而问？为激发兴趣而问，还是为激发学生创新思维而问？……

（2）提问的对象：为部分人的深入理解思考而问，还是针对全班同学的理解思考而问？抑或是针对个别同学而问？

（3）提问难度：是检测陈述性知识，是关于听说读写的策略，还是反思性活动？

（4）提问频率：问题多吗？是一次只问一个问题吗？

（5）提问的方式：主问题之间合乎学习的逻辑吗？语言表述清晰准确吗？

（6）理答方式：齐答？个别答？有等待时间吗？提问前指定学生回答还是提问后点名回答？只请举手的学生回答吗？……

无论是在进行教学设计的时候，还是在开展课堂教学活动提问的时候，教师心里都应该有第三只眼睛，始终审视自己的问题设计与提问质量。只有常常反思，不断总结，才能在提问能力上有所改进与提高。

拓展延伸

下面是师生问答中的一个经典案例，虽然教授内容是初中的说明文《死海不死》，但是对我们高中语文教师了解怎么进行有效的提问也有很好的借鉴价值。

---

① 钱梦龙. 导读的艺术. 北京：人民教育出版社，1999年，第54页

钱梦龙《死海不死》教学实录（节选）

师：（继续启发）你们知道这篇文章是什么文体吗？

生1：是说明文。

师：说明文是个大类，包括各种产品说明书、书籍的出版说明和内容提要、词典的释文、影剧内容介绍、除语文以外的各科教科书及讲义、知识小品，等等。凡是以说明事物或事理为主要表达方式的文本都是说明文。（指一学生）你说说看，这篇课文是说明文中的哪一种？

生2：是知识小品。

师：（问全班）他说得对不对？同意的请举手。（多数学生举手）你说对了。但什么是知识小品，你知道吗？

生2：不知道。

师：知识小品有什么特点，知道吗？

生2：不知道。

师：你都不知道？（生点头）那你怎么知道这篇课文是知识小品呢？

生2：我是瞎蒙的。（笑声）

师：不，你肯定不是瞎蒙的，你心里肯定有一个关于知识小品应有的"样子"，而这篇课文正好符合你心里的这个"样子"。是这样吗？

生2：我心里没有样子。（笑声）

师：那你为什不说它是产品说明书或别的什么说明性文体，而偏偏要说它是知识小品呢？你在说的时候心里肯定有过一些选择的，是不是？

生2：是的。

师：好好想想，你在各种文体中选定知识小品，当时是怎样想的？

生2：因为它是介绍关于死海的知识的，文章很短小……所以是知识小品。

师：说得对呀！知识小品就是介绍科学知识的；文章篇幅又很短小，所以叫"小品"。你看你说出了知识小品的一些重要的特点，你明明知道，怎么说不知道呢？

生2：这是我看了课文后临时想出来的。

师：这更了不起，说明你的思维很敏捷，很有判断力。我早说过你不是瞎蒙的嘛！（笑声）

节选的教学实录中，钱梦龙老师与生2有八次交流，这被许多语文教师或语文教育研究者看做钱梦龙老师教学机智的集中体现。生2的两次"不知道"、一次"瞎蒙的"、一次"我心里没有样子"，将师生间的交流一次次推到绝境，可是却峰回路转。在一次次似乎已经到了"绝境"时，钱梦龙老师是怎样让他在第七次说话时，讲出"知识小品"的重要特点的呢？这样的变化是不是仅属一个专家型教师的教学智慧呢？是不是普通语文教师望尘莫及的呢？

要解开其中的奥秘，我们不妨分析一下钱老师中间六次的提问：

序号	问题摘要	问题指向	问题难度
1	……但什么是知识小品，你知道吗？	"科学小品文"的概念界定。	
2	知识小品有什么特点，知道吗？	描述问题的特征。	
3	你都不知道？那你怎么知道这篇课文是知识小品呢？	针对具体例子——这篇课文，提问概念的理解。	
4	你心里肯定有一个关于知识小品应有的"样子"，而这篇课文正好符合你心里的这个"样子"。是这样吗？	结合具体例子——这篇课文，描述知识小品大致的形态。	逐次降低
5	那你为什不说它是产品说明书或别的什么说明性文体，而偏偏要说它是知识小品呢？你在说的时候心里肯定有过一些选择的，是不是？	提供比较对象，寻找比较点，发现知识小品的形态。	
6	你在各种文体中选定知识小品，当时是怎样想的？	回忆思考的过程，明晰潜意识里的判断依据。	

通过以上的分析不难看出，教师有一个不断调整提问难度的过程。这一过程中，教师对学生有足够的信任，更重要的是，教师对问题难度的调整非常清晰，尤其是"你为什不说它是产品说明书或别的什么说明性文体"一问，提供了比较的对象，即建构主义常说的"支架"，难度系数很有限，学生的心理状态得以调整，学生一下子进入了积极思维状态，这就将师生艰难的交流逆转了过来，将课堂学习顺利推进下去。而这清晰有效的调整如果缺少教师对学科知识的把握，对问题的设计等课前功夫，仅仅依靠所谓的教学机智，恐怕很难保证让这样鲜活的交流对话出现在课堂上。

修炼建议

1. 你在备课过程中，是否喜欢把问题写到备课笔记上？你以前这样做过吗？

2. 把自己的上课过程记录下来，整理成上课实录。

3. 摘录出你一堂课中所有的提问作研究：

（1）你的提问数量、提问频率、分布时段；

（2）你的提问内容：哪些问题与学习内容有关，哪些与维护班级秩序有关，哪些与调节课堂气氛有关，哪些是无关的口头禅；

（3）你的提问表达：问题是否清晰、简短，句式有没有变化；

（4）你的提问范围：你是否喜欢问少数学生。

将统计数据与名师课堂作对比，看差异及影响。

4. 选择几项做提问方面的改进训练。

第四节　组织教学活动

问题展示

江老师：我在听课的时候常常遇到这种情况：有的课上得好，人们一下子能说出他的课好在哪里；有的课看上去挺好，但是我又具体说不出好在哪里，这是为什么？

王老师：同样的教学内容，有的教师教出来死气沉沉，有的灵气飞动，这是教师素质高低造成的吗？

案例分析

不知道如何评价一堂课，是许多教师甚至专家经常遇到的一个难题。生活经验告诉我们，我们对一样东西不知道如何评价，原因只有一个：缺少一套有效的知识系统来描述和衡量它，或者它超出了原来的知识系统的限度。很多教师评价一堂语文课，有一些固定的考查视角，如教学目标是否恰当，教学方法是否合理，课堂气氛是否活跃，学生的主体地位是否突出，师生交流是否充分，教学环境与技术运用是否恰当等等。这些都是一堂好课应该具备的，但是，听课的时候我们还会遇到另外的情况，教师在每一个方面都做得还可以，但是这堂课总感觉少点什么。这就是课的整体性，从静态的备课角度说叫一堂课的结构，从动态过程的角度说，就是教师对一堂课的教学组织。这就如同造房子一样，拥有好的建筑材料是修造优质建筑的前提，但光有好材料未必能建成优质建筑。

教学组织的工作就是把与教学有关的各种因素安排到一段以一堂课为时间单位的教学活动中，这个时间段由许多活动构成，这些活动要吸引众多学生一起参与，而这些学生的学习基础、精神状况存在一定的差别，所以某些学习片断会遇到不同的障碍，克服这些障碍可能需要不同的态度和技巧。把这些因素有机组织到一节课中，可能就会出现江老师看到的情况：大象无形、浑然天成。学生和一般听课人都觉察不到时间的流逝，也很难发现技巧何在。例如，我们听钱梦龙老师的课，常常就是这种感觉。倒是一些年轻教师才去刻意追求技巧。这是功力，年轻教师当然不可能一下子掌握，但只要注意学习、用心钻研，在教学组织上的功力会慢慢提升的。

理论点拨

广义的教学活动组织是指教师对一节课的整个过程施加影响与控制，使其有利于整个教学目标的达成。狭义的教学活动组织是指在相对独立的一个教学单元里，教师根据教学目标、教材活动特点，充分调动学生的积极性，有序、有效地完成教学的过程。良好的教学组织能提高教学活动的成效，促进教学目的的达成。

提高教学活动的组织能力，可以从这样几个方面入手。

一、准备充分，有备无患

良好的准备工作是良好的教学组织的前提。有的老师说，他准备上课就像将军准备打仗一样，事先都会做好充分准备，努力避免出现漏洞。如果一堂课中出现"关键知识介绍错误""设备故障"等比较大的疏漏，那么这堂课无论如何都不能算是成功的。有时候，一堂课出现比较多的小漏洞，这堂课也难以流畅圆满。教学组织的准备工作主要有：

（1）备课充分，特别注意那些可能的知识盲区，避免出现自身不能解答的疑问等；

（2）了解学生，包括学生的学习特点、生理心理、阅读情况、近期关注的话题等，注意从学生的视角去选择材料、安排内容、选择教具；

（3）按照教育规律、课堂规律设计课程，包括保证学生的主体地位，采用讨论、探究等教学活动，注意课堂节奏、提问技巧、板块结构、板书设计等；

（4）注意自身形象，如精神饱满、衣着得体、语言文明、充满活力等，因为一个精神低迷的教师，是很难在课堂上让学生活跃起来的；

（5）以积极的态度影响学生，保持亲和力，多鼓励学生。

教学组织受教学观念的制约，一般来说，什么样的教学观念就会形成什么样的组织形式。当然，教学观念也需要一定的教学技巧来体现，没有基本的教学技巧，课堂上教师力不从心，教学设计的效果会打很大的折扣。

二、发挥不同教学手法的长处

每一种教学手法和活动样式都有其自身的优点和不足，在做教学设计的时候，我们已经考虑了各种教学方式的特点，并依据教学内容、教学目标、学生状况等因素选择了合适的教学活动。而教学组织的主要任务，就是把原来的设想付诸实践，让它体现出应有的价值。教学实施中，要突出其特点、发挥其优势，不要让这种方式流于形式，这样才能体现该教学活动的价值。例如小组讨论，其特点是以学生为主体，学生的精神和身体放松、思维活跃、表达自由；其不足是各小组不够均衡，讨论话题容易游离于主题之外，严重的还会失去对课堂的控制。如果教学活动组织得好，其优点就会放大，反过来，它的弱点就可能被放大，优点反而被抵消。因此，教师无论在设计教案还是在实施教学时，都应把握住该教学活动的特点，把它的优点尽量体现出来。还以小组讨论为例，以下这些方面都是要注意的。

（1）选择的话题有讨论价值，难度要适中，讨论时间与话题容量一致，不要走形式、为讨论而讨论；

（2）组成有利于讨论的分组形式，讨论有以班级为单位的讨论、以学习小组为单位的讨论、围绕一张课桌组成一组的讨论及同桌间的讨论等形式。不同的分组形式适用于不同的时间、不同的讨论内容，可事先布置学生移动桌椅，划分讨论区域；

（3）在讨论过程中，教师要巡查小组的讨论情况，提醒讨论中可能出现的问题；

（4）注意各小组之间的平衡。

以上工作都属于教学组织的内容，如果把这些细节完成好，教学活动自然会有成效。

三、提出具体、明确的要求

一般来说，教师对自己安排的教学活动或早有准备，或驾轻就熟，但多数情况下，学生是临时得到活动指令的，他们对活动意图、活动要求的理解难免会有不到位甚至理解偏差之处，因此，布置活动时，教师应从学生的角度考虑问题，用学生理解的方式布置任务。

（1）学生对活动所需要的知识、技能可能没有基础，不要想当然地以为学生应该知道。

（2）一次布置一项活动。

（3）给学生一定的准备时间，必要时可利用时间差，提前一点时间布置活动任务，一般不要搞突然袭击。例如，教师应这样说："等一会，我们要找几个同学到黑板上来，请他写出……听清楚了吧？某某同学，你来"，而不要这样说："某某，请你到黑板前面来"，（学生上来以后）"请你写出……"。

（4）布置学习任务要尽量明确、具体。例如，教师要说："注意，一个小组找一个同学负责记录，他要把主要观点记下来；一个小组选一名代表做汇报"，而不要笼统地说"等一会我们来交流"。

（5）要给出活动的具体步骤，第一步如何，第二步如何，如"第一，找出你认为精彩的句子；第二，每个小组选出两句大家公认的精彩句；第三，说出你选这个句子的理由。时间是 4 分钟。"

（6）重要信息可做些重复和强调。如"注意，刚才我要求的是……"，"我希望大家这样做……"。

四、及时作出反馈

教学活动是师生共同完成的任务，在教学过程中，教师的组织、引导直接影响活动的质量，因此，应对教学活动进行有效的反馈和调控。

（1）观察学生对学习任务的理解情况，及时做适当的解释、补充和强调。

（2）观察不同活动者的参与及进展情况。

（3）调节活动的进度、难度。

（4）对表现好的给予褒扬，分享好的做法和成果。

（5）修正活动中的偏差。

（6）对遇到的困难给予帮助，同时也有助于教师了解学生讨论的进展、层次，便于把握。

（7）可选择参与某些小组的讨论，促进学习的深入。

五、合理处理课堂事件

课堂里随时可能会发生一些意料不到的状况，如有个性的学生的特异表现、学生情绪整体低迷、课堂秩序混乱、学习设备故障，偶尔还会遇到学生对教师的挑战等。这些课堂上突然插进来的故事，我们称为"课堂事件"。能否妥善处理课堂事件，是检验一个教师职业道德和专业水平的试金石。遇到课堂事件首先需要冷静，其次对学生要充分尊重，在了解情况的基础上，可采取一定的技巧加以处理。

（1）不管发生什么事，教师都要视作课堂里的正常情况，不要视为异常情况；

（2）不要大声叫嚷，不要抱怨、讽刺和挖苦学生，更不要在情绪上与学生对抗；

（3）尝试着什么也不做，等待课堂秩序安静下来；

（4）利用学生的好奇心，如小声对几个人说话，或出示一样小道具、小课件，吸引部分学生注意；

（5）布置一点容易做到的、有趣的、有较高功利的、有行动的任务，如查字典、画出要背诵的段落等。

处理课堂事件的最高境界是，试着把事件转化为学习活动的一个有机组成部分。

一个不成功的案例：一位教师执教《仿生学》时，从窗外突然飞进一只麻雀，学生哄堂大笑；教师制止了几次也没有效果，最后教师忍无可忍，大声斥责强行压制住，但整堂课窃笑声仍然不时传出，学生与教师的情绪也始终处于冷战状态，教学效果可想而知。

一个成功的案例：一位教师上作文课，刚要写作文题目"启示"，下面便传来嬉笑声。教师用目光制止住，回头再写时，后面笑声再起。教师下讲台询问学生为什么笑，希望与学生共享快乐。班长小声告知，一位学生从家中带来了一只小猫，就放在后面课桌的抽屉里，因小猫不时发出轻微叫声，才引起了学生的骚动。教师说："我也很喜欢猫的。看来，大家有共同的爱好。这样吧，我建议今天的作文课增加一个题目，写与这只小猫有关的内容，描写也可以，感想也可以，自己养猫的经历也可以。下面就把猫拿出来，大家观察两分钟后，再送到我的办公室去。"

此刻，学生对教师有歉意也有敬佩，接下来都严肃地投入写作中，这堂课的效果也出奇的好。

六、充分利用各种教学资源

有人说，组织教学就像指挥一支乐队，要把每一种元素都调动起来，充分发挥它们的长处，并且有效配合，才能演奏出精彩的乐章。对于语文课堂教学来说，主要教学资源有学生、学习材料、教学设备和教学环境四类。其中，学生是教学活动的主体，在使用这些元素时，应以学生为主体，以促进学习为目的。

（1）让多数学生参与教学活动，不要让多数人成为看客。

（2）充分利用教室的各个空间，学习中心不要固定在一个地方，让学生的注意力跟着教师转移。

（3）适当改变活动规则，让学习过程充满变数。

（4）采取新奇恰当的激励手段，让学生对学习产生兴趣。

（5）尝试着变化一下教师角色与语言风格，不要总是做学生的教导者，也可以让自己是学生当中的一员。

（6）必要时可运用些多媒体技术。

一些教师对组织教学的认识存在两个误区：一是无所作为，二是做表面文章。

平时，总听到一些教师抱怨学生不活跃，不配合教师，不喜欢发言，不善于表达，而不太反思自己在组织教学方面的缺陷。我认为，没有不喜欢表达的学生，只有不会调动学生的教师。上面的建议，在教学组织中如果能用上几条，相信学生不会无动于衷，课堂里也不会像一潭死水。还有一些教师过分相信自己的教学"实力"，靠"学富五车"和"口若悬河"打天下，也不大注意组织教学的技巧，这种轻视组织教学的做法也会使自己的教学成效大打折扣。还有的教师认为，自己的性格比较内向，在课堂上放不开。其实，性格不是主要的，在课堂上，真诚、有学问的教师也会受到学生的欢迎，如果再掌握一点组织教学的技巧就更好了。

还有一些教师可能会走向另一个极端，他们比较看重外在的仪式，这种课看上去手段丰富、笑声满堂，有的环环相扣、曲折有致，但实际上有可能只顾及了表面的热闹，学生的情绪在课堂里沉不下来，无法聚焦于一些关键知识和能力的学习，反而不利于教学目标的达成。

拓展延伸

下面是王栋生老师执教的《思考问题的"路数"》的一个教学环节，从教学活动的组织这一角度可以分析该活动实施的巧妙。

师：下面，我们再来"练练脑子"。请看这道作文题：《"滴水穿石"的启示》。

（板书作文题）

（静场10多秒钟，全班无话）

师：从我写完这几个字开始到现在，10秒钟已经过去了。你们想到的是，这篇文章应当写什么样的"启示"，对吗？

生：对。

师：我还知道你们在想什么。信不信？你们打算阐述的观点是"要持之以恒""有志者事竟成"……

生：（全班笑）对。

师：也就是说，全班同学无一例外都能想到这一点。

（众笑）

师：那这个题目简直没有什么价值了，按这样的思路去写，有可能千篇一律。作文要有创造，要有自己的独立思考。在想到"滴水穿石"这个成语的时候，凡是有正常思维的人，脑海中都会出现"滴水穿石"的画面。因为这是个经常使用的短语，它所包含的意义几乎是常识性的，而我们平时恰恰会忽略常识性语言所包蕴的多种含义。

师：题目是"启示"，既然是"启示"，会不会只有一种？每个同学都再想想，还可以有什么启示呢？

（又过了10秒钟）

生："锲而不舍"，"贵在坚持"。

师：这与前面说的"要持之以恒""有志者事竟成"还是一个意思呀！

（学生笑）

师：想象一下"滴水穿石"的画面，你能否从中获得其他的启示呢？

（全班安静）

师：我把问题再换个方式，"滴水穿石"还需要哪些条件？

生：需要水和石头。

师：这个"条件"不成其为条件。不怪你，看来是我的问题不明确。

师：我还是希望同学们能自己想出来。在我教过的班里，不管多难的问题，至少总会有一位同学想出来。

（有一位学生有醒悟的神情）

师：请你来说说。

生：我想，如果水滴不是滴在一个固定的点上，就不可能"穿石"。

师：你说得对！能不能把这句话表达得更准确一些？

生：目标。目标必须专一。

师：很好。你的思考已经超越了一般人。大家说，他讲的对不对？

生：对！

师：现在，我们已经有了两个"启示"，如果写成议论文，你可以有两个分论点，这样的立论，就比仅仅说"要持之以恒""锲而不舍"严谨得多了。

师：那么，你们认为这样的思考是不是已经很成功了？

生：（插话）我能想到这些已经很不错了。

生：老师好像还不满足，这个问题可能还能朝前走。

师：如果仅仅是看出我不满足，那不过是为我考虑。现在的问题是你自己的思维能不能再深入一下。我们知道，在思考问题时，不能满足于一种答案，不要满足于自己的直觉，很多时候是可以"再朝前跨一步"的。来，说说，还有没有可能得到其他的启示？有没有同学能发现其他值得议论的"点"呢？

（气氛比较活跃，也有学生凝神在想）

你们可以讨论讨论。不妨再想想"滴水穿石"的过程。

（同桌讨论）

生：太慢了。

师：什么"太慢了"？声音大一些，要把话说得让全班都听见。

生："滴水穿石"的精神可嘉，但是效率太低了，水滴石穿要几千年甚至几万年的时间。

师：说对了。我们通常所说的"滴水穿石"是一个漫长的过程，也许要几千年、几万年甚至更长的时间。在当今社会，无论是生产实践还是科技革新，都强调快速度，社会生活也需要快节奏，要努力提高效率。就拿水来说，给水加高压，可以用来切割木板、塑料、薄钢板，可以用来做外科手术……

生：电视上介绍过。

师：那你为什么没想起来？

生：我想的是能不能找一个与"持之以恒""目标专一"并列的分论点，我没想到可以换个角度，从反面去想。

师：换个角度就能看到事物的另一面。其实事物未必只有"反面"，它也许有无数面，所以观察事物可以有多种视角。有位美术老师让小学一年级学生画一只茶杯，他把茶杯放在讲台上，结果小孩子们交来的临摹作业画出的茶杯都不一样：前排和后排看到的大小不一样，坐在教室两侧的和中间的同学看到的茶杯形状不一样。要注意从不同的角度去观察思考，这是个很简单的道理，我们在生活中习以为常，可是到了写作的时候，反而会忘记。

我们换一个角度思考，由"滴水穿石"想到要提高工作学习的效率，在前面思考的基础上，又得到"应当尽可能地提高效率"这样的启示。这样一来，通过积极深入的思考，你有了两个分论点，文章也有了第二个层次，立论就比较全面，也比较深入了；如果你的表达也好，那自然有可能与众不同了。这是一种思考问题的方法。我们思考问题视野狭窄或是观点肤浅，常在于不肯"再朝前跨一步"。思考问题时不满足于简单的答案，不满足于只考虑出一种可能，你就能常常获得更多的启示。需要指出的是，生活中有人规劝别人忍让宽容，常说"退一步海阔天空"，其实，"朝前跨一步"也可能海阔天空！

上面节选的教学实录是王栋生老师执教《思考问题的"路数"》作文指导课的第二个主要的环节。

当学生面对"'滴水穿石'的启示"这个作文题静场10秒的时候，王老师对学生的三次猜测引发师生的共鸣，调节了课堂的气氛。王栋生老师任教南京师范大学附属中学，在江苏省该校的学生素质一直位列前茅。所以王老师对学生不讲老生常谈的观点很容易理解，对学生没有独辟蹊径的观点也很理解。这就是好的教学：教师的教在学生的已知之上，而不是在学生已知层面兜圈子。对于高中生，对于有一定学习基础和学习能力的、比较优秀的高中生，学习任务的难度设计尤为重要。没有挑战性的学习任务，往往会让一节课变得毫无生气。

经过王老师的提示——"既然是'启示'，会不会只有一种？"，一位学生得到了自以为是新的启示——"锲而不舍，贵在坚持"，这当然不能令王老师满意，王老师直接告诉他，没有突破，与前面的发现意思相近。

王老师进一步提示："想象一下'滴水穿石'的画面，你能否从中获得其他的启示呢？"这时，学生有了新的发现，似乎比较有成效了，没想到王老师还在期待学生更多的发现。学生显然又一次遭遇了思考的瓶颈。

这时，学生以为"老师好像还不满足，这个问题可能还能朝前走"，王老师立即给出引导，希望学生能做一个学习的主人，这一直是王老师的教育信念。所以，王老师提醒学生思考这个问题的角度不要放在为老师上，而应该把提升自己的思维能力作为目标。

学生凝神思考后仍没有发现的时候，王老师又一次提示："你们可以讨论讨论。不妨再想想'滴水穿石'的过程。"学生果然换了一个角度思考，得到了新的结论。

这个环节的总结阶段，王老师举美术课上素描的事例，强调换一个角度思考不仅仅是从反面思考问题，而是从多个角度思考问题，并从行文布篇的指导上让学生直接感受到多想一步的好处，这样学生就会真正明白"思考问题不满足于简单的答案，不满足于只考虑出一种可能"的重要性。

王老师组织的这一组活动，或调侃，或点拨，或追问，或纠正，或示例，使学生在融洽的氛围中一步一步开拓了思考的空间，套用一句老话就是"嬉笑怒骂皆成文章"。

修炼建议

1. 什么是组织教学？哪些要素会影响组织教学的效果？

2. 你的课堂偏热闹还是偏沉闷？列出你在课堂组织方面存在的主要问题。

3. 如果你的课堂表现较沉闷，可按照下面思路分析原因：

（1）学习内容的选择是否适合学生？

（2）你的教学基本功、经验是否老练？

（3）你的性格、技能是否不利于你的表现？

（4）你在教学组织上是否不够用心？

发现问题，有针对性地一项一项训练，一步一步改进。例如，设计有表现力的手势、锻炼演讲能力等。

4. 如果你的课堂偏活跃，也要反思，看看过分活跃的课堂是否妨碍了内容的学习。

第五节　用好板书

问题展示

徐老师：我是一个有30多年教龄的老教师，我发现我们学校有一种不好的倾向，现在的小青年似乎都不喜欢写板书，一上课全是PPT；更严重的是学校管理部门对板书也不重视，评课很少提到板书。我认为，多媒体不能代替板书，传统的东西不能完全丢掉。

张老师：最近，我看到一些杂志上刊登的"板书"，有一种追求形式美的趋势，这是追求花样精彩还是别的？

案例分析

通过板书来组织教学过程，引导学生理解课文，是语文教学中常见的手法，好的板书设计能将教材理解、教学过程、师生的思维灵感凝聚在一起。因此，以往的语文教师在备课中会花许多心思在板书设计上。师范生都要专门练黑板字，有的学校还把它作为新教师入门的必备技能。

但是，自20世纪末多媒体普及以来，这种情况有所变化。由于多媒体有信息丰富、呈现快速、形式美观等优势，是现代教育技术的代表，因此一段时期里，使用多媒体教学成为教育现代化的标志，甚至出现了"多媒体优于板书"的倾向，徐老师反映的就是一种极端表现。我赞成徐老师的观点，多媒体有多媒体的优势，板书有板书的长处。

好的板书能真实记录教学过程，反映师生在课堂中的思考轨迹，也是学生学习进步的见证。板书的关键词应该由师生共同讨论确定，在这个过程中，结论由争论到统一，词语由不确切到确切，学生一直在体会思考的乐趣，感觉做学习主人的满足。因此，板书内容往往也是师生共同创造的成果。板书的书写过程及条理有助于学生对学习内容的记忆，板书还能强化学生对汉字的笔画顺序、字形结构的印象，对写好字有帮助。而多媒体往往由教师在备课中自己确定，整幅画面一个瞬间全部呈现出来，思考讨论过程相对缺乏，对学习不利。因此，最好能把二者结合起来，需要快速呈现信息时可用多媒体，而需要记录思考过程时则使用板书。

新颖的板书设计会有助于提高学生的学习兴趣，并使学生对学习内容和过程留下深刻印象，但是，衡量板书价值的主要依据是看其对教学的帮助作用，不能为创新而创新，如果撇开内容、脱离需要，单纯追求形式美，甚至刻意去搞一些花里胡哨的东西，对教学内容的落实反而有害，这就适得其反了。

在传统的课堂教学中，黑板是很重要的教学工具，因此，写好板书也是语文教师的一项基本功，许多老教师在备课中都会花许多心思来设计板书。

但是，一些青年教师对板书的设计和运用不够重视。除了书写不规范、字体缺乏美感等硬伤以外，板书中有两种最常见的问题：一是随意，即板书缺乏整体设计，教师对在黑板上写什么内容、写在黑板的什么位置等问题事先没有整体考虑；二是机械，即不顾课堂的具体情况，只按照教师备课前的设想机械地写板书。前者可以归结为板书形式的问题，后者可以归结为板书内容的问题。

在板书形式上，常见的不良板书习惯有：

（1）很少写或不写板书；

（2）板书散乱无序；

（3）随写随擦。

上述问题的产生，与教师对板书在有效教学中的价值认识不足有关。一些教师只把板书看成教师在课堂上口头表达的辅助手段，因此，板书的主要内容只是在前面提到的几个关键词，相当于在阅读中加几个重音。其实，板书在教学中的作用相当多，也很复杂。

板书的主要作用

1. 参与建构课堂教学情境。如在上课之初，教师以大号而正规的字体书写课文题目、作家姓名、年代、背景，把学生的思绪带到特定的环境下，这就为该学习活动创设了一个简单的情境。

2. 明示教学目标。用简洁的词语将教学目标写在黑板上，有利于对课堂教学目标的认同，提醒教师教学活动的目的所在。这样做对约束师生的发散思维，防止"开无轨电车"有显著的作用。

3. 辅助表达。在教师的口语表达以及学生间的对话中，常有一些生僻的词语、陌生的概念、含有重要信息的短句等。由于口语表达有一定的模糊性，且转瞬即逝，因此，这些表达单位不容易被学生理解，有的会产生歧义。而以板书的形式将某些口语表达固定下来，就能部分地消除上述问题，使表达变得清晰、简明。

4. 强调关键知识。对一些与教学目标关系密切的概念、术语、说法，学生在课堂上听一遍是不够的，写在黑板上，教师就可以反复提及，学生在讨论中也会尝试着运用，从而不断深化理解。利用板书来强调重要信息，还可以引导学生做课堂笔记，帮助学生加深记忆。经验证明，学生对课堂板书内容的记忆要远远超过对说话内容的记忆，许多人多年后都还记着自己的中学老师在黑板上写板书的画面。

5. 记录学生思考或讨论的轨迹。将学生的思考经过记录下来，既可以引导学生将学习指向既定的目标区域，也利于激发学生的积极性，促进知识的生成。

6. 作为教学组织的依据。巧妙的板书设计可以成为课堂教学的重要依托，围绕板书的某一点内容展开学习，可使一定时间内的教学活动目标集中、表达直观、线索清晰，大大提高教学效果。

7. 展示主要教学板块、流程，揭示不同教学目标之间的内在联系。一堂课除了其核心目标外，还有支撑总目标的分目标以及围绕着核心目标的次要目标。由于课堂流程是以线性方式呈现给学生的，不同教学板块的学习内容谁先谁后、谁轻谁重、谁主谁次，教师一般是比较清楚的，但是，对学习内容相对陌生的学生听过之后往往难以建立这些学习内容之间的内在联系，而合理的板书就可以呈现一堂课的全部教学流程，帮助学生建立起"完整的"一堂课的经验，将零碎的知识和体验合为一体。

此外，板书还有帮助教师调节课堂节奏、集中学生注意力、为学生提供写字示范等功能。

好的板书设计能将学生的目光、学习的内容与师生的思维活动有机地凝聚在一起，是有效教学的好帮手。因此，语文教师要重视自己的板书，注意改善自己的板书设计。可以参考以下的板书策略。

1. 为黑板分区。按照一堂课的内容，事先把黑板分成几个功能区，将重要的知识、学生的发言摘要、教师的观点分别写在不同的板块内。

2. 预先给教学流程设计一个框架，用简单明了的图形将主要内容联系起来。

3. 按照课堂的时间顺序安排书写内容，使书写顺序与课堂顺序基本一致。

4. 慎用黑板擦。对板书的容量事先做好预计，尽量不要边写边擦，以保留记录课堂流程的主要信息；在擦去学生的观点前，应充分肯定其价值。

5. 教学中适当提示板书内容之间的联系，并提醒学生记录。

在板书的内容上，最常见到的问题是机械书写原来设计好的字词、句子，不能随着课堂的变化和学生的表现做及时的调整，甚至对学生的发言置之不理。我曾在《板书，应该写什么为好》引用了一位教师执教《向生命鞠躬》一课的板书，他在板书上反映出来的问题带有一定的普遍性。

《向生命鞠躬》是初一的一篇课文，文章讲述的是父亲与幼小的儿子看到一只深秋的蚂蚱面对强敌顽强逃生的故事。教师要求学生自由地大声朗读课文，读完课文要求学生复述故事，并用恰当的词语概括蚂蚱逃生的经历。

学生思维活跃，发言积极，把蚂蚱逃生的过程概括为"被抓""受伤""逃跑"三个环节，教师一边听着学生的发言，一边写板书。可是，他没有将学生归纳的三个关键词写在黑板上，而是将备课时早已拟好的三个词语"被擒""受创""逃生"写在黑板上，写的过程中，教师既没有说明为什么要用这三个词而不用学生的三个词，也没有比较两组词的区别。学生对这样的板书当然也没有反应。

于是，教师顺利完成教学计划，学生安然接受教师的结论，教学活动转向教师预设的下一个环节……

这位教师围绕蚂蚱的逃生过程提出问题，设计板书，且概括精练，语言简洁，书写美观，显示了相当好的功底。可是，他的最大问题在于，置学生的讨论和发现于不顾，只顾把备课时预先设计的关键词写到了黑板上。这种情况看上去是板书设计技巧和课堂应变能力不足造成的，其实还反映出了教师的教学观念存在问题，即板书的内容应该从哪里来？它与课堂教学应该是什么关系？与学生的课堂发言又是什么关系？如果不想通这些问题，漂亮的板书设计只能是美丽的摆设。

凡是板书设计都有一定的预设性。一般来说，教师的理解力较学生要好许多，对一篇课文的接触也比较早，研读时间充分，又有教参的帮助，在理解文章精髓、概括文章大意等方面，教师比学生有较大的"先发"优势，因此，教师事先设计好板书的内容以及关键词语，在教学中演示成板书，也是理所当然的。有的板书经过教师的反复斟酌，几轮磨练，已经成为不可更改一字的权威。相对而言，学生在课堂里的随机发言则稚嫩得多。上述教学镜头里，教师用"被擒、受创、逃生"这三个词语代替学生"被抓、受伤、逃跑"是有充分理由的：从品味词语的角度分析，"被擒"比"被抓"更具书面语色彩，因而显得更典雅规范；《辞海》里注解"创"有"创伤"的意思，语感上"受创"似乎比"受伤"更强调受伤的过程，"受创"比"受伤"更符合文章意思；"逃生"强调"逃"的价值，比"逃跑"更有表现力。但问题在于，教师此时没有讲出替换学生答案的理由，没有比较二者的差异，缺少了从不完善到完善的提升这一重要环节，这就使"归纳"这一环节的教学价值大打折扣。

由于种种原因，学生的学习发现、学生归纳的关键词与教师的板书预设常常不一致。此时，有经验的教师不是对学生归纳的词语置之不理或作简单否定，匆忙用预设的词语统一全班人的意志，而是善于捕捉学生发言的闪光点，并比较其差异，及时做些评价，使学生的认识一步步接近教师预设的结论，即与教师预设的关键词"接轨"。这样，虽然板书仍然是教师备课时预设的几个关键词，但这些词语显然已经得到了学生的认可，成了师生共同拥有的成果。

再进一步看，教师引导学生逐步接近自己的预设标准，是不是就一定好呢？其实也不见得。板书在课堂教学中具有标志性价值，它除了具有引导理解课文的功能以外，还应该担负着一定的课堂学习的生成功能。在课堂教学中，学习的过程既是学科知识的接受过程，如学到新的语文知识，理解文章的结构和作者意图等，还是学习能力、思维品质的生成过程。学生阅读文章，选择作为板书关键词的过程，就是理解课文主旨和细节、辨析词语含义、反复鉴别、比较反馈的过程，同时，也是与其他学习者交流、沟通的过程。在寻找发现板书关键词的过程中，学生由远及近，由不确切到确切，由争论到统一，一直在体会思考的乐趣，接受进步的激励，感觉到做学习主人的满足。此时，教师的作用，就是用力"挤压"学生，"逼迫"他们把自己的想象力、创造力尽可能地发挥出来，到那时，具体的某个词语已经不那么重要了。

这正是建构学习能力的理想模式。

因此，如果不是关乎科学知识错误、教学流程的偏离等大局问题，而只是微小的差别，教师选择学生的说法也许更好，当然，也要引导学生对不同的说法进行细致辨别，让学生自己做出更恰当的选择。

当然，这并不是说教师就用不着课前精心准备，只要靠课堂上的随机应变就可以了。相反，教师要准备更多才行。只有对课文各方面、各角度理解透彻，对学生情况了然于胸，对语言的驾驭熟练精到，才能在课堂上游刃有余。从这个角度上说，板书设计实在是教师教学观念和素质的一面镜子。

修炼建议

1. 教师能写一手好的黑板字是写好板书的有利条件，应持之以恒地练习黑板字。青年教师应利用上课之余的边角时间多加练习，如可在每堂课上课之前、下课后在黑板上写几个字。

2. 下课后把课堂上的板书回忆、补记下来，并根据课堂情况反思这堂课在板书方面的得失。

3. 收集你认为比较好的一些板书设计，研究这些板书在书写内容、版面安排等方面的特点。

4. 思考问题：PPT 时代传统板书的地位及注意事项。

专题六 语文教学评价

第一节 理解教育评价

苏老师：有一次听一位专家谈教育评价，他认为中国教育评价的手段基本上还是很原始的，尤其是对语文教育的评价。照他的观点，是不是像理工科的人搞科研那样研究语文，才算现代教育评价呢？

倪老师：在一些老师或校长眼里，评价就是考评，如校领导听课，交各种材料，然后分出三六九等。搞得大家很紧张，等活动一结束，一切又恢复了老样子。所以，我们这里都很怕评价。

案例分析

自从有教育活动以来，就存在对涉及教育各方的评价。例如，《论语》记载的许多段落，有不少是孔子评价自己学生的表现的；我国漫长的科举制是学子受不同级别的名分、待遇的一种评价方式；东家根据私塾老师的表现决定是否再请下去，也是对教师的一种评价。不过，古代的教育评价都属于自发的、原始的，而现代教育评价则是伴随着现代教育制度和现代科学思想慢慢发展起来，成为科学的。

在实践中，大多数教师对学生学习状况的评价，大多数领导对教师教学工作的评价，还是沿用传统的做法，主要表现如下：评价目的是盲目的，评价时机是即兴的，评价方式是单一的，评价标准是随意的，评价结果常常起不到对学习和工作的指导和激励作用。即使像高考这类涉及千万民众切身利益的评价手段，也缺乏足够的研究和论证。从这个角度上说，那位学者判断我国的教育评价尚处在"原始状态"，是很有见地的。

修正的办法，就是使评价变成一种自觉的、常规的活动，甚至完全可以与日常教学活动结合在一起。评价的目的，主要也不是分出等级，而是帮助学生判断自己的学习状况和发展水平。

当然，对语文教育来说，评价并非都像做数学题一样，冰冷理性。没有人情味、没有艺术性、没有创造性和灵活性的评价也不能算好的评价。

在教学实践中，我习惯把评价分为两种。一种是感性的评价，如课堂上对学生活动的即兴点评、随笔本上的批语、网络中的师生交流等，都需要动真情、有个性。例如孔子这样评价他最得意的学生颜回："贤哉回也！一箪食，一瓢饮，在陋巷，人不堪其忧，回也不改其乐"，既有美感，又有个性，这对被评价者来说，自然是多重享受和勉励。另一种评价则要理性、客观、标准公开、要求具体、结果公平。例如对学生参加读书活动的评价，在次数、阅读量等方面，完全可以量化，具有可操作性，使学生看得见，跟得上。

理论点拨

评价与教育活动几乎是相伴而生的。依据被评价的对象和层次，可分为对教育战略、政策与制度的制定者——国家层面的评价，对教育管理部门——教育部推出的课程计划的评价，对教育实施单位——学校的课程实施的评价，对课程执行者——教师的教学过程的评价以及对学习者——学生的学习过程及效果的评价。本书所说的评价，主要是以教师为评价主体，对学生的学习态度、学习行为和学习效果进行的评价。

一、评价目的和作用

由于长期以来我国在教育评价上存在一定的认识和执行偏差，一提起评价，许多人可能会与两件事联系在一起，一是对学生成绩的考查，一是对教师工作的考核。其实，教育评价既有多种形式，也有多方面的功能。概括说来，教育评价有以下几种功能：诊断功能、反馈功能、激励功能、调节功能、学习组织功能、沟通功能和导向功能等。

1. 诊断功能。诊断就是衡量，这是评价最原始的功能。对教师来说，诊断性评价就是通过一定的方式、方法对教师的教学态度、教学设计、教学组织以及教学效果做出鉴定，以判断教师教学行为的优劣；对学生来说，诊断性评价就是考查学生在某一学习领域内，其学习目标方面的达成情况。及时得当的教学评价，总是能帮助教师及时发现问题，总结经验，为改进以后的教学活动提供依据。诊断性评价回答的常常是"会不会""能不能"等问题，因而能直接反映学生的知识掌握情况及教学工作的成效，在教育评价中常常被泛化。人们对应试教育的反感，从某种程度上其实是对教育评价的诊断功能过于强化的反映。

2. 反馈功能。评价能对被评价主体进行诊断、监测和评定，反过来，它对教育评价主体来说就会形成信息反馈。反馈的体现方式与作用因评价对象和主体的不同而不同。对学生来说，评价可以使学生得到自己在某些内容的掌握情况、某项技能的进步程度、与他人的差异等方面的信息，有利于找到自己的薄弱环节；对教师来说，评价反馈可以使他看到具体学习者的学习情况，反思施教目的、教学活动及教学结果的关系，找到改进工作的方向；另外，评价也可以使教育主管部门反思自己的教育政策、教育计划是否合理等，使家长了解孩子的学习、进步等情况。

样本选择不典型，评价观念和手段落后，反馈机制不合理，是影响教学评价反馈功能的主要障碍。例如，广为教师们诟病的所谓"教学大奖赛"，其反馈效果就值得商榷，少数教师采用"表演""排练"的手段，个别专家把"热闹"作为是否成功的标准，这些做法远离平时的课堂教学实际，其评价效果对教学的指导就是一种负反馈。再比如，如果评课专家听课不认真，观念陈旧，评课时不得要领，对任课教师来说也是一种负反馈。

3. 激励功能。评价是用一定的标准对某项事物的性质、状态及其价值进行的定位，因而，不管评价者的主观意图如何，对被评价对象来说，都会产生"比较"和"分级"的效果。林格伦说："对测验打分数和评定成绩由于某种原因而充满了不可思议的力量。"[①] 这是因为，如果向被评价者做出肯定性的评价，无疑能给学生的学习或教师的工作带来成功的快乐，因而能对其行为产生正面强化作用，促使他表现得越来越好，这就是所谓的"皮格马利翁效应"。而否定性评价则可能会激发一个人的自尊心和抗争欲望，从而产生"奋起直追"的激励作用。但过多的负面信息会对人的意志、行为产生抑制作用。一些工作业绩相对不佳的教师和学业成绩处于下游的学生，常会处于过于单一、持续的负面信息的包围之中，其精神状态和效率都可能会发生变化，因而这种评价要谨慎使用。在评价中一般应以肯定为主，而否定性评价最好能为其指出原因、努力的方向、可及的目标、可行的途径并进行成功的诱导，使否定性评价产生正面的激励作用。

4. 导向功能。评价者可以有意识地选择评价内容、运用评价手段，通过肯定什么、否定什么，对教师的教学行为或学生的学习行为产生一定的约束或激励作用，使其沿着评价主体所希望的方向发展，这就是评价的导向功能。

教师教学中突出导向功能的评价有很多做法，如通过评价标志文本中某些重要的信息，提高学生的兴趣，提高实施者对这些问题的关注程度，强化对这部分内容的学习或实施效果；又如对某个答案、某项行为进行积极肯定，激励其学习热情，促进被评价者在某些方面的进步。教师也可以通过否定性评价，抑制对某些内容的关注，约束某些行为的发生；或者通过对比树立典型形象，让典型的示范作用引导其学习方向。

教师还可以强调某项做法的价值，把被评价者的注意力集中到某些重要方面。教师经常性的提示也会对被评价者的学习习惯、关注的方向以及价值观产生持续的影响。比如，在一份语文考试卷中，适当增加古文部分的分值，可能会使教师花费更多的时间、精力来讲授古文，从而带来一连串的连锁反应。为了鼓励学生读书，教师在课堂教学中，可有意识褒扬一位读书多、文质彬彬的学生，从而对读书活动起到示范作用。

5. 教学组织功能。评价除了具有诊断、反馈、激励、调节等功能外，在课堂上，作为技术手段用来改善课堂教学的组织，使课堂充满灵动。以下是常见的课堂组织的

---

① 林格伦著，张志光等译．课堂教育心理学．昆明：云南人民出版社，1983 年，第458 页

功能。

（1）活跃课堂气氛。独特而有个性的评价方式和评价语言往往能激起学生的关注。

（2）深化学习讨论。借助有针对性的评价，引导学生将思维向深层拓展。

（3）控制教学节奏。教师运用评价很容易控制学习活动的长短、内容的深浅，而且在两个学习活动之间，也可以用评价进行过渡。

（4）还可以作为主要的活动方式。学生自我评价、学生互评，在某些学习内容中，可以设计为主要活动，例如学生互评作文。

注意，评价的教学组织功能的运用应该与教学内容有机结合，不要使它变成单纯的教学技术才好。

二、评价内容与手段

评价目的在某种程度上影响评价内容与评价方法。以往我们的教学评价常常通过学生成绩来完成，但是，由于语文素养具有很强的综合性，语文素养的提高很难说是某一项教学活动带来的直接结果，同时，语文学习又是一个长期积累的过程，人们不能企求在某些目标上通过一堂课的教学获得立竿见影的成效，也很难对某一堂课的某一个具体目标的教学效果进行有效的评价。因此，那种一张试卷分高低的评价有很大的局限性，以往我们所采用的各种语文测试手段，如测验、考试以及作文竞赛、演讲比赛等，更多的是对某一个阶段、某一项能力的静态评价。随着教育评价研究的发展，人们开始注意从另外的角度来对教学活动和学习效果进行评价。课堂教学中特别需要注意的有这样三种评价：形成性评价、表现性评价和真实性评价。

1. 形成性评价。形成性评价是相对于总结性评价而言的。总结性评价是在某一学习阶段结束之后，通过一定手段对学习活动的成效进行评估。其特点是能反映被评价对象的整体状况，但侧重于结果。如果总结性评价手段比较单一的话，很可能会引导评价者过分关注学业成绩本身，而忽视了学生成长等其他意义，因而较多受到人们的批评。

形成性评价是对教育过程中被评价对象在各阶段、各方面状态的连续描述，通过这种连续描述与记录，可以看出被评价对象在一定时期内的发展变化。比如在一段时间内，通过记录一个学生每一次作业的表现，就可以判断这位学生在这段时间内学习的进步程度，并对学习者或教师及时反馈，帮助他们了解自身情况、改变原来的学习或教学策略。布卢姆认为，所谓形成性评价实际是"不带有任何要评成绩的联想"[1]的一种动态评价。它是为了减少总结性评价带来的消极情感而设计的一种测验。换言之，总结性评价往往是让学生与其他人比，而形成性评价往往是让学生与以往的那个自己比，因而它对新的教育活动的尝试者、对部分学习困难者都具有明显的激励作用。

---

① 布卢姆著，邱渊、王钢等译. 教育评价. 上海：华东师范大学出版社，1987 年，第 104 页

形成性评价的常用手段有随堂测试、单元小测验、报告、小论文等可以明确标志某些专门知识的文本测试，也可以用口试、记录课堂表现等形式。

2. 表现性评价。表现性评价原来主要指评定学生在学习活动中的行为表现。用表现性评价原理来评价课堂教学效果或者学生学习情况，就可以将教育管理部门、教学实施者以及学生的表现纳入评价范围。比如，对于一个学生来说，我们不仅能够对他在语文课堂的回答问题、测验成绩做出评价，还可以评价他的学习态度、情感意志，也可以评价他在小组学习中的表现，甚至可以对他在迈出学校大门以后，在公众场合、在社会交往中的行为进行一定的考核。

形成性评价能弥补总结性评价过于看重结果的弊端，但是，两者还是有共同的局限性，即较多关注学习者的学业水平，而对学习者的学习态度、意志品格、行为习惯等则关注不够，而这些又与教育活动及结果密切相关。比如，一个学生可以把许多古诗文背得滚瓜烂熟，但是未必能理解这些古诗文的意境；有人能回答古诗文的鉴赏题，可是未必有多少人文素养。这些都是诊断评价方式的盲区。

3. 真实性评价。真实性评价是把学习者置于一个真实具体的生活情境中，对学生解决问题的能力和综合表现给予评价。比如面对一个课题，一个学生是如何运用他所学到的知识和技能来克服困难、实现目标的；在解决课题的过程中，他运用了查阅资料、请教教师、与同学合作，还是偷看参考答案；他不完成作业不罢休，还是放到明天再说。通过这样的考查，可以看出学生在某些方面的真实能力和素质。

以往，我们的语文课堂差不多是一个抽象的、脱离真实生活的环境，在这样的环境中，学生学习的也多是抽象的知识，同样，对抽象知识的评价也难以反映学生的实际能力，这也是我国教育中高分低能现象的成因之一。真实性评价不仅有利于对学生的真实状态做出评价，而且对学习也起到了一种积极的导向作用。

此外，我们还需要关注情感评价。情感评价主要是对学习者学习态度的评价，是对单纯学业评价的有效补充。感情评价的主要内容有：对语文学科的态度，包括对语文的意义、教材、教师的认同等；对学习的态度，包括在学习活动中的参与性、对作业的态度；对自我的态度，包括对自我的成绩、目标、努力程度的定位；对学习过程中其他合作者的态度。情感评价的内容虽然不能直接作为学业评价的依据，但是可能对学习效果产生巨大的影响。

社会需求的多元化、人才成长模式的多元化，要求有相应多元的评价方式。评价多元化包括以下内容

（1）评价内容多元。即评价不仅看学生对知识的掌握和期末成绩，还要看其知识运用能力以及学习态度。

（2）评价主体多元化。改变教师作为评价主体的惯例，让学生、家长、社会都参与评价。

（3）评价标准多元化。改变单纯纵向比较的评价成分，重点看学生自身的转变。

"有效的教育者是要改变学生，帮助他们获得他们在教学前没有掌握的知识和技能。""关于教师教学效果的任何重要的或可信的证据都必须以学生的转变为中心"。①

（4）评价手段多样化。试卷、平时作业、课堂表现、课外阅读以及社团活动，都可作为测试语文水平的内容和手段。

拓展延伸

下面是一份用于过程评价的学习兴趣调查表，通过它可以发现学生在语文学科上真实的态度和表现②。

姓名：＿＿＿＿＿＿＿＿＿

日期：＿＿＿＿＿＿＿＿＿

班级：＿＿＿＿＿＿＿＿＿

语文学习调查问卷

1. 请用三个词形容语文＿＿＿＿＿＿＿＿＿、＿＿＿＿＿＿＿＿＿、＿＿＿＿＿＿＿

2. 语文通过什么途径影响我的生活＿＿＿＿＿＿＿＿＿＿＿＿＿＿＿＿＿＿＿＿＿

3. 在语文课上我印象最深的一次经历是＿＿＿＿＿＿＿＿＿＿＿＿＿＿＿＿＿＿＿

4. 语文课上我最喜欢做的事是＿＿＿＿＿＿＿＿＿＿＿＿＿＿＿＿＿＿＿＿＿＿＿

5. 当我在解答问题时，我＿＿＿＿＿＿＿＿＿＿＿＿＿＿＿＿＿＿＿＿＿＿＿＿＿

6. 我对语文的一个疑虑是＿＿＿＿＿＿＿＿＿＿＿＿＿＿＿＿＿＿＿＿＿＿＿＿＿

7. 语文课本里我最喜欢的人物是＿＿＿＿＿＿＿＿＿＿、＿＿＿＿＿＿＿＿、＿＿＿＿＿

8. 语文课本里我最喜欢的文章是＿＿＿＿＿＿＿＿＿＿＿＿＿、＿＿＿＿＿＿＿＿＿

9. 我最不喜欢哪类文章＿＿＿＿＿＿＿＿＿＿＿＿＿＿＿＿＿＿＿＿＿＿＿＿＿＿

10. 在语文课上，我更愿意做＿＿＿＿＿＿＿＿＿＿＿＿＿＿＿＿＿＿＿＿＿＿＿＿

调查问卷能部分地反映学生对语文课的态度，也能够看出学生对哪些内容、对哪一类教学活动更感兴趣。可以经常设计这样的小调查来判断学生的学习情况，调整教学设计。当然教师也可以鼓励学生自己设计小问卷，引导学生对自己语文学习兴趣和表现进行反思，进而有所改进。

评价的目的是为了促进学习，目前有不少专家倡导评价需要注意元认知化。不仅考查学生的思考结果，还需要看出学生的思考过程以及学生对思考过程的自我监控、选择、判断、修正。此外，评价的情境化、整体化也是评价学生需要追求的。也就是将被评价者放入真实的教育、教学环境乃至生活环境中面对问题，而不是在与世隔绝的、虚拟的环境下；教师要侧重于从整体表现来判断，而不是仅仅凭借学生对某些局部知识的掌握进行判断。最好能让评价本身对学习产生具体的指导意义，甚至使评价

---

① W. James Popham. 测验的反思. 北京：中国轻工业出版社，2005 年，第 215 页

② Diane Hart. 真实性评价. 北京：中国轻工业出版社，2004 年

成为学习的一部分。

修炼建议

1. 阅读一本关于教学评价的书籍或者一篇文章，结合书中所介绍的内容，梳理你关于语文评价的知识。

2. 你平时在评价学生语文学习方面经常运用哪些方法？把你的做法与经验写下来与同事分享。

3. 选择一种你以前不曾用过的评价语文学习的方式，如学生档案袋、小型课堂调查等，尝试做几次评价，最好坚持一个学期以上，看看你对学生有什么发现。

第二节　评价学生的课堂表现

问题展示

文老师：一次，去听一位骨干教师上课。我觉得，他的文本解读很新颖、教学流程一环扣一环、教学神态自然、课堂气氛调控也很好，感觉已经是一堂很成功的课了。但课后，一位专家指出，这堂课有一个不足：教师对学生的回答没有回应。学生回答完了问题，教师通常只有一种回答："好，请坐！"。我虽然承认这位专家说得对，可是，很多老师都是这样上课的。我不知道这种能力能否锻炼出来。

汪老师：在一堂课中，学生参加的活动会很多，如果都去评价肯定会占去大量时间，影响教学进度，所以有时干脆只把正确答案强调一下就算了。如何处理琐碎的学习评价与上课效率之间的矛盾呢？

案例分析

两位教师提到的涉及观念和技巧问题，这恰恰是影响课堂学习评价的两个关键问题。也就是说，一些教师在上课过程中之所以较少对学生的发言作出恰当、及时的反应，一是对课堂评价的意义认识不足，二是缺乏修炼，而这两个问题又互为因果。

课堂是教学活动的展开场所，也是学习评价使用最频繁的场合，对学生的影响很大，对学生的学习态度、学习心理、学习习惯也常常起到潜移默化的作用。不太注意就会错失教育的机会。大家想一想，针对一篇课文，教师提问的地方，往往是最需要注意、也是学生最容易搞不清楚的地方。通过提问，可以摸清学生已有的学习准备，检查上一个环节的学习结果，教师发现学生理解、表述上的问题，才好决定下一步如何进行。反过来，学生通过"被评价"，又能知道自己的理解与实际意义和学习要求之间的差距，然后做出修正。当然，课堂评价的意义远不止这一点，例如，从人际沟通的角度看，千篇一律的应付起码也显得不够礼貌吧？

当然，我相信大多数教师课堂评价不够还是一个经验、技巧以及习惯的问题。例如，有的年轻教师刚上任不久，一站上讲台，他的精神就全部都集中在自己的教案上了：怎样开头，怎样结束，到哪里读书，到什么时候提问，作者背景如何，文章主旨是什么，时间怎么控制，作业如何布置等，生怕漏掉一项。心中全是这一大堆内容，自然就无余暇顾及学生的反应了。如果是这种原因的话，只要他愿意在这方面改进，并不是什么大问题，毕竟谁都有年轻的时候嘛！

还有的教师是担心自己对学生发言中的问题当场抓不准、评价不到位、解答不准确，有失教师的颜面，于是就采取"听而不闻"的做法，用一个"好""请坐"或"谢谢"一推了之。

还有的是像汪老师提到的那样，对这个问题是有思考的，但因为大多数评价的确是针对一个学生的，而且很多问题也并不具备普遍意义，所以担心过多的课堂评价会占用宝贵的共同学习时间，这种担心是有道理的。我认为，要确定哪些问题是值得在课堂里花几个回合讨论的，需要注意两点：一个是在备课时心中有所设想，另一个就是教师首先要放开课堂，多在实践中提升能力。

理论点拨

在语文教学过程中，教师时常要对学生的学习行为和学习结果做出评价。恰当的评价手段、评价时机、评价行为，可以促进学生的学习，反之，不恰当的评价则难以发挥作用，有时还可能挫伤学生的积极性，对学习行为产生很大的副作用。什么样的评价是恰当的呢？一般应满足这些要求：

（1）评价出发点是促进学生的学习；

（2）评价内容应包括学生在学习中各方面的表现，而不仅仅是知识的记忆；

（3）让学生明白评价的目的，让学生清楚出发点和目标之间的联系；

（4）运用丰富的评价手段，而不仅仅是试卷；

（5）适当安排测试时机、频率和形式；

（6）让学生、家长等成为参与者。

为什么要对学生的学习状况进行评价？在许多人看来这是一个简单的不言自明的问题，其实不然。只要看看那些排名表、那些堆积如山的试卷、那些学生视为家庭暴力的定时炸弹的成绩单、那些因考试成绩的差异得到的不同待遇，我们就不难发现，很多人并不很清楚教学评价的功能和意义，有的评价甚至违背教育评价应该遵循的基本原则。在教育教学评价的出发点上常见的错误观念和做法主要有：

（1）把评价当成区分学生优劣的手段；

（2）把评价当成训练技能的手段；

（3）把评价当成惩罚学生惰性、激发学习动力的手段；

（4）把评价结果当成评价教师工作和学校教学质量的标准。

在上面的这些表现中，起决定性作用的是第一条。前文已经介绍过，教育评价有很多功能，如考查学生对知识、技能的掌握情况，反馈与导向作用，激发学习动力、巩固学习成果以及区分学习者的学业层次等。这些功能的最终指向或最根本的目的，应是促进学生的学习和发展。但是，在我们的很多测试中，促进学生发展的这项功能渐渐弱化，而区分学习者学业水平高低的功能反而越来越凸显。

区分性评价就是利用评价手段，将学生的学习水平分出高低优劣。由于测验分数的高低可区分学生学业的优劣，并进一步影响社会对学生的评价，所以也有人称其为"高利害测验"①。"高利害测验"是利用学生的竞争意识，是丛林法则在教育评价中的体现。它促进学习的作用机制是：

（1）测试设计利用了竞争机制；

（2）竞争带来学生学业成绩的分层；

（3）学业分层导致利益分配可能的差异；

（4）利益分配差异的可能带来普遍压力；

（5）普遍压力促进学习竞争，推动学习。

凡是采用一套标准对一个群体的不同成员做评价，都会有区分高低的效果，在学校教育包括语文教学中，适当借助这种评价手段，通过测试暂时区分高低，明白差异，让不同的学习者之间保持适当的竞争关系，有利于激发学生的学习动力、促进学习投入，从而提高整个学习群体的水平，其效果是毫无疑问的。例如，奥运会的比赛规则和评奖办法，指向的结果是"更高更快更强"，是"获胜原则""精英导向"。评价的主要功能是区分和选拔。

但是，区分性评价对有些性格、有些程度的学生适用，有的就不太适用。这是因为区分性评价的参照物是其他学生的学习状态和水平，这种竞争的环境会影响心理健康和合作。它会带来两大弊端："高利害测试"所借助的是落后的恐惧感，因此它依仗的是人的消极动力；"高利害测试"依赖的是外部环境造成的学习动力，很容易留下厌恶学习、恐惧评价的后遗症。

目前，中国语文高考中的一个突出问题，就是"高利害"成分过高、负面影响严重、加剧了恶性竞争。同时，还造成学生自觉学习的动力不足。在这种环境的长期影响下，学生的学习偏离了正常的轨道，一旦到了大学阶段，在外部竞争压力突然消失以后，许多学生很自然地就失去了继续学习的动力。

修正区分性评价局限的思路是适当降低区分性评价，尤其是需要调整"高利害测验"的频率和比重，把区分性评价转化为发展性评价。

区分性评价是在评价的时候让学生与别人比，而发展性评价就是让学生自己与自己比，看看自己掌握了哪些知识和技能，比以前进步了多少，学习状态如何，距离目

---

① W. James Popham. 测验的反思. 北京：中国轻工业出版社，2005 年，第 25 页

标还有多远。二者的区别主要是：

（1）区分性评价的参照物是班级的其他学生，发展性评价的参照物是自己的过去和未来；

（2）区分性评价的结果是一个人在群体中的定位，发展性评价的结果是学习者在从起点通往目标过程中所达到的某个位置的定位；

（3）区分性评价的内容主要是学习成绩，发展性评价的内容除了学习成绩，还有学习者的学习状态、学习投入、学习动力等；

（4）区分性评价能为部分学生提供激励，发展性评价能激励每一个学生的学习；

（5）区分性评价的学习动力来自于环境压力，发展性评价的学习动力来自于对达到目标的渴望。

因此，发展性评价对学习的促进作用不仅强大、持久，而且副作用小，如果长期坚持开展发展性评价，还能使学生形成根据学习目标采取有效行动和自我评价、自我激励的意识，这对学生的发展将产生深远的影响。这种自我规划、自我评价的能力和意识，也是中国学生普遍缺乏的。

落实发展性评价，教师需要完成如下的工作过程：

（1）根据课程需要制订一般学习目标，即他们需要学习什么知识和技能；

（2）使学生明白，这是他在一个阶段的学习目标，而不是他在别人面前的表现的目标；

（3）使学生的目标个性化，如我要读什么书、理解哪些句子、背诵哪一段课文，怎样与人合作学习等；

（4）围绕目标制订评价策略、方法，使评价方法与目标一致，如用"成长口袋"来评价自己的学习意志，用"读书日志"来评价自己的阅读进展等；

（5）让学生明白自己的学习和发展目标与评价策略、评价方法的关系，便于自觉被评价；

（6）让学生和家长等共同参与评价；

（7）为学生提供必要的评价支持和信息反馈。

课堂教学中，教师一般都会采用发展性评价对学生的表现做出反馈。例如，同样是背诵一篇课文，教师给一位平时背诵困难的学生的肯定，往往比给一直背诵好的学生多，这就是基于这位学生的进步幅度进行的。但是，做出这种评价时，要让学生知道你的依据，也就是与他的起点和发展目标联系起来。课堂学习评价的要点包括：

（1）对学生细微的表现做出积极反应，对学生的发言不要仅仅说"好"或"不对"；

（2）肯定还是否定都给出具体理由，如"你对刚才某某同学的观点给予了支持"，"你对这个词语提供了一种新的解释"；

（3）不要轻易否定学生的"错误"观点，不要轻易比较两个学生的课堂表现；

（4）除了学业水平以外，还要关注学生的学习行为、投入程度、学习态度等；

（5）可用语言、眼神、动作表示你的赞赏或否定；

（6）鼓励为主，尽量少用讽刺、调侃、反语来表示肯定或鼓励；

（7）注意均衡，尤其是让那些不擅长表现、学习有困难的学生有展示的机会；

（8）选择评价时机，事先预计哪些地方可能出现好的机遇、在哪些问题上可能出彩，提前做好评价准备；

（9）创新评价办法，如果条件允许，课堂里可以采用一些物质奖励（美国有的教师会奖励学生糖果、爆米花等）或评选当日明星的办法。

课堂测验是评价的常用手段，其优点是可信度高、测试效果好。在西方国家的一些中学，教师要学生做课堂测验的频率很高，有的甚至每堂课都有纸质测验题，有的要求当场完成，有的可以回家完成。课堂测试的实施要点包括：

（1）测试目的具体，一次测试针对一项内容；

（2）测试的主要意图是让学生知道在这项知识和技能上自己达到了什么程度；

（3）适于测试知识、技能的掌握情况，也能评价学习态度和投入情况；

（4）明确宣布测试目标、测试手段；

（5）及时反馈，反馈信息中有根据测试结果提出的改进意见和实施措施；

（6）结果计入总的评价中，这样对学生的发展状况的评价更加公平合理。

国内教师对这类课堂测验使用较少，可能是嫌其批改繁琐、要占用很多时间和精力，这是很可惜的。另外，发展性评价也有区分功能。发展性评价在运用中，也可以借助区分评价含有的竞争色彩，帮助班级开展良性竞争，只不过要注意区分是手段，学生的发展——尤其是每一个学生的发展才是课堂教学的目的。

拓展延伸

巴班斯基的评课标准虽然是针对教师教学的，但是其中对学生学习情况的几个重要方面的分析至今仍能给我们很多启示。

对新事物的感受	5	尽力使工作合理化，努力寻找解决教学和教育任务的新方法，系统地了解教育著作中的新思想，并将其应用于实际活动；
	4	积极支持以改进教学和教育过程为目的的新思想；
	3	基本上能积极对待新的教育思想，但缺乏足够的积极性去体现这一思想；
	2	对新事物持怀疑、消极态度，不能投身到体现新思想、完成新任务的过程中。
教育分寸	5	善于以正确方式对待学生、信任学生，公正，正直，在与学生的交往中平易近人，开诚相见，避免不必要的冲突；
	4	基本上能遵守上述要求，偶有脱离要求的地方但尚未影响和学生的关系；
	3	在与学生交往中，过分拘泥于细节；
	2	在与学生的关系中，失去应有的分寸，态度粗暴、嘲笑学生、态度不公正等。

本学科的知识	5	本学科的专业知识有一定的深度和广度，系统地阅读与学科有关的专业和科普著作以及教学法参考资料，善于在新的科学激流中辨明方向，对新事物表现出经常性的兴趣；
	4	大致掌握学科知识，能阅读专业的和教学法方面的著作；
	3	根据教学大纲，基本上掌握本学科知识，有时在回答超出大纲范围的问题时感到困难；
	2	本学科的知识中有严重缺陷，讲授中有错误，不常阅读专业著作。
发展学生思维	5	保证教学内容、形式和方法的发展性影响，教会学生区分教材重点的技能，积极运用问题教学和其他发展学生思维的方式，能以个别方式对待学生；
	4	基本上完成现行大纲有关加强教学发展性影响的建议，在教学中引进问题教学的因素，采取专门措施发展思维；
	3	形式上完成现行大纲有关加强教学发展性影响的建议，在教学中引进问题教学的因素，采取专门措施发展思维；
	2	讲课目的局限于记忆事实，不引进任何问题性因素。
培养学生的一般学习技能	5	有目的、坚持不懈地形成学生的一般学习技能和技巧（自我检查，合理组织学习、读、写、算的速度）；
	4	基本上形成学生的上述合理组织学习的技巧；
	3	在形成学生的技巧时，不能以个别方式对待学生；
	2	不能胜任形成学生一般学习技巧的任务，不了解这一工作的形式和方法。
培养学生对学科的兴趣	5	采取专门措施发展学生的兴趣，如内容的新颖性、现实意义、引人入胜等，运用各种教学方法，组织课外活动，在形成认识兴趣时，注意对学生的个别对待；
	4	基本上保证形成学生对学科的兴趣；
	3	在形成学生对学科的兴趣方面做得不够，不能以个别方式对待学生；
	2	不能保证形成学生对学科的兴趣（讲授的形式主义，课堂教学方法和结构单一化等）。
以个别方式对待学生	5	系统地研究学生，力求发现在教学与教育中正确对待每个学生的恰当方法；
	4	基本上能保证在教育教学中以个别方式对待学生；
	3	能采取个别方式对待学生，但不能深入研究学生的个别特征；
	2	实际上没有采取个别对待学生的方式，不组织对学生的系统研究。
学科课外活动的组织	5	系统地开展学科的课外活动（群众性的活动、小组活动或个别形式的活动），注意吸引差生参加活动；
	4	系统地开展学科的课外小组活动；
	3	只开展群众性的课外活动；
	2	实际上不开展必要的学科课外活动。

修炼建议

1. 选择一段教学录像或教学实录，看看在这节课中教师是如何运用教学评价的，统计各种评价的频率、意图以及效果。

2. 设计教学方案的时候，可有意识地增加评价方面的设计（要特别注意语文课堂中学生的表现），并把评价设想在教案中做标记，如哪些地方需要评价，采用哪一种评价方式，预期达到什么效果等。

3. 按照教学设计的意图，尝试用评价促进课堂教学，并及时总结有关经验。

第三节　处理好日常教学与高考的关系

问题展示

田老师：我上高中的时候，几乎天天就是做卷子，因此很赞成搞素质教育，对应试教育深恶痛绝。那时我想，我做了老师，一定不能这样搞。可是等我做了教师才明白，考试成绩才是硬道理。素质教育毕竟搞不过应试教育！

刘老师：我是一名刚走上工作岗位的青年教师，很想在课外活动、办学生作文刊物等方面做些尝试，可我对高考一点把握也没有，如果这些事情影响了高考怎么办？

案例分析

我在中学任教的头十年，由于各种原因，错过了好几次带高三的机会。有那么几次，每当我申报某一项奖励或遇到晋升"机遇"的时候，总是有人说，"她还没有带过高考"。言下之意是，一个教师的水平是高是低，高考成绩才是真正的衡量标准。还好，后来我带的高考成绩总算是为我正了名。于是，我指导学生办班刊、开设校本课程甚至攻读学位等活动，都变成正面的形象了。

回头看看我的成长之路，其中的一条经验就是：不与考试闹对立，先站稳脚跟，然后才能有更多发言权和探索自主权。

的确，高考的巨大标杆作用把学习扭曲得很厉害，让不少人视为畏途。我认为教育不能脱离现实，不能泛理想化。凡有考试都有应试，应试不等于死做卷子，死做卷子或许可以得到平均分左右的分数，但绝对换不来高分。

理论点拨

对于高中教师来说，不管你愿不愿意，高考总是一个绕不开的话题。多年来，社会各界对高考的不满，主要原因是越来越严重的应试倾向，而身处一线的中学教师自然也背负着不小的指责。面对社会各界对应试教育的质疑，教师要有较为清醒的认识，知道哪些批评是理性的，哪些是盲目的；哪些考试是教育评价应该包括的程序，哪些又是不合理的。如果教师对这些问题分辨不清楚，盲目地跟着社会舆论转，甚至对高考产生排斥和厌恶心理，这就无法很好地担负起一名高中教师的工作职责。因此，要想指导学生在高考中取得好成绩，认识高考特点是第一步。

一、认识高考与平时学习的差异与联系

其实，中国应试教育极端化的弊端，固然与人口条件、教育体制、历史文化、教师素质等因素有关，但另一方面也是源自考试与学习这两种活动先天性的矛盾。

任何国家和地区的高考，其目的和功能是一样的，就是选拔最适合的人才进入高等学校深造。高考机制的这种选拔性，与平时学校教育的功能、要求之间存在一致性，又有着必然的矛盾。以语文学习为例，两者性质和功能存在着不少差异：

（1）高考是在一个很短的时间（一般是两小时），平时的语文学习是三年时间；

（2）高考是对学生进行选拔和淘汰，平时的学习是为语言能力的发展；

（3）高考是用一份试卷针对所有的学生，平时的学习是针对每一位个体的具体情况；

（4）高考只能抽查学生对某一部分知识和技能的掌握情况，平时的语文学习则涉及较全面的内容；

（5）高考考查的是静止状态下的能力，而学生的真正能力和学习状况是动态的、有起伏的。

高考与学习的这些差异，决定了高考成绩只能是对学生平时的学习状态和水平的部分反映；从应试者的角度来说，平时的学习成效要尽可能地被高考成绩反映出来。这就是"考试"和"应试"之间必然的矛盾，只不过中国的社会环境强化了二者的矛盾，使应试的负面作用被放大了很多而已。因此，只要高等学校人才选拔的需求存在，高考制度就有其存在的合理性，因而根本出路不是取消考试，而是通过改革把应试的负面影响降低。从命题者的角度来说，是尽量让测试题具有代表性、典型性和与学习的一致性，即通过一份试卷可以更多地检测出一个人的语文素质。事实上，近些年高考的命题权限、考试范围、考试题型、阅卷方式等几乎都在努力做调整，许多高校的自主招生试题更是在能力倾向和动态考查方面有所突破，这无疑是考试改革的一个方向。

从教师及学生的角度看，要理性理解考试与平时学习的关系，让日常语文学习和素质教育成果在考试中能方便、充分地体现出来。看来，高中语文教师的工作内容主要有这样两项：（1）钻研教育规律，在有限的语文学习时间内完成教学任务，提高教学效率，着力提升学生的语文素质；（2）研究语文考试与语文学习的关系，了解考试的特点和规律，指导学生在考试中展示学识、运用能力，也就是学会"瞬间展示长期积累"，以静态考试展示动态学习过程，以有限的知识展示全面的素质。

在对高考上，教师中间容易存在这样几种错误认识或做法：

（1）纯粹把语文教学当成应试技巧教学，平时就投入大量精力搞题海战术、教应试技巧；

（2）认为抓"应试"就是搞"应试教育"，因而在感情上排斥考试，行动上无所作为；

（3）认为平时学习和高考完全是两回事，因此平时是平时，应试是应试，完全是两套话语、两种思路。

先看第一种，题海战术能在一定范围内提高考试成绩，这是毫无疑问的。但是，"题海战术"的指导思想是让学生通过做大量的题目，以穷尽高考可能出现的题型和考点，这种应试效率注定不会很高，不如把平时教学的主要精力放在对文章的阅读、对社会人生的理解上，落实在提高素质上。如果素质教育能真正落到实处，对考试技巧再略加指导，考试出成绩就水到渠成了。再看第二种，尽管社会上存在对语文教学的种种不满，对高考制度的种种质疑，但是，作为一名语文教师，对高考还是应该怀着应有的敬畏，不能站在局外人的立场上批判它、否定它、指责它，而是应该站在当事人的角度研究它、适应它、改造它。如果跟着某些社会舆论一味批判它，不仅不能解决任何问题，反而会把自己的心态搞坏、把学生的学习兴趣搞丢。没有一定的考试成绩做基础，失去了基本的信任，学生、家长、学校和社会都不会允许教师做其他教学改革。第三种做法是把语文高考和语文学习对立起来，忽视了平时的语文学习与考试成绩、素质教育和应试技巧之间的联系，也不利于学好语文。

综上所述，我们可以得出这样的认识：在今后的一段时期里高考仍然具有合理性和不可替代性；平时的语文学习和高考应试不应是对立的关系，素质教育与应对高考可以统一起来；平时抓好语文素质是高考出成绩的基础，适当的应试技巧可以充分展现平时的素质教育成果。在高考制度没有大的改革的前提下普通教师应该采取的态度是：

（1）坚持素质教育，培养语文学习兴趣，为考试和人生打下扎实的语文基础；

（2）平时教学与考试训练适当结合，在平时的课堂教学中落实必要的知识、训练基本的技能；

（3）熟悉考试要求，掌握一些应试技巧，练好临门一脚。

二、研究考试要求，练好临门一脚

中学高中阶段的语文学习及考试，历来被认为头绪杂，方向乱，师生投入多，成绩难以把握。生活常识告诉我们，我们对某件事情感到头绪多、难把握，其原因常常是对某些事物的分析归纳不到位，措施不合理，训练缺少针对性。因此，要进行有成效的高考语文训练，首先应该对三年的语文学习活动进行宏观考察，以便理清思路。

高中阶段的语文学习的确时间漫长，内容千头万绪，但如果从学习活动的类型来看，无非就是这样三类：打好读写基础、掌握答题技能和练好临门一脚。

而从时间的角度来看高考的准备期，又可以分为三个阶段，即两年多的学习阶段、最后一个学期模拟期和考前准备期。这三个阶段，正好对应上面所说的三种学习活动，两者结合起来，共同完成三个分阶段目标，即在高中的语文学习中，长时间（三年）应重在打好读写基础，短时间（一个学期）应重在训练答题技能，应考前应主抓临门一脚。一个高中语文教师，应该明确每一个学习阶段的主攻方向，引导学生一步步接近高中三年这场长跑的终点。

对平时的素质教育和一学期的模拟应考，人们已经讨论很多了，这里重点谈谈答题技巧训练的问题。高三最后阶段语文复习的重心，应该从漫天读书的自由学习方式和埋头题海的苦做方式转移到重点训练答题技能上来。以现代文阅读为例，教师可在总揽考试意图、紧扣语文学科特点的基础上，对试卷中的材料、题型、题量、题干、答案进行分解，归并类型，摸索思考路径，寻找应答规则，提炼答题步骤。经过一定的训练，让学生也建立起一套应答题目的"程序"。掌握了这样的一套应答程序，高考中一般题目基本上便都在可控制范围之内了。一旦我们能够熟练使用这套程序，阅读的效率、考试的分数就是我们可以控制的事情了，其成效是显而易见的。说开来，文言文学习、作文训练其实都有各自的应对程序，当我们建立起这一系列的程序，我们的语文学习就是一件成效显著的事情了。

也许有人把建立答题程序与应试教育划等号，认为它是机械教条、生搬硬套的东西。其实，程序看上去是简单的技巧应用，但其背后却隐含着归纳能力，代表着思维方式，它是思维能力的简化和外化。因为答题程序是在三年广泛阅读、语感熏陶、写作能力基础上建立起来的。方法和程序有高低之分，但方法本身、程序本身并不是僵死的，不好的方法才扼杀学生的灵性，只有无效的程序才是浪费时间。我们应该理直气壮地研究考试，提高教学效率和考试成绩。

拓展延伸

下面是上海市一位高中语文老师关于"词语或句子在文中的含义"这一类题型的研究，大家也可以选择高考试卷中常见的题型进行细致的分析，归纳出一些基本做法来。

"说说这个词语（句子）的意思""某某一词（句）的含义是什么"与"这句话的表达作用"这一类题型，不妨称为"词句理解"型。这类看似简单的题目，许多学生回答起来却拿捏不准，常常被扣去一半的分数。其实，只要掌握了这类题型的特点，在阅读时重点关注某些词语，做题时就又快又容易了。

通常情况下，我们应该关注的词语与句子是有限的。一篇高考现代文阅读一般在1200～1600个字之间，如果简单地以两个字为一个词语来计算的话，大概会有600多个词语，以10个字为一句话来计算，约莫有130句左右。我们审视这些句子，会发现其中绝大多数的句子是不会考到的。研究历年的高考试题，我们会发现能作为考点的词语或句子是很有限的，一篇材料中可能只有几处。那么，什么样的词语或句子容易进入命题者的法眼呢？

1. 应该关注的词语（或短语）有：

（1）体现作者立场、观点或者表现文章主题思想的重要词语；

（2）有深层含义的词语或在具体语境中有引申义的词语；

（3）比喻等特殊词语；

（4）对文章结构起照应、连接等作用的词语（关联词、指代词等）。

2. 应该关注的句子有：

（1）表现作品主题思想的中心句；

（2）体现作品脉络层次的结构句，如总起句、总结句、过渡句；

（3）内涵丰富的句子；

（4）修辞佳句（比喻、比拟、夸张、借代、通感等）；

（5）句式特殊的句子，如逻辑怪句、倒装句等。

确定了考点只是锁定了答题目标，明晰答题要领、掌握解答这一类题目的几个步骤，才能最终完成题目。这类试题的解答可以依照下面三个步骤进行。

还原。首先讲清楚该词语或句子的直接的意思，解决的办法就是将意思"还原"——将词语或句子中的临时语境义还原为人们通常习惯的表达，有时还要将句中指代词语的指代内容还原出来。

联系与开掘。联系上下句找到该句所处的最小的意义层次，思考它在该层次中的作用——内容或结构方面的作用。

表述。回答句子的含义这一类题目时可以用两句话来表述，一是讲清楚它的意思，二是分析该句在它所处的最小意义层次里的内容上的作用，即对人物、事件等所表现出的作用。回答句子的作用这一类题目时可以用三句话来表述，第一句是讲清楚它的意思，二、三句是分析该句在它所处的最小意义层次里的内容与结构上的作用。

例如 2005 年全国卷（Ⅰ）《一日的春光》（冰心）中的（14）题："我要尽力地吞咽今年北平的春天"，这里的"吞咽"的含义是什么？作者说这句话，表达了什么样的感情？（4 分）

这道题是考查文中重要词语的含义。首先我们将"吞咽"一词的意思还原出来，它的词典义是"整个儿或者成块儿吞下去"，在文章里"吞咽"显然不是词典义上的"吞咽"，"吞咽"的对象是今年北平的春天，可以将"吞咽"理解为"享受、欣赏"之类的意思，"尽量地吞咽"就是尽情地享受和欣赏。由此可见，作者这样说是因为她特别喜爱春天。

该词语出现在"去年冬末，我给一位远方的朋友写信，曾说我要尽量的吞咽今年北平的春天"一句中，而这句话是文章的第一段，紧接着的是第二段"今年北平的春天来的特别的晚，而且在还不知春在哪里的时候，抬头忽见黄尘中绿叶成阴，柳絮乱飞，才晓得在厚厚的尘沙黄幕之后，春还未曾露面，已悄悄的远引了"，表现出作者对春天到来之慢感到惆怅。这一层次是我们首先需要关注的。

此外，第一段文字在文章中的地位之高是不言而喻的。因此，我们联系本文的主旨：作者表现对"一日的春光"的喜爱赞美之情，可知这句话强烈地表达了对春天的期盼和喜爱之情。

参考答案："吞咽"的含义为尽情地享受；这句话表达了作者对春天的期盼和喜爱之情。

总之，要想在高考现代文阅读考试中做到"以不变应万变"，建立现代文阅读的程序是一件必须的事情，这也应该是一件轻松的事情。现代文阅读的常见题型是可以归纳出来的，其相应的应对策略也完全可以归纳出来。

修炼建议

1. 反复研读课程标准，把课程标准中指定要掌握的语文知识整理出来，对照三年以来你们地区所用的高考试卷，看看这些知识点是如何体现在考试题目中的。

2. 以近年来你们地区所用的高考试卷为例，看看各考点的知识、题型、分值、选文的文体类型、篇幅、排列顺序等信息，关注这几年高考试卷中有什么新的信息，反思你在教学中有没有向学生介绍过这些信息。

3. 列出你教的班级学生在各项考试（或模拟考试）中的得分和失分情况，分析得分与失分的原因，并适当做些专项训练，尤其是失分较多的内容或题型。

4. 让学生试着出几道高考模拟题，比一比谁出的最接近真正的考卷。

第四节 观课与评课

问题展示

朱老师：最近，我们这个地区组织较大规模的所谓的"观课"活动。可是，同样内容的活动，以前我们都叫"听课"，观课和听课有什么实质的区别吗？我听下来感觉似乎是一样的，可是，既然内涵一样，为什么要改名呢？

齐老师：我感觉现在有一个不好的风气，评课时都是说好话，无论是对教师本人还是对旁听的人，都没有多大帮助。如何才能改进评课光说好话的陋习呢？

案例分析

朱老师的问题是一个学术问题，而齐老师的问题则属于社会问题。

观课与评课是一线教师经常参加的活动，而观课和评课也是一位教师必须掌握的基本功。"观课"又称课堂观察，是教师或研究者以观察者的身份介入真实的课堂情境之中，凭借眼、耳、手、脑等感官和一定的辅助工具，观察教师的课堂教学过程，收集与教学有关的信息，考察课堂教学特点及学习效果，以便对教学效果和教师的专业素质做出评价。"评课"则是在观课的基础上，对执教者的教学行为和教学结果做出诊断与评价。从时间关系上看，观课是评课的前提，评课是观课的延续；从逻辑关系上看，评课一定以观课为基础，但观课后则未必参加评课，或者说观课是评课的一部分。

"观课"与以前人们常说的"听课"是什么关系呢？简单说，"观课"这一概念强调了听课目的的专业性和观察手段的丰富性，即观课者更多的是作为一个研究者去面对课堂，听课者常常是教研室的同事、学习者或行政领导，身份的变化能保证考察的客观、冷静与学术水准。一字之差，反映了近年来人们对课堂研究上的认识变化。

从不同的角度，我们可以把观课活动分成多种类型：

划分角度	观课类型	特点及适用情况
观课人数	个体观课	安静，对环境影响小，能反映教学的客观状况。
	群体观课	对环境影响大，容易改变课堂原生态，可全面考察一堂课。
观课对象	观察真实课堂	身临其境，真实感强，但不能反复研讨。
	观看教学录像	可反复观摩，但信息不够丰富。
介入程度	参与课堂	参与，可感同身受，但容易对课堂形成干扰。
	幕后观课	偷窥，能冷静、客观地考察。
内容重点	有主题观课	观课围绕一个主题，如开展合作学习、诗词教学、基于网络的教学等，可用于教学研讨。
	例行观课	没有明显观课目的，可用于督促教师工作。
观课意图	研习性观课	同事、同行为观课主体，以互相学习、共同研讨为主要目的，重在发现上课的优点，学习执教者的长处，探讨有关问题。
	评价性观课	专家、权威、资深教师为观课主体，以鉴别、评价、选拔为主要目的，重在衡量教师对某些知识的了解，是教学技能的体现。
	反思性观课	教师本人或与教师有联系的课题成员、教研室同事为观课主体，通过反思发现问题、寻找提升空间，是一种以进修为主要目的活动。

观课的优点体现在以下几个方面：

（1）教室是一个繁忙的地方，老师通常没有时间对自己的行为进行反思，而观课能把上课的空间变为研究的空间，有利于教师换一个角度看课程；

（2）观课往往可以借助一定工具把流动的课程记录下来，使之形成一种静态的文本，便于反复研究；

（3）观课者通常有准备、有目的，便于思考深层问题；

（4）观课可以做到用事实说话而不是凭印象说话；

（5）观课能放大某些特定的教学行为，便于对某些问题做深入研究，可透过现象看到本质；

（6）观课能将教师自己的观察与他人的观察相比较，可以让老师意识到自己是否有偏见。

除此之外，在校内开展观课等教研活动，还能培养教师的学习意识，提高钻研业务的兴趣，挖掘教师的教学潜力，增进教师的凝聚力。因此，有追求的语文教师应主动参与这类活动。

理论点拨

有人把观课理解为"看什么"和"怎么看"，把评课理解为"说什么"和"怎么说"，简单明了地抓住了观课和评课的本质。

一、课堂观察内容

课堂观察是眼看、耳听、心想、手记统一的综合性考察活动，课堂观察的内容十分丰富，从教师表现到学生表现，从教学目标到教学效果，从教学环境营造到教学资源运用等，都可以列入考察范围。为了便于掌握，我们可以把观察内容分成下面几类。

1. 关于教学内容，即看教师"想教什么"。如，教师对教材的理解，包括教学主要目的的设定、教学重点难点的选择；教师对教学内容的熟悉程度，有无概念、知识错误；教学内容是否适合学生情况等。

2. 关于教师的教学表现，即看教师是"怎么教的"。如：教学流程的组织，包括教学活动、教学手段的确定，教学时间的分配；教学流程是否合逻辑，是否体现三维目标，是否重点突出、详略得当、体现一定的节奏变化；讲解是否流畅、简洁、清晰；教学基本功是否合格，如朗读、板书；教学观念是否科学，如学生观、教材观、学习观等是否体现先进的理念；教师与学生的互动情况；评价、反馈手段的运用是否有利于学生学习；教学中突出的特点及问题；课堂应变能力、控制能力等。

3. 关于学生的学习表现，这一部分既是看教师"教得怎样"，同时也是看学生"学得如何"。如：学生的学习态度和精神面貌、学生的学习行为习惯、学生对课堂活动的参与面及参与度、学生合作的情况、学生知识或技能的改变或习惯的建立、学生在学习过程中某一方面的突出表现等。

4. 与教学有关的其他情况。这是长期形成的教学条件、学习环境，从中能更准确地了解教师的教学习惯和水平。如：课堂环境布置及学习氛围、教学设施的配备及掌握运用、教学中表现出来的师生关系、课堂整体学习水平和学习风格等。

当然，在对一堂课的考察中，我们不可能考察所有的内容，在观课之前，应依据需要和以往所了解的信息，有选择地确定观察重点，避免不分主次、盲目杂乱地观察。

二、课堂观察方法

有效的方法往往是引导人们通向目的地的最短的距离，课堂观察也不例外。常用的观课方法有定量课堂观察和定性课堂观察两大类。

定量观察是运用事先准备的一套结构化的记录工具——量规（表格体系），对课堂教学某些项目上的表现进行数据性考察、记录，以备详细研究。在记录体系里，往往会明确地规定需要观察的行为或事件的类别、观察的对象以及观察的时间单位等。定性观察是研究者依据粗线条的观察纲要，在课堂现场对观察对象做观察、判断、记录，并在观察后根据回忆进行必要的追溯性的补充与完善。

定量观察是西方社会科学研究中广泛采用的实证研究方法，它通过对观察对象某一方面客观科学的考察记录，掌握第一手资料，其可信度高、说服力强、后期研究价值高。但是，定量研究有一定的局限，其中之一是量表制订的科学合理性问题，量表如何才能真实、典型、全面地反映语文课堂的面貌和实质，这在目前仍然是一个难题；二是灵活性不够，不能根据随时变化的课堂，抓住反映一堂课最有价值的信息。其根本原因是定量研究以科学思维为路径，往往忽视人的主观因素，忽视一些非语言性的、情境性的信息，有时难以描述或解释课堂最具有活力的部分。比如两堂课的观察数据可能差不太多，但我们看起来的实际教学效果则大相径庭，尤其是语文、艺术类学科。在观察时一定要注意，不要一味地迷信定量观察得来的数据。

定量观察的要点及过程有：

（1）选择观察项，制订记录量表；

（2）课前讨论观察点与量表；

（3）实施观察、记录；

（4）分析数据，完成考察报告。

一堂课可以研究的内容很多，定量观察一般是从某个侧面入手看一堂课在"这一点"上的情况，因此，定量研究多用于专项研究，如教师的提问、教师的活动范围、教师关注的学生、教师的板书、教师对多媒体的使用、学习中涉及的概念、课堂阅读、课堂训练、学生的回答、学生对教师的关注等。当然，如果想要全面反映一堂课，可采用多人多角度观察的方法。

量表制订是定量研究的关键，刚尝试观察的教师可采用国内外专家专门研制的现成量表，或者在专业量表的基础上根据自己的研究需要做些增减。当然，也可以自制一些简单实用的量表。例如对有些难以判断"是与非""有和无"的内容，可以采用等级量表来考察记录，以反映有程度差异的内容。常见的等级有三级、五级、七级、九级等分量。也可以在一条连续的线段上判断相应的位置来表示等级差异，观察者在线段上标记不同位置，研究的时候再折算成百分比。但等级量表也带有一定的主观性，因此对数据进行分析时要考虑到这一点。

高
中语文教师专业能力必修
Gao Zhong Yu Wen Jiao Shi Zhuan Ye Neng Li Bi Xiu

定性观察与定量观察恰好相反，它是从整体上、伴随具体情境、开放性地考察一堂课。研究过程具有动态性和灵活性，观察记录简便，能随时根据课堂的变化改变考察和记录重点，反映观课人情感上的细微感受。但是，定性观察的结果会受到观察者的知识、经验、喜好、情绪等因素的影响，观察结构差异较大。常用的有全程描述法和要点摘录法两种。前者是在一定的分类框架的引导下，对观察目标进行除数字之外的各种情形的描述。描述法记录的是观察者经过一定的筛选、归纳、判断以后得到的信息，它比定量研究粗疏，是一种准结构的、粗线条的、带有结论性的观察记录。

要点摘录不是着眼于对课的全程做详细记录，观察者只对那些他感兴趣或觉得有特点、有问题的方面关注和记录，并伴随思考和质疑。例如：

（1）对教材主旨的理解、教学目标的设定有没有问题？其他人是怎么上这篇课文的？

（2）教学的主要板块、主要活动有利于目标达成吗？如果是我会怎么设计？

（3）有没有体现较先进的教学思想和方法？

（4）学生获得情况如何？如果我是学生，我掌握、理解、学到了什么？

（5）教师明显的成功与不足是什么？什么原因？对这堂课的影响有多大？

这种观察不能反映全课的整体状况，但突出重点，往往能抓住要害，在评课、研习中使用较多。以往，普通教师听课中所做的笔记，大体可以归于这一类。但是应注意，要点摘录应注意整体与局部、教育规律与个人喜好的关系，防止以偏概全。

三、怎样进行评课

评课也称议课，是指对课堂教学的成败得失及其原因作分析。从理论上说，评课的内容也就是观课的内容，或者说，你在观课中看到的现象、发现的问题、受到的启发、引起的联想等都可以用来评课。但评价目的、评价形式及评价内容有不少区别。从形式上看，评课主要有下面四种：面对面评课，是观课者与执教者面对面的交流；书面评课，是观课者与执教者背对背的交流，即以书面报告的形式评课；小组评议，即小组围绕一堂课进行研讨的方式；课后点评，往往是专家对一堂课的全面分析。

不管哪一种方式的评课，都应该坚持基本的评课原则：了解开课类型，如随堂课还是比赛课、示范课还是研讨课，不同的课要求也不一样，应紧扣研讨的话题，防止评课时跑题；实事求是，言之有据，以理服人；平等尊重、承认多元，鼓励探索，尤其是对一些年轻教师的试验课、探索课，应该抱持宽容原则，即使上课出现了严重偏差，也应与人为善，对课不对人；突出重点，做深入分析，不应面面俱到；激励为主，善于发现别人优点，客观指出问题，不要把课说得一无是处；讲究评课的艺术，注意修养，控制评课时间。

评课是思想交流，有不同意见是正常的，对相同的教学内容、对同一节课，从不同的角度看，自然会得出不一样的结论。评课者除了考虑教学内容以外，还应考虑其他许多制约因素，弄清上课的主题，明确自己的身份（如领导身份、专家身份、同行身份），选择评价角度、以什么语体来评课。

评课中常见的问题：

（1）不注意交流的场合、身份，语体不得当、官腔十足或唯我独尊、强迫他人接受自己的意见；

（2）纠缠于个别概念、细节，无谓争吵；

（3）重复他人意见，或泛泛地谈论常识，没有针对性、帮助性；

（4）只说优点不谈缺点，一团和气，起不到交流、提高的作用；

（5）东拉西扯，不着边际。

评课前要清楚上课意图，明白学术研究与日常工作的界限，否则，很可能出现上课与评课风马牛不相及的情况。例如，一位评课专家因不同意某位执教教师对课文中一处知识的理解，便全盘否定这节课；某一地区邀请了一位教育专家担任教学技能大奖赛的评委，他在得知参加这次教学技能大奖赛的教师全部是借班上课后，便对上课教师的能力大加怀疑，因为他平时是反对"借班上课"的。这类评课只看枝节不看根本，可能会让教师无所适从。

四、观课与评课需要注意的问题

观课是一种对他人上课情况的考察、评价活动，对观课者来说，也是一种学习、交流活动。如果运用得法，可以给双方带来巨大的益处。在观课和评课时，要注意这些问题：

1. 观察是学习的开始、研究的起点，必须坚持深入课堂，长期作深入细致的观察；

2. 观课具体、细致才有收获，不应敷衍了事，也不应仅凭直觉，最好掌握一些基本的方法和技术，充分占有事实和数据；

3. 定量观察和定性观察各有所长，运用时要根据需要选择或结合使用；

4. 课堂观察仅有方法、技术是远远不够的，还需要不断学习先进的教育理论，调整观察视角，改进思维方式；

5. 指导者与执教者是合作关系，要学会理解和聆听，客观描述其特点，善于发现长处，不能代替别人去思考和行动，不要轻易从整体上否定，更不能对执教教师颐指气使、指手画脚、乱扣帽子；

6. 适当考虑观察者的参与对上课进程和效果的影响。

 拓展延伸

一、下面提供三份定量观察的量表，供老师们进行课堂观察时使用，老师们也可以借鉴量表二或表三，根据你所任教学校的教学研究计划，设计几份量表。

1. 弗兰德斯语言互动分类分析体系（FIAC）

教师讲	间接影响	①接纳学生感觉 ②赞许学生行为 ③接受学生主张 ④问学生问题
	直接影响	⑤讲解 ⑥指示或命令 ⑦批评或维护权威
学生讲	间接影响	⑧回答老师的提问或按老师要求表述
		⑨主动表达自己的观点或向老师提出问题
静止	直接影响	⑩静止或疑惑，暂时停顿或不理解

资料来源：Hopkins, D, A Teacher's Guide to Classroom Reseavch, 1993, p111

2. 各种提问行为类别频次统计表

行 为 类 别		频 次	百分比%
A. 提出问题的类型	1. 常规管理性问题		
	2. 记忆性问题		
	3. 推理性问题		
	4. 创造性问题		
	5. 批判性问题		
B. 挑选回答问题方式	1. 提问前，先点名		
	2. 提问后，让学生齐答		
	3. 提问后，叫举手者答		
	4. 提问后，叫未举手者答		
	5. 提问后，改问其他同学		
C. 教师理答方式	1. 打断学生回答，或自己代答		
	2. 对学生回答不理睬，或消极批评		
	3. 重复自己的问题或学生的答案		
	4. 对学生回答鼓励、称赞		
	5. 鼓励学生提出问题		
D. 学生回答的类型	1. 无回答		
	2. 机械判断是否		
	3. 认知记忆性回答		
	4. 推理性回答		
	5. 创造评价性回答		

续表

行　为　类　别		频　次	百分比%
E. 停顿	1. 提问后，没有停顿或不足3秒		
	2. 提问后，停顿过长		
	3. 提问后，适当停顿3~5秒		
	4. 学生答不出来，耐心等待几秒		
	5. 对特殊需要的学生，适当多等几秒		

3. 对于课堂读书情况开发的观察量表

序号	读书时间段落 （读书起止的分、秒时间）	读书内容 （读课文的哪一段、哪一句等）	读书方式 （采用范读、领读、齐读、个别读等朗读或默读方式）	目标及效果 （读前的要求、读时的效果、读后的评价）
1				
2				
3				
4				

二、王荣生教授的《从教学内容角度观课评教》对很多教师都很有启发，下面是该文中核心内容的节选。

从教学内容角度他们开发了评价一堂语文课的9级累进标准：

		"进行连续性考察"		
	是9	教学内容切合学生的实际需要	9否	
	是8	教学内容与语文课程目标一致	8否	
	是7	教的内容与学的内容趋向一致	7否	
好课	是6	想教的内容与实际在教的内容一致	6否	差课
	是5	教学内容与学术界认识一致	5否	
	是4	教学内容与听说读写的常态一致	4否	
	是3	教学内容相对集中	3否	
	是2	教的是"语文"的内容	2否	
	是1	教师对所教内容有自觉的意识	1否	

修炼建议

1. 参加一次本地区组织的专家评课活动，看看他们是如何评课的，可重点注意这些方面：

（1）专家关注了语文课的哪些方面？

（2）他们如何衡量一堂课的得失？

（3）不同专家的评课角度、评价语言有什么不同？

（4）如果你来评课的话，你将从哪个方面说起？为什么？

2. 在年级组轮换着开展观课评课活动，交换观课的意见和建议。

3. 思考：观课人在场与不在场对讲课人有什么影响？观课时如何把这个因素对执教者的影响考虑进去？

4. 如果有人观课和评课，教师的表现常常会"失常"，你在上课时有没有出现过这种情况？想几条改进自己教学表现的措施，并试着做做看。

专题七 关注学习方式的转变

第一节 借鉴新的学习方式

问题展示

张老师：新课程要求我们教师转变学习方式，课堂教学需要让学生动起来，比如规定每节课小组讨论必须有 1~2 次，教师一节课里讲话时间不能超过 15 分钟，还规定每节课必须使用多媒体进行教学。现在不少研讨会都在做着推进新课程的工作，示范的老师也都这样开展教学，课堂上学生你讲我讲，看似热闹，实际上很多时候没有深入到文本中去，教学成了没有多少实效的"作秀"。

我认为，有些新课学生学习课文时需要朗读，围绕一些关键问题讨论交流，教师可以少讲一点。可是，有些新课，教师不讲，学生很难理解，比如《记念刘和珍君》一文，不讲讲当时的背景，不讲讲鲁迅语言的特点，学生很难感受到作品的好处。又比如《故都的秋》，每次我想让学生活动活动，读读课文，给每一幅图景取个名时，结果都不太理想，学生都是完成任务式地做一做，没有对作品的真切感受。我总觉得现在主管部门提转变学习方式的口号时要慎重。

案例分析

张老师在来信中提到的问题带有一定的普遍性，它既反映了我国基础教育的一些现实问题，也涉及如何理解与教育现代化有关的理论问题，值得问一个"为什么"。

最近几年，"转变学习方式"的确是基础教育界的热门话题之一，人们在一些媒体上不时会看到以"转变学习方式"为主题的研讨会和教学展示活动的信息，如果在百度上输入"转变学习方式"这个短语，瞬间能得到 3270000 个搜索结果，可见其被关注的程度之高。

任何一种说法和做法的流行，都有一定的社会背景。"转变学习方式"的话题热，也与我国教育整体改革趋势有必然的逻辑关系。如果简单回顾一下 30 年来的语文教育改革就会发现，近十几年里凡是被热炒过的话题，都与语文课程建设的核心问题有关：

（1）语文功能的定位，即回答"为什么教（学）语文"的问题，其标志性成果就是通过的新课标；

（2）学习内容的调整，即回答"用什么教（学）"的问题，其标志性成果是出现了"一纲多本"新教材格局；

（3）教师队伍的建设，即回答"谁来教"的问题，其标志是大规模的教师培训，大面积提高教师的学历层次水平；

（4）教学方式转变，即回答"怎么教（学）"的问题，其标志就是各种学习方式热；

（5）考试方式的改革，即回答"如何评价教（学）得怎么样"的问题，近年来多个省市独立命题以及多所大学开始试点的自主招生改革，就是这方面的努力。

在上述语文教改的五项内容中，相对来说前面三项"功能定位""教材编写""师资培养"都是看得见、摸得着的工作，有具体抓手，解决起来比较容易，而后面的两项内容，一项涉及成千上万教师的日常教学行为，一项与复杂的社会问题纠缠在一起，解决得不好，多年来几乎没有多大改进，近期内也看不到有大改变的希望。而借助西方先进的教学理念，通过"转变学习方式"来冲击语文教学多年来停步不前的现状，应该是一个方向。为此，一些地区、学校和教师举办专题活动，是有眼光和针对性的，整体上说值得肯定的。

但是，事实证明，通过组织大型研讨活动的方式推动先进理念的落实往往是一把双刃剑，因为，这类活动往往带有"针对性""专项性""时尚性"和"表演性"。"针对性"是需要一点矫枉过正的；"专项性"往往是以一项指标作为衡量上课好坏的标准，有突出强调价值，但也具有排他作用，会把不符合该活动理念但另有价值的做法排除在外；"时尚性"能在短期内促进新观念的传播，但一哄而上的凑热闹的行为难以持久；"表演性"能凸显活动的特点，但可能忽视扎实的基础，从而有害实效。

对一个普通的教师或参与者来说，要理性理解这类活动的双重价值；从组织者的角度看，恰当把握活动的"度"十分重要；从根本上说，要真正做好"学习方式转变"，首先要理解与此有关的一些基本问题。

（1）为什么要转变，是原来的方式不好，还是执行得不好？

（2）转变什么，是改造、补充，还是抛弃？

（3）具体学科、具体教学内容如何转变？

如果只是赶时髦，为转变而转变，很可能就像这位老师所说的那样，变成一场没有实效的"作秀"。

理论点拨

学习方式与社会生产、生活方式存在一定的联系。20 世纪 70 年代以来，人类历史进入了一个新的发展时期，其主要特征是全球化和信息化。全球化把不同文化、不同历史、不同发展起点、不同价值观的民族置于同一个竞技场上；信息化在很大程度上改变了传统生产方式中生产要素、流通方式、财富分配的形态，出现了知识经济、货币经济、虚拟经济等许多新现象。全球化与信息化起于经济领域，但也对各国的政治、文化、教育等其他领域提出了新的挑战。国际间的竞争更加激烈，科技创新因素在生产力中的作用越来越突出，人才在竞争中地位越来越重要，培养创新型人才成为未来教育的核心命题，如此种种问题成为各国发展中的关键问题。

除了国际竞争的大背景以外，20世纪中叶以来，全球范围内生活方式的改变、新的学习理论的提出、新的传播媒体的出现，从许多方面为教育改革提出了新要求、新思路：

（1）为了竞争，学生的学习能力、探究能力比掌握知识重要；

（2）激烈的竞争带来的功利主义，机器、货币对人的异化，威胁人的心理健康，教育目的是为了促进人的自身发展，以人为本成为教育的基本主题；

（3）人的发展需要和未来团队合作机会的增加，迫切需要合作学习；

（4）建构主义等新的学习理论，强调应开展学生的自主学习；

（5）分科教学带来的知识破碎，要求学校教育中加强综合学习；

（6）利用信息技术提高学习效率成为必然。

为了适应迅速、深刻的社会变化，从20世纪70年代开始，世界各国相继推出一轮又一轮教育改革计划，广泛涉及课程建设、教学方式、评价手段等多个方面，掀起了一场"教育革命"或"学习革命"。一些新的教学方式也应运而生。近几十年来，以下几种学习方式得到许多有识之士的强调与推崇：

（1）探究性学习；

（2）综合性学习；

（3）合作学习；

（4）对话教学；

（5）基于信息环境的学习。

由于我国特殊的历史文化背景，从整体上看，我国的教育从传统迈向教育现代化的巨大转折尚未完成，又面临着全球化、信息化对教育的强烈冲击；同时，还存在人口多、教育资源匮乏、教育发展不平衡等国情。这就使得我国基础教育现状与世界历史发展潮流的矛盾特别突出、教育改革的任务特别艰巨，以至于近些年来，从上到下都提出过"转变教学方式"的口号，希望通过教学方式的改变，带动我国基础教育的根本变革。从语文学科来看，教学方式转变，体现在以下诸多方面：

（1）从以教师教为主转向以学生学为主；

（2）从以掌握知识为主转向以掌握技能、学会学习为主；

（3）从为考试的学习转向为生活、为发展的学习；

（4）从依靠黑板、课本到大量借助多媒体、网络等信息技术的转变；

（5）从单篇课文的学习、单学科知识的学习向单元学习、综合性学习发展；

（6）从课内学习与生活分离向与生活联系的学习转变。

而探究性学习、综合性学习、合作学习、基于信息环境的学习等新的学习方式，对更新语文教学观念、认识语文学习材料、重构教学组织以及反思改进考核评价等都产生了较大的影响，给语文教学改革带来活力。一些教师和学校借助新学习方式引入的机会大胆创新，勇于实践，取得了不错的成果。

但是，在引入、借鉴新的学习方式促进语文学习现代化的过程中，也存在一些认识和操作上的误区，主要表现如下：

（1）把新的学习方式、新的教学媒体与传统语文教学对立起来；

（2）忽视汉语母语的特点，机械教条地搬用，比如用西方分析思维构架语感、写作等复杂的创造性的问题；

（3）跟风现象普遍，往往一哄而上，旋即又一哄而散。

有的学校还机械地规定，教师如果不用多媒体上课，就取消其评职称的资格；还有的教师牺牲正常的课堂教学，要求学生花大量时间精力去做复杂的课题研究。这些做法走向极端，反而不利于充分发挥新学习方式的作用。在学习、借鉴新的语文学习方式时，我们应该明白以下几点道理：

（1）新的学习方式是从传统学习方式中"生长出来"的，它与传统的学习方式不应该是替代或对立的关系，而是互补与完善的关系；

（2）不同学习方式的优缺点是相对而言的，某一种学习方式可能更适用于某些内容，更有利于达成某目标，但可能不利于另一些内容和目标的达成；

（3）多媒体等教学手段是为教学服务、为人服务的，而不是相反的作用；

（4）不存在一种万能的一劳永逸的学习方式，任何学习方式都离不开教师的基本素质做支撑，都需要学生做足够的训练。

我国传统的语文教学实践是一个宝库，在语文教育领域，历代贤哲为我们留下了很多宝贵的语文学习经验，例如孔子提出的"学而时习之""三人行必有我师""温故而知新""教学相长"，民间流传的"不动笔墨不读书""好记性不如烂笔头""读万卷书，行万里路"，叶圣陶提倡的"教材无非是个例子"等，陶行知的"新生活教育"，等等这些论述为我们提供了有关读书学习的一整套好的经验，在今天仍然具有现实意义。其实，传统学习方法与新方法并不是截然对立的，"格物致知"里就有"研究性学习"成分，"教学相长"里就有"对话学习"的成分，"新生活教育"就是不折不扣的综合性学习。因此，不应把它们对立起来，也不要一提学习方式的转变，就全盘否定过去的一些做法。并且在某些学习内容上，我国一些传统的语文教学方法不仅有效果，而且有优势，被证明是新的学习方法无法替代的。例如：背诵经典对培养语感、积累语料的作用；练习书法对培养空间结构感、促进儿童的小脑发育有突出效果（它与打算盘、用筷子并列为促进中国人智慧进化的发动机）；对对子、猜字谜等活动对文化传承有巨大作用。这些都需要很好地总结与继承。

拓展延伸

下面是上海市曹杨二中的黄娟华老师设计的《变形记》（节选）的教学活动。这节课除简洁的导入外，共三个活动，下面呈现的是这节课的主体活动，前一个活动是学生通过自由讨论"发现《变形记》中的双重叙述视角"，后一个活动是"延伸阅读卡夫卡的《城堡》《判决》《洞穴》"。

探究双重叙述视角如何形成小说"荒诞""反讽"的艺术效果。

形式：分三个小组（格里高尔视角，独立叙述者视角，读者立场）讨论探究。

要求：将自己从文中找到的细节证据和自己的反思与他人分享。主持人要组织本组成员通过讨论形成本组观点，要能用一两句话概括本组的主要观点，表述要明确，加入支持材料，最后总结陈词。

1. 一组从主人公格里高尔的视角出发，从格里高尔对自己变形后的内心感受、行为习惯来探究卡夫卡塑造这一人物形象的用心。

如：格里高尔变成了一只大甲虫，但是还有人的思维。令人困惑的是，他不去思索，也没有意识到他的虫身即将带来的灾难性后果，却还想着自己的工作和职业，一心要起床出门赶火车，保住自己的饭碗，给家人创造好的条件。当他家人和上司已站在门外催促、威胁、哭泣时，格里高尔则苦苦挣扎、忧心如焚。可就在这紧锣密鼓、令人窒息的紧要关头，小说却大段仔仔细细地、从容不迫地描写格里高尔的"虫性"，写他如何拖着虫身下床翻身开门，如何思索和克服由此必然产生的细节的技术性问题。这时的叙述视角显得非常冷漠甚至是冷峻，使得身处其中的"主人公"表现得像一个漠不关己的"旁观者"，而这个主人公又是那样的诚实、善良、勤劳、富有牺牲精神和责任心——这就充分体现出小说的荒谬和反讽。

2. 一组从保持距离的叙述者视角出发，通过关注叙述者对格里高尔变形后命运的情感态度来分析卡夫卡想要表达的主题。

如：（1）明显的存在。如开头对格里高尔房间布置的描写，在格里高尔追赶秘书主任的时候，"他没有想到自己的身体究竟有什么活动能力，也没有想一想他的话人家仍旧很可能听不懂，而且简直听不懂……"这很明显地表明一个相对独立的叙事者的视角，而且在其中表现出焦灼同情的情绪。

（2）隐匿的存在。如他家人的意识活动描写，那是格里高尔的视线显然无法够到的，如作品关于父亲在发现他变形后吓走秘书主任想驱赶他回卧室的情境的细致描写。通过这个格里高尔保持一定距离的叙事者的视角存在，我们看到了格里高尔的家人是如何冷酷残忍地对待这个曾经一心为他们付出，现在却变形为一只丑陋虫子的家庭成员。而我们同时也体会到在叙述者视角中，看到格里高尔变形后悲剧命运时所怀有的同情、怜悯、焦灼的情感。

3. 一组作为读者（接受者），用点评的方式如实记录下自己阅读时的真实内心感受，并关注此种感受与叙述视角的关联。

如："他一面始终不安地侧过头瞅着父亲，一面开始掉转身子，他想尽量快些，事实上却非常迂缓。"在这句当中，读者既通过主人公格里高尔的视角感受到格里高尔内心的不安，又能够通过叙述者的视角看到他迂缓的动作而感到焦灼。这种双重视角使读者能够获得"旁观者"与"当事人"的双重感受。

4. 教师小结：

《变形记》的两种视角常杂糅在一起，但它们对事件的理解和对事件发展方向的期待与预见是不同的，甚至是大相径庭的。叙事者觉得"变形甲虫"对格里高尔是一桩致命性的灾难；格里高尔却仅仅把它当做一种"小毛病"，还在一心想着去赶火车。叙事者意识到甲虫格里高尔的存在已成了家人的负担，对家人的生活构成了威胁；格里高尔却在执迷不悟地想着能早日"重新进入人类的圈子"，盼望"下一次门再打开时他就要像过去那样重新挑起一家的担子"。这种迥然不同的"旁观者"与"当局者"的双重视角将背道而驰的双重感受加载于读者心里：作为主人公的视角呈现出非常态的"冷漠的旁观者"的状态，而作为客观叙述者的视角话语却充满了同情与焦虑。这就使得小说构成荒谬与反讽，同时形成一种阅读的审美张力：就如一个做噩梦的人眼睁睁地看着梦中的自己陷入绝境却又无力援手相救的绝望、无奈、孤独，从而深刻揭示了在道德精神异化的社会，人与人之间包括伦常之间极其孤独和陌生的实质。正是这一叙事视角的独特，语言的冷峻以及荒诞与真实的有机结合，才构成了卡夫卡独有的震慑人心的"变形"美学。

黄老师在这节课的教学中，运用探究性学习、合作学习等学习方式，开展对话教学，并且关注学生课内与课外学习的联系，注意学习的巩固与迁移，在拓展阅读中强化课堂学习的经验。这样的教学保障了学生学习的主体地位，符合学习是一个建构过程的学习活动的本质要求。

黄老师在教学中自觉运用多种新的学习方式，这是改变灌输式教学的根本出路。

修炼建议

1. 你了解我国过去的私塾是怎么教学生读书的吗？你认为，这样的读书教学法有哪些问题？又有哪些值得借鉴的地方？

2. 关于新的语文学习方式，你了解多少？网上查阅有关词条，把相关介绍添加到你的文件夹中。

3. 阅读一本介绍新学习方式的书籍，写出读书笔记。

4. 在年级组尝试按一种新的学习方式的要求备课、讲课，看看效果如何？如有兴趣，可以组建一个探究小组，做长期研究。

第二节　课堂教学中开展探究性学习

李老师：有一次，一位高校的专家来我们学校做讲座，题目是"如何开展探究性学习"，他对探究性学习的定义就是"做小课题研究"，他讲的内容也全部是"如何指导学生做小课题研究"。当时我就产生了一个疑问：如果探究性学习就是到课外做课题，课堂上不就不能开展探究性学习了吗？学生有多少时间能到课外去做研究呢？我还有一个疑惑就是，是不是每个学生都需要做小课题研究呢？

案例分析

探究性学习与一般的学习活动是什么关系？

语文学科开展探究性学习一定要到课外做课题吗？

语文课堂教学能不能开展探究性学习？如果可以，怎么实施？

如何保证语文学科能够长期实施探究性学习？

这些问题在一些专家那里莫衷一是，许多语文老师的确也像李老师一样深感困惑。探究性学习，是学习者通过主动的学习，自主获得知识与技能的学习方式。探究性学习对培养学生的独立思考意识、主动探究的精神、提出问题和解决问题的能力，培养学生敢于质疑、追求事实与真理的科学精神等，都是很有帮助的。20世纪70年代后，探究性学习方式开始受到世界各国基础教育界的重视，20世纪90年代初，这种学习观念被我国基础教育界所借重，不少中学编成专门教材、开设专门课程开展探究性学习，探究性学习一时成为热点话题。

虽然说作为一种独立的学习方式，探究性学习是新时期才提出的学习方法，但是，探究性学习的内涵，其实早已经蕴涵在过去的学习方式中了。自古以来，不管是中国的还是外国的，凡是欲成为大学者、大学问家的人，在他的学习阶段若没有研究意识、没有自主的学习精神，那是不可想象的。不用说西方的科学先驱们，就是我国的孔子、庄子等思想家，李冰、李时珍等实干家，也都是靠独立思考和脚踏实地的探究才成就一番事业的。只不过，自近代科学在西方诞生以来，我国学界在科学研究的方法、探究意识方面，逐渐落后于西方；近几十年来教育领域泛滥成灾的应试功利主义，又大量挤占学生的探究时间，抑制学生的想象力和创造力，使得在我国基础教育中开展探究性学习的要求更加迫切，因此，急需在学科学习中引入探究性学习。

不过，由于人们对灌输式教育深恶痛绝、对探究性学习期待过高，加之一开始对探究性学习的认识也出现了一些误解，实践上也出现一哄而上、盲目推广的情况。李老师说的那位专家就是对探究性学习的理解有所偏差。

探究性学习作为一种学习方式，不仅仅是在做小课题时运用，所有学科的学习活动中的不小的份额都需要运用探究性学习方式，语文学科也是如此。

《普通高中语文课程标准（实验）》在"课程性质"中明确强调："高中语文课程应进一步提高学生的语文素养，使学生具有较强的语文应用能力和一定的语文审美能力、探究能力，形成良好的思想道德素质和科学文化素质，为终身学习和有个性的发展奠定基础。""课程的基本理念"第二条为："注重语文应用、审美与探究能力的培养，促进学生均衡而有个性地发展。"在具体阐述中，课程标准将"探究能力的培养"表述为："现代社会要求人们思想敏锐，富有探索精神和创新能力，对自然、社会和人生具有更深刻的思考和认识。高中学生身心发展渐趋成熟，已具有一定的阅读表达能力和知识文化积累，促进他们探究能力的发展应成为高中语文课程的重要任务。应在继续提高学生观察、感受、分析、判断能力的同时，重点关注学生思考问题的深度和广度，使学生增强探究意识和兴趣，学习探究的方法，使语文学习的过程成为积极主动探索未知领域的过程。"在后面的"课程设计思路""课程目标"等部分，均有关于"探究能力"培养的论述。

这里之所以这么多地引用课程标准里的说法，就是为了说明探究能力的培养在语文学科中的重要地位。实现这一重要目标不能只靠某一项学习活动，更需要依靠课堂学习这一学习的主阵地，并且长期坚持开展探究性学习活动。

理论点拨

语文学科要健康地开展探究性学习，首先应该明确对探究性学习的认识，即想清楚下面两个问题：

（1）探究性学习与传统学习方式的关系如何？

（2）科学探究活动与探究性学习活动有什么区别？

先看第一个问题。

语文学习是母语学习，母语学习有自己的特殊规律，即依靠感性经验，注重语感培养，讲究长期积累，也就是人们所说的"习得性学习"。传统语文学习方式主要是让学生多读多背多写，这些做法与习得性学习的要求还是基本一致的，因此千百年来都没有大的改变。而背诵一定量的名篇，阅读大量的文章，记忆一定的语文知识，如词语、典故、名言警句、历史逸事等，这些都被证明是学习语文的好方法。

语文的探究性学习，是借助语文话题锻炼提出问题、收集资料、分析问题、得出结论的能力。这是一种基于理性，依靠分析和逻辑推理认识对象内在结构和规律的学习，它与传统语文学习中的习得性学习有很大不同，但却不是否定关系，而是一种补充关系，因此，不能认为探究性学习优于其他学习方式，搞成探究代替一切。比如语文学科教育中的记忆、背诵、朗读、作文等基本手段，教师的讲解，一定量的习题训练，在语文学习乃至于整个初等教育中仍然有不可替代的价值和作用。我们强调探究性学习，是针对以往研究性不够而言的，其着眼点是在增强研究意识，有了研究意识，用传统学习方法，照样可以获得探究性学习所起到的效果。比如课文的朗读，它本身不是研究，但是，如果在朗读的时候能与文章的作者、文章中的人物进行角色互换，调动自己的感情体验，这就具有了研究色彩；查阅资料与写作背景相印证，与现实社会相参照，这也具有一定的研究性；与其他文章进行比较，用自己的思想、情感、观念去评价，用统计数据去说明论证，这又具备了研究色彩。再如同样是做练习，死记硬背、题海战术是一种学法；通过典型例题的解析，寻找规律，能举一反三地解决实际问题，这又是一种学法：后者无疑就带有研究性。

再看第二个问题。

"探究性学习"是一个偏正词组，它的核心词是"学习"，而"探究"只是促进学习的方式和途径，即通过探究学会学习。但是，有人常把二者的关系弄颠倒，强调学生要走出校门、选择前沿课题、得出对社会有实用价值的结论。例如，有一个学校的探究性学习课题很多都是《加入WTO后对我国汽车行业的影响》《气候变暖对我国经济的影响》《李白杜甫比较》这一类的。由于课题瞄准的是社会难题，学生在探究中无从下手，只能泛泛而谈，连常识都无法触及，更不用说研究了。出现这种偏差的原因就是混淆了学习研究与研究的界限。学生的探究，一般还是从身边的生活开始、选小一点的话题、从课堂学习开始做探究，目的是学会探究，养成探究意识。小的研究会做，将来做大的探究就能顺理成章。

语文学科的探究性学习，主要有两种形式，一种是选择一个研究课题专门做课外探究；一种是立足学校，以课堂为主要活动空间，以教材内容为主要探究对象。我认为，对中学语文学习而言，后一种探究活动的意义尤其重要。

所谓课堂里的探究性学习，就是让探究精神走进教学与学习的过程中，让学生学会用研究的眼光去看待学习对象。叶圣陶说，"教材无非是一个例子"，同样，课题无非也是一些例子，两者都可以作为探究性学习的对象，不存在孰优孰劣的问题。有了研究的眼光，任何载体都可以培养研究意识，锻炼研究能力，不一定非得另外寻找课题。

如何开掘语文教材本身的研究价值，让学生在课堂学习过程中学会研究？教师不妨从以下三个层面着手做些探索。

1. 与教材平等对话，在质疑中理解文章

人类探究活动之所以能开展是基于一个很重要的前提：假设认识主体——"探究者"比探究对象高明，比客体有智慧，能分析、把握客体的特点、规律，找出它的问题。但在传统语文课堂里，很多时候我们把学习材料当成了经典、规律、真理的代名词，至高无上、不容置疑，而学习过程自然是由教师带领学生去理解教材里埋藏的知识、体会它的表达妙处，最后，学生的认识都要"统一"到教材的高度，学生很少有自我意识的空间。探究性学习就是要改变学生被动地接受灌输的状态，成为主动的探索者，从知识的记忆、文章内容的再现到问题的发现与解决，从迷信教材、把教材看做完美的不可逾越的规范到平等地审视教材、把教材当做分析甚至批判的对象。

（1）看作者写了什么；

（2）思考作者为什么这样写；

（3）评价作者写得怎么样；

（4）为什么这样评价，背后的道理在哪里。

不平等审视就不能生疑，没有疑问就没有深入思考，没有思考也就谈不上探究。而有了这种对话姿态，探究思路就开阔了。小到一个词的选用、一句话的表达，大到选材、立意、人物形象，学生都可以从自己的视角去发现问题、尝试回答，这样的过程就是探究性学习。

2. 把教材与其他材料作对比

在教学过程中，单独的一篇课文、一条独立的信息，研究价值也许不明显，为了让学生获得更开阔的视野，得到更大的锻炼，教师可以引导学生，把一篇课文放到另一个参照系中，通过比较、分析，寻找异同，领悟特点，探讨普遍规律。比较的方式方法多种多样，常用的比较角度有：

（1）同文比较，如让学生比较《荷塘月色》原文与选入教材的文章有什么异同，编选者删节的意图是什么，效果如何，根据是什么；

（2）同素材比较，如鲁迅《故事新编》中《铸剑》一篇与所依据改编的原著的比较；

（3）同话题比较，如朱光潜的《咬文嚼字》与马南村的《不求甚解》的比较；

（4）同文体比较，如《荷塘月色》与《绿》同为写景散文，比较两篇在感情、风格上的不同；

（5）专题比较，比如劝学专题《师说》《劝学》《为学》归类比较等。

比较学习既需要比较开阔的视野和良好的大局观，又需要细致的实证分析、辩证的思维能力，这些也都是科学研究中常常运用的方法。但是，在运用比较时，教师要注意，不是每一篇文章都需要比较，不要为比较而比较，而要根据具体情况抓住重点、突出特点，举一反三，重点让学生通过解剖一两只麻雀，学会比较研究的方法，提高学生的思维能力。

3. 教材阅读中发现引申出研究课题

上面两种学习方法，都是用探究的眼光和意识去考察教材本身，即主要通过探究手段更好地理解教材，提高学科素养。在依托教材进行学习的同时，我们还可以尝试由课内向课外扩展，由课文理解向课题研究延伸。例如学了陶渊明的《归园田居》，从课文向外延伸，就可以探究"陶渊明真的很快乐吗""隐士的文化价值与局限""古代理想社会""陶渊明晚年的诗文创作""陶渊明对苏轼的影响"等；学习了《史记》，就可以探究"《史记》精彩对白赏析""先秦人关于国家、忠诚的概念"，可以就课文研究"先秦的人才观""从曹刿、蔺相如到诸葛亮",也可以对先秦著名的军事家、外交家、国君进行比较研究,对他们的人气指数、威力指数、成功指数进行研究计算,试着排出战国最强阵容,有条件的还可以模拟出电子游戏软件。

当然,一篇文章中可以引申出的研究课题是多种多样的,要根据学习和学生的具体情况去选择,有的可以在课堂上三言两语带过,有的可以略加讨论,有的可以写成小论文,进行交流展示;但其目的都是引起兴趣,激发思维,学会提问和发现,并培养学生多角度综合看问题和深入分析的思维习惯,不一定每篇都做成论文。

高中阶段坚持开展课堂学习中的探究性学习活动,课程标准中关于培养学生探究能力的期待就将成为现实。

拓展延伸

下面这份《祝福》的教学设计,就是在课堂上开展小课题研究的一个案例。

【学习目标】

1. 准确把握祥林嫂的形象特征,探究祥林嫂的死因,理解造成人物悲剧的社会根源,从而认识旧社会封建礼教的罪恶本质。

2. 学习本文综合运用肖像描写、动作描写、语言描写等塑造人物的方法。

【设计思想】

《祝福》选自鲁迅小说集《彷徨》,写于1924年。当时,正是"五四"运动以后的低潮期,社会现实黑暗、压抑,由于对社会时局和民族命运的极度担忧,鲁迅的思想一度处于苦闷和彷徨之中,这个时期收入《彷徨》集的11篇短篇小说,大部分以揭露社会现实黑暗、封建礼教吃人的本质,批判中国民众愚昧不争为主题,而《祝福》是《彷徨》的第一篇,也是极其重要的一篇。

小说以塑造人物来反映社会,所以阅读小说首先要理解人物形象,《祝福》中花笔墨最多的是祥林嫂。我们学习《祝福》,可以通过探究祥林嫂的死因来实现对小说的理解,也可以提供多个小课题由学生自己选择着做,还可以鼓励学生在自己的阅读中发现研究的角度。总之,学习《祝福》完全可以放开手脚,让学生主动理解文本。

【过程设计】

一、初读小说,了解情节

阅读小说,创作《祥林嫂小传》或者用箭头表示出小说情节的流程图。班级交流。

附:《祥林嫂小传》

祥林嫂,籍贯本不详。二十夫死人外逃,初来乍到四爷家。为女工,手脚壮而大,安分又耐劳，期年露笑影，脸色见白胖。不久被劫逼改嫁，奋力抗争遂妥协。新夫有房又有力，不料两年忽死去，继而爱子步其后。重回鲁家，面如死尸，手脚不灵，三言不离"我真傻"，好诉其子悲遭遇，备受冷眼和嘲讽。受启建门槛，不料运未改，祝福祭祀不得沾。遂被赶出门，终沦为乞丐。眼珠间或又一轮，方能知其为活物，追问灵魂有或无，岂料不能得正解，祝福声中悲惨死。竟何为祝福？鲁镇年终大典上，镇人尽礼迎福神，拜求来年行好运，是时爆竹声声响，烟香弥散雾凄茫，镇人皆作祈福状，自信幸福在身旁。

（初读之后，以具体的要求检查阅读效果，会提高阅读的效率。学生在写作小传时会仔细梳理故事情节，而这正是后面研究的基础。）

二、选择课题，研读小说

主课题：祥林嫂究竟是怎么死的？

也可以选择一个子课题开展研究：（1）眼睛：心灵的窗户——谈对祥林嫂的三次肖像描写；（2）祥林嫂的笑；（3）祥林嫂有没有反抗精神？（4）为什么改嫁后的祥林嫂，人们并不改称她为"贺六嫂"，却仍叫她祥林嫂呢？（5）鲁四老爷是一个怎样的人，他在祥林嫂的死路上充当了什么角色？（6）"我"在里面起了什么作用？"我"是一个怎样的人？（7）柳妈这样的善女人又担当了什么角色呢？（8）鲁镇环境描写；（9）"祝福"小考等。

同学们可以三四人组成一个小组，仔细阅读小说，寻找出自己的答案在小组内交流。

（探究祥林嫂的死因可以作为主课题，由它带动其他子课题，学生可以根据自己的精力与能力选择不同难度的课题。）

三、交流成果，分享发现

各成员（学习小组或独立完成的同学）交流研究成果，同学、师生之间进行质疑答辩，完善各自的探究。

（这里关于课文的分析就不具体提供了，《祝福》是名篇，相关资料非常多，代表性的有钱谷融《祥林嫂是怎么死的》。）

四、总结学习

请同学们写一个小结，如解读祥林嫂这个人物形象、如何看待她的死、小说塑造这个人物的成功之处等，将全班的研究成果编辑成册。

（学生总结各自的研究，可以是松散的质疑，将答辩收拢起来，对文章有个全面的认识。）

补充说明：教学时间可以用三课时。教师只是组织者，对学生还稚嫩的认识可以引导讨论，甚至是辩论，不必急于求成，非教参上的说法不可。

修炼建议

1. 想一想，是不是语文学习内容都适合探究？为什么？

2. 探究性学习更多的是培养学生发现问题的习惯和主动探究的意识，有时，能否得出正确的结论并不重要。反思你的教学，看看你在鼓励学生探究的意识方面做得如何。

（1）你一开始是介绍背景还是阅读文章？

（2）你擅长课文的主旨分析还是表达分析？

（3）讨论问题时，你习惯先叫好学生还是较差的学生？

（4）你常常在意学生发言的结论吗？

（5）对学生的表现，你习惯做判断还是做描述？

（6）对学生的发言你都给予回应吗？

（7）你的板书所呈现的字词来自学生发言的有多少？

（8）你会在课堂里对时事发表议论吗？

（9）你通常如何对待插嘴的学生？

（10）你是否在意学生在课堂上开玩笑？

（11）你经常与学生交流读物吗？

（12）课后学生愿意与你讨论问题吗？

（13）你是否通过博客、微博与学生交流？

第三节　组织小课题研究

问题展示

林老师：做小课题研究，的确能提高学生的积极性。做小课题研究，还可以拓展全班同学的知识面，简单说吧，一个班级一般总有40多个学生，一个人做一个课题，全班就有40多个课题，交流起来就有40多个话题，对扩大学生的视野很有好处。只是在学生实际研究中，遇到很多问题。比如学生选课题的热情很高，花在研究上的时间往往却很少；又比如学生搜集材料很投入，撰写论文就感到很棘手。学生确实也没有什么研究经验，我们教师也很难有那么多时间去一个一个指导学生研究课题。我想请问一下，到底该如何指导学生开展小课题研究呢？

案例分析

发现是人的天性，鼓励引导学生做小课题研究，是把发现的乐趣还给学生，所以，做小课题研究时，学生的积极性一般都会被激发出来。

想有效指导学生开展小课题研究，首先要明白学生为什么要研究。我们知道，社会人员从事科研工作是为了解决生产中遇到的难题、解答生活中的疑惑、探索客观世界的奥秘，而中学生做研究的着眼点则不是研究本身，而是学会研究。即：

（1）不是为了解决社会及生活中的实际问题，而是为了让学生学会发现问题；

（2）不在于是否得出科学、正确的结论，而在于熟悉研究过程、学会研究方法；

（3）不在于创造多少实用价值，而在于培养探究意识。

也就是借助小课题研究，通过长期、大量、平凡的研究训练，养成平等的态度、批判的意识、独立的精神以及相应的合作意识和勇于实践的习惯。这样的目标定位，决定了中学指导课题研究的两条原则：

其一，小课题研究也是课题研究，应该遵循课题研究的一般规范，只有以严谨的态度严格按程序做，才能使研究性学习体现其应有的价值。但是，现实中不少研究存在着重表面形式、凑热闹、赶风头的问题，这对培养科学研究意识反而有害。

其二，中学生的小课题研究不同于社会人员，课题选择不能贪大求全、盲目追求实用价值，追求大项目，想借此一鸣惊人，结果不是虎头蛇尾、有始无终，就是写一篇空话连篇、没有实在研究的所谓论文草草了事。画虎不成反类犬，不仅不利于当下的学习，还会给学生的未来成长留下无穷遗害。

我们可以看一个美国小学教师的做法。

格雷姆女士在五年级任教，秋天的一个上午，她班上的几个学生兴奋地将她拉到窗前，指着外面说："看啊，操场上那三棵树怎么啦？"格雷姆女士看到那三棵并排生长的树，第一棵的叶子掉光了；中间那棵的叶子颜色参差不齐，黄多绿少；第三棵却是绿叶茂密。学生们问道："这三棵树过去看上去是一样的，为什么现在变得这么不同呢？"格雷姆女士也无法回答他们。

格雷姆女士知道，按照课程计划，她的学生要到明年春天才学习植物，不过她认为这正是一个让学生去调查植物生长情况的好机会，因为问题是学生自己提出来的，所以会特别激励他们去寻求答案。虽然格雷姆女士并不十分有把握，但她还是决定尝试一下，让学生在她的引导下进行探究。毕竟他们去年观察过种子在不同条件下的生长情况，多少积累了一些探究的经验。于是，格雷姆女士说："同学们，你们认为那三棵树为什么会变得如此不同呢？"学生纷纷举手发言，提出了各自的看法：

——与光照有关；

——一定是水太多的缘故；

——这三棵树现在不同，可过去它们看上去是一样的；

——秋季到了，有些树的叶子会比其他树掉得早一些；

——地下有有毒物质；

——三棵树年龄不同；

——有害虫吃树叶；

——一棵树比另两棵要老一些；

……

从这个片段中，我们可以清晰地看到选题与研究的过程：

（1）教师引导学生从生活中发现疑问；

（2）学生从自己已有的知识中提出问题，这就是研究的开始；

（3）再提出初步的猜想与假设，就是研究的深入；

（4）如果有必要，借助调查与对相关资料的分析得出自己的结论。

这就是一次完整而有意义的研究。具体说来，做好小课题研究，大概需要做好选题、开题、研究、撰写研究报告（论文）和答辩几项工作，在下面的【理论点拨】中会展开介绍。

理论点拨

做课题研究是最典型的探究性学习活动，在中学阶段，引导学生适当开展课题研究，对于改善传统教学中教与学的主客体的地位，平衡学生知识与能力、理论与实践的关系，弥补传统课堂教学的不足，培养学生的研究意识和综合能力等都有非常积极的意义。不过，一般中学生做的课题，研究范围往往是有限的，投入的研究时间和精力较少，研究论文的篇幅也不长，故称之为"小课题研究"。

相对于其他学习方式，课题研究是一项比较高级的学习活动，有不同于其他学习活动的特定内涵。从确定选题，筛选方法，开展研究或实验论证，到最后写出研究报告，都有一套比较严格的程序、规范。最近，一些学校出版了学生的小课题研究论文集，我们虽然可以从中看出中学生大胆探索的勇气和相当的研究能力，但是，也有为数不少的小论文一看就很"不像"课题研究，说明学生缺乏课题研究的起码常识。因此，要指导学生写出有点样子的论文，教师首先要了解写论文的基本常识，且按照一定的规范指导学生，才能取得预想的效果。

一、选好研究课题

确定选题是进行课题研究的第一步，在很大的程度上决定了某项研究的价值，甚至直接影响着研究活动的成败，因此，有人曾经夸张地形容说："好的选题是成功的一半。"

1. 来自生活中的疑问

一般课题（论文）的选题从哪里来呢，应该来自于疑问，也就是问题。比如你在现实生活中观察到的矛盾冲突，或者通过各种媒体了解到的来自于他人的问题，包括困扰人们生活的自然科学问题与社会问题、现有理论的破绽与漏洞等。当然也可以通过对某个现象的梳理发现其中的问题，找到有规律的东西。一句话，问题就是未知世界。而课题研究，就是以"问题"为核心，从已知条件出发，通过搜集材料、观察试验、研究推理等，寻求解释的方法，探求解决的途径，最后到达未知彼岸的过程。比如，我们发现，在上学路上，某个路口经常堵车，心中自然会发出这样的疑问："同样的道路，为什么这里会堵车呢？"这就是一个问题。围绕这个问题，我们去现场观察，看看这个路口什么日子、什么时间堵车，堵车跟哪些具体因素有关，诸如道路设置、车辆质量、交通违规、红绿灯频率、指挥不利、天气变化等，而在这些因素里面，哪一些可以控制，通过什么方式手段可以控制，通过研究得出自己的结论，并尝试提出解决或缓解的办法。这样的问题是有价值的，研究过程也是有价值的，成果也可能是有价值的。

2. 来自生活中的发现

生活中每天都会遇到新现象、新问题，从这些现象可以归纳出研究课题。语文学习的外延与生活的外延相等，语文学科从生活中选择的研究课题可以说俯拾即是，例如：

（1）同学中流行语的传播；

（2）短信中的语法现象；

（3）姓名用字研究；

（4）地名（街道名、村镇名、城市名）研究；

（5）当地民间故事研究；

（6）当地历史名人研究；

（7）当地名胜文化研究；

（8）高中生阅读名著情况研究。

3. 来自阅读中的思考

当然，从语文教材的细读中，也可以发现研究课题，如"鲁迅'百草园'中的动植物研究""鲁迅作品中的动植物名称研究"。这些题目既便于操作又有趣味，是不错的研究课题。

注意，有几种课题不适合让学生研究：一是"大问题"，学生的能力有所不及。例如一个学校的几篇小课题：《论＜史记＞与中国文学发展的关系》《鲁迅与李敖之比较研究》，中学生去研究只能隔靴搔痒，泛泛而谈或抄一些别人的研究结论；二是"伪问题"，即人家已经解决、已经有定论或理应如此的。例如"教师应该具备哪些素质""如何对待中国传统文化"，这些课题无需讨论，除非你能推翻前人的结论，否则就属于没有价值的课题。另外，学生最好还能对所选的课题在平时有些积累、有点兴趣，这样才有利于做好。

中学生自己也可以衡量研究课题是否适合自己：

（1）自己是否有能力；

（2）课题是否有价值；

（3）自己是否有兴趣。

注意，上面说的"价值"是对你而言的，如学会提出问题，学着思考问题，学会收集资料，了解研究过程，学会论证观点，这都是做小课题的"正当"收获，不一定是对社会有直接帮助的才算有价值。例如"中学生喜欢李白还是杜甫"这样的问题，就完全符合三项标准，很适合中学生研究。

二、加强过程指导

由于中国古代科学思维不发达，整个社会相对缺乏研究习惯，我国中小学生也不像美国学生那样从小大量做"论文"，我国中学生的科学研究能力和规范性都比较弱。要使学生的小课题做得像样，一定要加强对课题研究过程的指导，从选题到开题，再到研究流程和论文规范，都要给出一定的约束，慢慢养成研究的规范性。

1. 论文选题

除了上面所说的选题原则以外，选题还有许多具体方法和技巧。

从研究对象来分，文科的研究大体有三类。

（1）现象研究，即针对某一个与语文有关的现象开展研究。如"汉语中的英语缩略词现象""火星文现象""广告语中的化用成语现象""中学作文中的错别字"等，重点回答"这现象背后的根源是什么"。

（2）问题研究，即针对人们感兴趣、有争论或新发现的一个问题做研究。如"电脑对书写能力有哪些影响""如何看待作文竞赛""学生对鲁迅作品的态度""语文教材中的女性形象"。问题研究重点回答的是"如何看待这个问题"。

（3）作家或作品（文本）研究，即以一名作家或一篇作品为对象，做人物或文本研究，如《西游记》研究、朱自清的《背影》。作家作品研究的重点是发现特点。不过，像《西游记》这样的长篇名著，一下子难以统揽全篇、顾及小说的很多面，因此可以先选择一个点，如"《西游记》中孙悟空前后战斗力的研究"就比较好操作。

当然，从研究方法、论文类型等角度，还可以分出许多类，比如比较研究、综合研究等。学生开始尝试小课题研究时，不妨先从简单的、容易操作的研究开始，慢慢积累研究经验。

2. 论文开题

开题是论证研究课题的一道程序。开题报告都有一定的文本格式，这样的格式能保证在做研究之前，研究者已经对该课题做了一定的准备，这就为下面的研究奠定了基础。

开题报告一般包括这样一些板块：

（1）课题的意义，可用几句简短的话概括，我为什么选这个题目，我准备回答哪些问题，这个课题做好以后有什么价值；

（2）前人的研究，在这个问题上，别人做过哪些研究，有哪些观点、结论，我和他们的研究有什么不同；

（3）我准备怎样研究，包括主要研究方法、研究思路等，如用问卷调查法、数理统计法，还是用历史比较法等；

（4）我已经做了哪些准备，包括收集材料、准备设备、前期研究成果、一定的经费等；

（5）我的研究过程、时间分配。

如果学生能恰当回答这些问题，那么这项研究就有了一定的保证。一开始，教师要用心指导学生写好开题报告，必要的时候，还应为学生推荐材料，与学生一起讨论要研究的核心问题，帮助其梳理思路，修改好开题报告。

3. 研究过程

研究过程是小课题研究的中心环节，决定着小课题研究的质量和学习效果。这个过程同样需要教师指导。小课题研究过程有许多活动，教师可重点把握这样几项：

（1）保证研究思路科学，如课题与研究内容相符，关键概念界定清晰、准确，必须回答与课题有关的核心问题，研究思路连贯等；

（2）将研究方法的设计细化，可以操作，如问卷调查的问卷设计是否合理，调查样本的范围与代表性，是否需要调查和修改问卷，是否需要其他辅助手段、统计工具与技术等。

（3）注意论证过程的严谨，如注意材料与结论的一致性，推理过程的逻辑性，有没有违背常识、常态或公理的结论。

论证过程要经得起人类理性的检验，结论要从对现象的归纳中得出，要有充分证据，且经过可靠的论证，不能想当然对事物做判断，否则就可能留下漏洞。例如，你若是要得出"现行初中语文教材中的古文篇目太多"这样的结论，不能凭自己的感觉，一定要拿出证据。

在学生研究中，会出现一些有问题的做法：文题不符，研究的主要内容与论文题目有偏差；没有回答重点或关键问题；没有独立的发现，重复常识或别人已有的结论；先有主观判断或结论，再去用一两个例子证明；因果逻辑错位；结论属于不全归纳；分类标准不统一等。

所谓文题不符，是指研究的主要内容与论文题目有偏差。如一项研究的题目是"中学生课外阅读情况调查"，但研究范围只在自己的学校，所以该论题应改成"某某学校课外阅读情况调查"。

所谓没有回答重点或关键问题，是指研究对象聚焦不准，对核心问题关注不够。例如一篇文章的题目是《街头报亭经营现状研究》，研究报告对"经营状况"的核心问题，如"一个报亭每月卖多少报纸""利润多少""全市多少报亭赚钱、多少亏本""卖哪些报纸赚钱多""影响经营的因素"等，根本没有涉及，只是介绍了全市报纸的销量以及其中多少是通过报亭卖出去的。

没有独立的研究，是指不是经过自己研究得出的结论，只重复一些常识或别人已有的结论。课题研究贵在对一个话题做出独特的分析，得出你自己的结论，提出具体的建议，而不能得出"中学生阅读情况不容乐观""应该加强引导""应该提高素养"这样的空洞结论。

举例证明是中学生写议论文的做法，即先亮出观点，再用一两个例子证明。写论文不同，例如，说"鲁迅的文章不容易懂"，然后举一个学生来信为例。即使你的判断是对的，但是你用的论证方法不能支持你，因为别人可以举出另一封信或更多的证据推翻你的观点。

因果逻辑错位，就是老百姓说的"驴唇不对马嘴"。常见的错位是把其中的一个因素说成唯一因素。例如有人把"现在学生不喜欢写作文"的原因归于"中国的应试教育"，其实应试教育只是其中的因素之一。还有就是把共同背景或原因当成具体事件、具体问题的原因。例如有一篇文章解释"为什么一个学校参加作文竞赛连年获奖"，说其中原因是"近年来这个城市举办竞赛频繁"。为什么别的学校没有获奖呢？因此，这不是这所学校获奖的原因。

不全归纳，即从几件偶然事情上归纳共性，得出普遍结论。如看到三个人都穿黑色衣服，不能得出"黑色是今年的流行色"的结论。这样的结论当然不科学。

在研究中常常要为研究对象分类。不过，从不同的角度可以将事物分成不同种类。如对学校，从层级可分为小学、中学，从户籍属地可分成城市学校、乡村学校，从办学条件可分成基础较好的学校和基础薄弱的学校，从所有制性质可分成民办、公办等等。不同的分类不能放在一起，否则就会混乱。例如"乡村学校"和"基础薄弱学校"就不能出现在同一个分类组中，因为是从地域和条件两个不同角度分的，"乡村学校"里可能有"基础薄弱学校"。因此，在同一个目录下，分类必须用同一个角度、同一个层级概念来划分、标志事物，否则会导致混乱。具体要求是不能出现交叉关系、从属关系、错位关系的。

（1）交叉关系：两个概念内涵有交叉，如"乡村学校"和"基础薄弱学校"，"畅销书"和"名著"。

（2）从属关系：大概念包含小概念，如"现代媒体"与"网络"，"基础教育"与"中学教育"。

（3）错位关系：概念大小不在同一个层次，不匹配，如"语文""数学""历史"这三个概念属于同一级别，可以作为并列的分类标准。如果分成"人文学科""数学""现代史"，就不是同一个层面的。

当然，课题研究是复杂的脑力劳动，要学的东西很多，不会研究是很正常的，无论学校、教师还是学生自己，一开始也不要要求太高，可以借助一些小的课题学点样子，慢慢学会研究。

4. 撰写研究报告

论文或研究报告有很多类型，在此不一一列举。这里只简单介绍在美国比较常见的一种论文或研究报告的结构样式。它包括下面这样几个板块，作者按照下面的小标题陈述自己的研究就可以了。

（1）我研究的主要现象、关键问题是什么；

（2）在这个问题上，别人是怎么说的；

（3）在这个问题上，我的观点或结论是什么；

（4）我得出这样的结论，主要依据是什么；

（5）我还有哪些问题没有得到解答。

这种论文重视研究内容而不重视形式，不用套话，写起来容易，读者看起来简单明了，是非常实在、高效的。当然，我们也可以把这些板块打碎，将打碎的零件组织成一篇有开头结尾、有起承转合的"标准论文"，我们国家发表的论文，几乎都是严谨的标准论文，但内容如何就难说了。

拓展延伸

下面是华东师范大学 2006 届余方觉同学的小课题论文《语文教材文言文部分的疑问与初步解答》（节选），余方觉同学谈了他选题、研究的经过、研究期间自己在看待教材态度上的变化以及研究的收获。

缘起

许多因素促成我去做这个小课题。一个是自身的喜好，也许我的性格里就有着挑剔的一面，读报刊的时候，就很喜欢找里边的错别字或是不恰当的表达；听新闻时，也爱找其中读白了的字眼儿。另一个是初中时读晚报读到的一个小专栏，叫《经典与错误》，是专讲《新华字典》的错误的。当时觉得作者真了不起，也知道了"由于编者水平有限"一类的话并不纯粹是客套。字典都有错，何况教材？还有郑桂华老师的一些话，她常说，"你们不要太把教材当一回事，就像我这样的人也是编教材的，教材出错也是很正常的"（大意），这也给了我一点信心。

解题

本来是要找整本教材的错误的。但理想与现实间的差别使我把课题范围缩小了。因为新教材"创造性"地将练习与课文分开了，所以课后练习中的错误就不存在了。教材中现代文部分引文一般不会有错，查证也难，尤其外国文学作品，译文上的出入让人难以指摘；而现代文中的课下注释又少，很难发现什么错误。这种事倍功半的工作我并没有涉及，因为那太花时间了。我虽然很不满于学术界的浮夸之风，但自己想要做一个小课题时却仍然避重就轻，急功近利，真是惭愧。文言文部分一向是潭浑水，疏漏可以说是在所难免，自然容易"浑水摸鱼"了，我也选择了趟这浑水。但实际上，书中的错误并没有想象中的那么多，有些可疑之处查了半天却发现是正确的。这是很要命的。于是我又只好将"错误"换成"可商榷之处"，学术水准立即下降，水分也多了些。标准降低后就好做多了，但仍然查得比较辛苦，也不免有些草率，有时甚至怀疑自己是不是在画蛇添足。

研究成果分类

一、繁体字与简化字选择不当举例

● 一年级第一学期课本第 166 页第一至第二行：……於是焉河伯欣然自喜，……

"於"字应为"于"，不应保留繁体字。

● 一年级第一学期课本第 167 页第七行：……吾在天地之间，犹小石小木之在大山……

"猶"字应为"犹"，不应保留繁体字。

● 二年级第一学期课本第 162 页第十行：……蚓无爪牙之利，筋骨之强，……

"蚓"字，各本均作"螾"，"蚓"并非"螾"的简化字，不可以替代。按"螾"字同"蚓"。

二、标点问题举例

● 一年级第一学期课本第 139 页第六至七行：……以为天下之无益而舍之者，不耘苗者也；助之长者，揠苗者也。非徒无益，而又害之。

从文意来看，"揠苗者也"后应为逗号，而非句号。

● 二年级第一学期课本第 195 页至 196 页：……得双石于潭上，扣而聆之，南声函胡，北音清越，桴止响腾，余韵徐歇。……

"扣而聆之……余韵徐歇"一段文字，为李渤《辩石钟山记》中的原文（见教材"练习部分"），应为引用语，应加上引号，并加以注释说明。

三、字形问题举例

● 一年级第二学期课本第 167 页（《山庄玩月记》）课下注释 15：［幽夐（xióng）］幽深，深邃。

错。查《现代汉语词典》，该字读 xiòng，为"遥远，久远"意，写作"敻"。下半部分为"夂"，而课文中却作"夊"，显然是不对的。另据《古汉语大字典》，"敻"字因通"迥"而有"远"意，亦可备一说，则该字又将读 jiǒng 了。查《中华大字典》，也作"敻"，其云：敻，本作夐，见《说文·夏部》。按"夊"隶变后，通常变为"夂"，所以课文中的错误也情有可原。

四、注释与课文正文不合举例

● 二年级第一学期课本第 165 页课文（《山庄玩月记》）第二行及注释 10：……暄浊⑩初收。……［暄浊］……初，刚刚。

对照可知，对于"初"的解释不应放在注释 10 后面。这是校对的问题。建议改为"暄浊初⑩收"较为合理。

五、注音遗漏举例

● 二年级第一学期课本第189页课下注释4：[天台]山名，在天台县东北。

应补充注音：台，念 tāi。查《古汉语大词典》，"天台"之"台"得音于"台州"之"台"。

● 二年级第一学期课本第190页课下注释3：[觉时]梦醒之时。

应注音：觉（jiào）。查觉，意为睡醒时读 jiào。按现代汉语中，该意义读 jué，而读 jiào 时已无醒意。

● 一年级第二学期课本第156页课下注释1：[玄裳缟衣]……

应注音：裳 cháng。

● 一年级第二学期课本第158页课下注释11：[沧浪]青苍色的水。

应注音：浪 láng。查《古汉语大词典》："沧浪，水色也。"

● 另外，该册书中《狱中上母书》全文都无注音，可能是撰稿人的疏失。

六、当注或可注而不注举例

● 一年级第一学期课本第144页（《左忠毅公逸事》）第四行：……旦夕且死，持五十金，涕泣谋于禁卒，……

经查，先秦以二十两黄金为一金，汉以黄金一斤为一金，后来以银一两为一金。此处当是五十两银子，而非通常所认为的五十两黄金。故应当加注释。

● 一年级第二学期课本第141至142页（《狱中上母书》）：……斤斤延此二年之命，菽水之养，无一日焉。……

"斤斤"二字作何解释？应当加注释。按查"斤斤"有"拘谨、谨慎"的意思，但据徐中玉所编书解释为"仅仅"，此说更通。

● 一年级第二学期课本第161页：……涂然寒胶(21)，莹然鲜著，彻入骨肉。……

"莹然鲜著"为何意？郑桂华以为"鲜著"是衣少而单薄的意思，我认为不对。"鲜著"之"鲜"音 xiān，"鲜著"者，所穿者如鲜衣美服也。此说更为合理，注释或有遗漏。

● 二年级第一学期课本第192至193页：……今言(14)"华"如"华实"之"华"者，盖音谬也。……

应加注释：[华 huá 实]开花，结果。按"华"虽有通"花"之意，但也有"开花"的意思，此时该字读 huá。

七、注音错误举例

● 一年级第二学期课本第155页课下注释1：[俯冯 pīng 夷之幽宫]……

该字应读 píng，注释的音调搞错了。按查"冯夷"又作"冰夷""无夷"。

● 一年级第二学期课本第161页课下注释5：[恣 zī 视]尽情观赏。

"恣"字应读去声，即 zì。

八、释义不当或不详举例

● 一年级第一学期课本第 149 页课下注释 19：[蹈其背以出血] ……蹈，通 "掐"，叩，轻轻敲打。

查《古汉语常用字字典》，"蹈" 并无通 "掐" 一说。查 "掐"，据《现代汉语词典》，为 "掐" 字的繁体字，别无他义。查《实用汉语大字典》，"掐" 确有 "叩" 义，出自《国语·鲁语》，但仍无通 "蹈" 之说。可见，这是个偶然的语言现象，不必强言通假，"蹈" 字很可能是 "掐" 字之误。

● 一年级第二学期课本第 136 页课下注释 9：[少年心事当拏 ná 云，谁念幽寒坐呜呃] ……拏，攫取，牵引。……

可补充注释："这个意义后来写做 '拿'。"

● 一年级第二学期课本第 166 页课下注释 16：[离离] 光鲜貌，明亮貌。

经查，"离离" 无此意义。较为合理的解释是："罗列的样子。" 按原文为 "星斗离离，欲坠头上。" 这样说似乎更通。

● 二年级第一学期课本第 161 页课下注释 13：[参 cān 省 xǐng 乎己] ……参，验，检查。……

按 "参" 另有一义，通 "叁 sān"，即三，置于文中 "而日叁省乎己"，是引了曾子的话（见《论语》），因此更通。

结论

课本的文言文部分还是基本可靠的。无论注释还是选文都比较严谨。真正的错误并不多，大多数最初的疑问经过反复的查对，最终证明是正确的；或者本来就有多种说法，教材只是有所选择而已；有些注释甚至堪称经典。但教材在繁体字简化的过程中出现的错误是不应该的，它对注音的疏忽也是不对的。

另外，一部分注释不够 "人性化"，或注释得不够详细，或注释得令人费解，希望在修订过程中能够改进。

结语

这个课题我只做了一半，另外三册的疑问我会继续关注，并希望能在高中毕业前完成它。教材既然是给人用的，总要经得起检验，我想，我的工作也并不是全然没有意义的。但我的课题没有什么可参考的，由于个人的局限或疏忽，总会有问题存在，这绝不是客气话，我以后一定会对这次课题的不足作修订的。最后需要感谢的是郑桂华老师的支持与关心，以及奚炯、吴瑞砾、徐晓逸、陈入示等同学的帮助。后者为我在教材读音方面的疏漏所作的补充给予了很大的帮助。对吴瑞砾与张捷为我提供参考书方面的支持，特表感谢。

研究过程中所参考的书目有：《古汉语常用字字典》《现代汉语词典》《实用汉语

高
中语文教师专业能力必修
Gao Zhong Yu Wen Jiao Shi Zhuan Ye Neng Li Bi Xiu

大字典》《中华大字典》《古汉语大词典》以及语文教科书三册。向这些书的编者致谢。

余方觉同学选取语文课本作为研究对象，从学习的实际需要出发，所研究的问题有现实针对性，研究的过程中始终抱着实事求是的态度与认真严谨的求证原则，这些都是做小课题研究不可或缺的。学生做小课题研究，最重要的不是研究成果的大小多少，而是研究意识、研究眼光、研究方法等的体验与习得，这才是小课题研究的真谛所在。

修炼建议

1. 课题研究的选题对研究价值有重要意义。从学习生活中发现问题，寻找研究课题，列出备用研究课题。

2. 在小课题研究指导中，教师常常会发现学生因选择的题目偏大而难以操作，这时，你需要帮他把一个大的课题缩小，可以指导学生尝试在原来的题目上加前修饰或后修饰的方法缩小题目范围。如原题目是"小说人物形象研究"，可以进行如下改造。

（1）加前修饰词得到的题目：古典小说人物形象研究、中国古典小说人物形象研究、语文教材中小说的人物形象研究、初中语文教材中女性形象研究等；

（2）加后修饰词得到的题目：小说人物的服饰研究、小说中人物籍贯研究、小说中主要人物的出场描写、小说中女性人物的结局等。

选择几个话题，尝试用加前修饰词或后修饰词的方法缩小课题范围。

第四节　开展合作学习

问题展示

范老师：新课程强调要开展合作学习，现在好多老师上公开课的时候，都喜欢安排小组讨论。有些老师组织小组讨论时还会说："同学们可以离开自己的座位，愿意找谁讨论交流都可以。"我多次观察下来，都没有发现学生离开自己的座位找远处其他同学进行讨论，事实上有不少时候，连前后左右很近的四人学习小组都讨论不起来。有些时候，我还听到老师说："接下来同学们讨论一分钟。"一分钟怎么讨论？转身凑到一起，谁想先讲、谁想晚点讲，彼此至少要用眼神示意一下，一个人讲完其他人总会有一些回应，如此一来，没有三四分钟，怎么可能有合作讨论呢？

除此之外，我还有一个很疑惑的问题：课堂里经常开展学习小组的讨论是不是就算落实了合作学习？

合作学习是新课程提倡的一种学习方式，合作意识、合作的工作方式等都是现代社会对人才的需求，高中阶段开展合作学习活动的意义是不言而喻的。许多老师也正是认识到合作学习的价值，才在课堂教学中积极开展小组讨论等合作学习活动。

但是新课程实施以来，也的确出现了范老师说的那种看似符合新课程理念的合作学习，实际上却是貌合神离，得合作学习之形，却无合作学习之神。

范老师批评的几种现象确实都需要注意：一是合作学习时座位的排列不能是随意的，而是应该根据学习内容安排座位，座位可以是排排坐（大班授课排排坐为好，需要讨论时再临时调整一下坐姿即可），也可以坐成∪形，小班（20人左右）还可以坐成金鱼缸形、马蹄形等；二是合作学习的时间应该有保障，一分钟讨论，这样的活动基本形同虚设，学生之间不可能进行有效对话。

此外，合作学习还需要设计好学习任务，也就是说学习任务需要开展合作讨论。像文学常识的回顾或拓展、背景资料的交流等都可以在全班由个别学生讲给其他学生听，不需要小组展开讨论。涉及文本主旨的把握、结构的梳理、语言的鉴赏、写作材料的交流、主旨的确定等有思维容量、思考难度的问题才值得开展合作学习活动。

范老师问"课堂里经常开展学习小组的讨论是不是就算落实了合作学习"，课堂里的小组讨论当然是我们语文教学中实施合作学习的一种很重要的学习方式。除了课堂里的合作学习之外，课外的合作学习也是值得重视的学习活动。某种意义上，课堂之外学生自己组织学习小组、开展合作探讨、共同发展提高的合作学习才是合作学习更重要的形式。课外合作学习需要学生独立安排学习进程（教师大多数只给出关键的时间节点），选择合作方式，任务分工，进行学习的监控与反思等。这些学习经验会帮助学生感受合作学习需要协调、需要商量、需要分工等问题，这会真正帮助学生养成合作意识，了解合作活动中需要注意的事项，这些是合作学习的重要价值。

合作学习需要注意的问题还有很多，下面我们会继续讨论。

生活方式的变化在一定程度上影响教育方式和学习方式的变化。1996年国际21世纪教育委员会向联合国教科文组织提交的报告中提出，学会认知、学会做事、学会共同生活、学会生存，应是21世纪教育的四个支柱。[①] 这被解释为提倡终身学习、合作学习等新学习观念的宣言。

一、合作学习的特点与基本要求

对合作学习的特点和性质，可以从下面几个角度来认识：

---

① 雅克·德洛尔等著，联合国教科文组织中文部译．教育——财富蕴藏其中．北京：教育科学出版社，2007年，第75页

（1）与个体学习主要借助个人的认知、思考相对，它是许多学习者一起参与的共同学习；

（2）与不同学习者互相排斥的竞争式学习相对，它是学习者互相促进式的学习；

（3）与以教师灌输为主的学习相对，它是一种师生间的讨论学习；

（4）与以掌握学科知识、掌握学习能力为主的学习相对，它是一种既学习知识、提高学习能力，又培养合作意识、利于成长和生存的综合性学习。

合作学习的主要特点是把学习环境、学习材料、教学的参与者共同组织到一个真实的生活情境中，让学习者在自然的状态下，自主探究完成一定的学习任务，可以说，"合作学习"是从学习组织的角度来考察的新的学习方式的，因此，它集中了"探究式学习""综合学习""对话学习"等新学习方式的许多特点和优点。第一，合作学习可借助学生间的合作方式，激发兴趣，共享资源，互相启发帮助，能促进学科的学习；其次，合作学习是在真实的生活场景中完成的，它既是学习，又是生活，能培养学生的社会角色意识，有利于身心发展；第三，合作学习也可以改变教师传统单一的授课方式，有利于教学组织。因此，合作学习具有促进学科学习、促进学生成长、有利教学组织等多重价值。

合作学习可以是课堂教学中的一种学习活动，也可以是课堂之外的学习小组的合作学习。不论哪一种合作学习，它都是从教学组织的角度来考察的一种新的学习方式，因此，合作学习的效果，往往取决于教师组织合作学习的方式，甚至可以说，如果缺少良好的学习组织，合作学习不仅不能发挥积极作用，甚至还会妨碍正常的学习。合作学习的组织涉及如下环节和要点：

（1）选择合适的学习目标；

（2）将学习者分成学习小组；

（3）帮助确定人员分工；

（4）事先提出学习要求——包括合作要求、进行合作技能方面的指导；

（5）教师做好学习过程的管理与帮助，如果是课外长时的合作完成一项学习任务，还需要帮助学生设计好学习进程；

（6）宣布与施行适合的评价手段。

二、学习小组的建立

合作学习的基本单位是学习小组。教师可依据不同的学习任务、学习目的、学习场景，对分组规模，学习成员组织形式，组员内部的角色分工以及对分组标准的掌握等情况做出调整。可以这样说，分组形式的丰富，恰恰是让合作学习生发无穷魅力的手段之一，因此，教师应好好研究，恰当运用。学习小组分组时可考虑的因素主要有以下几种。

1. 正式学习小组与非正式学习小组。前者有明确的组织机构，能维持较长时间，适合完成固定的、有一定难度的学习任务，如社会考察、课题研究等。后者多指课堂临时组成的学生组合。有时，临时组合因变化多、可能性丰富等，在一般课堂学习中更常采用。

2. 教师指定组合与学生自愿结合。教师指定组合有利于学习任务完成，学生自愿组合有利于学习兴趣维持。

3. 学生的学习成绩、性别、家庭住址、座位位置、学生之间平时的关系均可以作为分组考虑的因素，可以同质分组也可以异质分组。

4. 可尝试随机分组的办法，如利用学生的学号、姓氏、衣服颜色等特点，对学生任意分组，增加小组的变化性和学习过程的趣味，使学生的学习心理始终处于兴奋之中。

在语文课堂里，许多教师习惯让前后两排的四个同学组成一个合作学习小组，这样的好处是简便易行，学生之间也彼此熟悉。但这样做不好的方面是缺少变化，容易产生懈怠和依赖性，合作效果会降低，因此，如果条件允许，可以采用移动或者重新排列座位等方式来增加学习小组的变化。

三、对合作学习过程的管理与调控

合作学习的主体无疑是学生。但是，在合作学习的过程中，教师应承担必要的管理和指导的职责，从某种意义上说，与讲授相比，在组织合作学习中，教师的指导负担不但没有减轻，反而更重了。教师在管理、指导中要着重注意的问题有：

（1）学习要求是否明确；

（2）合作学习是否偏离既定方向；

（3）学习中遇到难以克服的障碍；

（4）不同学习小组的进度、质量、组合是否调整；

（5）小组成员的机会、发挥作用是否均衡；

（6）为学习评价、总结准备材料。

在管理中教师要勤于观察，发现问题时应选择适当的方式和时机进行指导，如果有必要，也可以介入某一学习小组，与学生一起完成学习。例如，若发现小组中有的成员表现积极、有的表现不够积极，要分析原因，并采取措施进行调整。对表现不够积极的学生，可采用如下的均衡策略[①]：

（1）根据学生的优点给他分配角色；

（2）将这些学生放在规模比较小的小组中，这样他们就很难掩饰其行为；

（3）将大的任务分成有清晰的最后期限和标准的更小的部分；

（4）采用要求每个学生都作出贡献的结构；

（5）从时间上建立不同的成功标准，这样，这类学生就会逐渐增加其参与量，并体验到暂时性的成功；

---

① L. A. 巴洛赫著，曾守锤、吴华清译. 合作课堂. 上海：华东师范大学出版社，2005 年，第 153 页

（6）让不积极的学生单独工作。

在合作学习中，能力特别强、表现特别积极的学生有时反倒是一种不利因素，他们在学习中表现强势，处于支配地位，往往会抑制其他学生的参与，因此应加以注意。对表现积极、常占支配地位的学生，可采用如下的均衡策略[1]：

（1）让占支配地位的学生做观察者；

（2）分配给占支配地位的学生的角色，不允许其控制信息、材料，或决定小组气氛的时间；

（3）将许多占支配地位的学生放在同一个小组；

（4）采用要求每个学生都作出贡献的结构。

还可以采用角色轮换、指定角色（如指定发言人）等形式来调节学生的表现差异。不过，也不要让表现积极的学生感觉受到压制，可分配给他们更重要的任务，如做全班的观察员、记录员、教学助手等。

合作学习与学生个体学习的很大不同是每个人都处在小组的环境中、时时受他人的影响，也会影响着其他人，学会与他人相处，不仅是学习的手段，也是学习的重要目的之一。

当然，与人相处的能力可以靠在社会生活中的长期摸索而得来，但如果能得到教师的帮助，必然大大提高效率，就像学习其他技能一样，这也是学校教育的主要意义。因此，尝试合作学习的教师，理应把如何与其他人相处列入教学目的和教学计划，在学习中提出具体要求，并给予切实的指导。美国教育学家 L. A. 巴洛赫列出的学生相处的技能如下[2]：

（1）以有序的方式进入小组；

（2）与小组待在一起；

（3）压低声音说话；

（4）表现出兴趣和参与；

（5）对其他成员抱有乐观的态度（不使用伤害他人的语言）；

（6）服从示意安静的信号。

当然，上述技能不能算是法定的，每个教师也都可以根据自己的理解和学生的具体情况列出另外一些更重要的项目，并据此设计任务、提出要求，并进行一定的考核评价。

四、合作学习中容易出现的问题

合作学习虽然有许多不可替代的优点，但与其他学习方式相比，合作学习对个体自主学习有一定的影响，合作学习占用的总时间较多，因此，并不是说所有学习内容都适合开展合作学习，也不是合作学习用的时间越多越好，对语文课来说尤其要注意

209

---

[1] L. A. 巴洛赫著，曾守锤、吴华清译. 合作课堂. 上海：华东师范大学出版社，2005 年，第 134 页
[2] L. A. 巴洛赫著，曾守锤、吴华清译. 合作课堂. 上海：华东师范大学出版社，2005 年，第 137 页

这个问题。不一定适用合作学习的内容有：

（1）与基本语文知识技能学习有关的，如诵读、记忆、书写、简单内容的理解等，不宜用合作学习；

（2）指向性明确的、有固定答案的学习内容，不一定用合作学习；

（3）不属于课程的主要学习目标，一些背景性的知识等无需通过合作学习；

（4）虽然属于较高深的学习内容，但需依靠学生个性、艺术感觉的学习，如语感培养、人物形象的理解、某些内容的个性解读等，采用合作学习的效果未必好。

相反，教师在选择学习方式前，要考虑与合作学习目的一致的内容（如着重锻炼学生的合作能力），或非通过合作学习方式不能完成的学习（如社会考察），否则，合作学习很可能流于形式。

合作学习在我国基础教育领域还是比较新鲜的事物，在理念的理解与实际实施中，存在一些误区，影响了合作学习的开展。其主要表现如下。

（1）不切实际。对合作学习认识不当，不能循序渐进引导，而是抱怨学生不会合作学习，因而不能坚持。其实，不要一开始就怀着高期望，而应从最简单最基本的合作开始，慢慢养成合作习惯。

（2）放任自流。以组织合作学习为名降低教学努力，以为可以不备课，也不准备做具体指导，不进行有效管理，实际上是放羊。

（3）形式主义。不看具体内容和学习需要，生硬组织合作学习。

（4）指导不力。如学习要求不具体、合作方式单一、学生的学习机会不均衡、评价没有针对性等。

对于组织合作学习中遇到的技术问题，可以通过长期的实践，慢慢总结，逐步加以解决。而关于合作学习的观念问题，主要注意两点：（1）同其他新的学习方式一样，合作学习不是万能的，它有突出的针对性和局限性，不要指望合作学习能解决所有问题；（2）它也不是高不可攀的完全陌生的学习方法，例如，一些教师在上课中经常采用的小组讨论、两人轮换着检查背诵、课本剧表演等，都是很典型的合作学习，教师完全可以把它当做常用的教学手段加以运用，不必刻意去追求新奇的合作形式。

拓展延伸

下面是上海市新中高级中学归蓓华老师的《琵琶行》的教学设计，她将《琵琶行》和《秋声赋》两课整合在一起，实施"声音描写的技巧"的单元教学。

【教学目标】

1. 知道描写声音的五种技巧，尝试运用这些技巧将无形的声音化为文字。

2. 理解声、情、景互相交融的手法。

教学重点： 学习本诗将无形的乐曲写得具体可感的技巧。

高 中语文教师专业能力必修 Gao Zhong Yu Wen Jiao Shi Zhuan Ye Neng Li Bi Xiu

教学难点：理解本诗声、情、景互相交融的特点。

教学时间：2 课时。

【教学过程】

一、聆听琵琶曲，体会声音描写的难度

1. 播放琵琶曲《春江花月夜》，请学生用两三句话描述这段乐曲。

2. 交流：描写声音难不难？难在哪里？

如果学生认为不难，或对乐曲的描绘有可圈可点之处，则可引导学生稍加分析，对描绘声音的方法有初步的感知。

二、研读课文，结合具体语句探究本诗描写声音的技巧

1. 散读课文，找出文中三次描写乐曲的语句。

2. 小组探究：结合具体语句，探究本诗是怎样将无形的乐曲写得具体可感的。

问题分解为：哪些语句是描写乐曲的？描写出乐曲怎样的特点？怎样描写的？效果如何？

3. 班级交流，可能发现以下技巧。

综合运用各种技巧	例句	特点	效果
（1）运用拟声词、叠词，描摹声音	嘈嘈切切错杂弹	时轻时重	身临其境
（2）运用比喻，以声写声			
①以人声比物声	小弦切切如私语	轻柔委婉	
②以物声比物声	大弦嘈嘈如急雨	粗重急促	
	大珠小珠落玉盘	清脆轻快、错落有致	
	四弦一声如裂帛	干脆利落、戛然而止	
（3）运用通感，赋形于声	间关莺语花底滑	婉转流畅	
（视听结合，声形具备）	幽咽泉流冰下难	低回盘旋	化
	冰泉冷涩弦凝绝	凝涩阻抑	抽
	银瓶乍破水浆迸	突发奔放	象
	铁骑突出刀枪鸣	激越雄壮	为
（4）通过景物描写烘托声音	东船西舫悄无言	余音绕梁	具
	唯见江心秋月白		体
（5）通过听者反应烘托声音	主人忘归客不发	动听感人	
	如听仙乐耳暂明	精妙绝伦	
	满座重闻皆掩泣	幽怨凄凉	
	江州司马青衫湿	感人肺腑	

4. 从整体看，这首乐曲有何特点？

（1）在节奏上，或快或慢，或轻或重，或流畅宛转，或阻抑幽咽，或高亢激越，或低回盘旋，或突发奔放，或翩然缥缈，跌宕起伏。

（2）在结构上，整个演奏过程分为若干个阶段：酝酿准备、起始、起伏跌宕、高潮、收尾，曲调完整。

（3）在感情上，幽怨哀婉，凄怆悲凉。

三、结合具体语句，理解本诗声、情、景互相交融的手法

1. 朗读课文，注意节奏和语速、语调。

2. 小组讨论。

每个小组主要讨论一个问题，该小组讨论、记录讨论结果，并派代表陈述。其他小组根据自己的阅读感受，对该小组的结论表示认同、欣赏或者提出质疑。

问题如下：

（1）从全首诗看，对琵琶曲的描写有什么作用？

参考：声与景的交融，烘托环境，渲染气氛；声与情的交融，寓情于声，以声寄情。

（2）从琵琶曲旋律变化的描写中你能捕捉到琵琶女的身世和情感变化的轨迹吗？

参考：感秋意正浓，水寒月冷独守空船　｜悲｜抑

忆往昔辉煌，才艺俱佳誉满京都　｜喜｜滑

念年长色衰，门庭冷落委身商人　｜痛｜涩

叹昔盛今衰，命运无常悔恨交加　｜恨｜歇

怨丈夫薄情，现实残酷世人轻才　｜愤｜激

（3）琵琶曲的哀怨和琵琶女的身世，引起了诗人的情感共鸣，"同是天涯沦落人"。诗人的遭遇与琵琶女的身世有何相似之处？

参考：（1）来自京都，沦落江州；（2）少年得志，昔盛今衰；（3）才能出众，境遇惨淡。

（4）整首诗在琵琶女的琵琶曲和诗人的泪水中收尾，感情到达极致。诗人"泪洒青衫"的原因是什么？

参考：（1）分别的感伤，送别友人，前途渺茫，思之感伤；（2）风物的感伤，浔阳江口，风清月寒，枫叶飘零，荻花飘飞，睹物伤怀；（3）赏曲的感伤，琵琶女愤激幽怨的曲调引发了诗人的情感共鸣；（4）听诉的感伤，琵琶女悲剧命运激起了诗人深深的怜悯；（5）自我的感伤，诗人早年，才华横溢，誉满天下，今朝沦落，孤独幽怨。

3. 小结：声、情、景互相交融

琵琶女的情感、身世以琵琶曲的曲调烘托，作者的情感、遭遇又以琵琶女的情感、身世烘托，琵琶的声调、歌女的今昔、作者的经历、眼前的景物交织成一片，互相映衬，气氛浓郁，动人心弦。

高

中语文教师专业能力必修

Gao Zhong Yu Wen Jiao Shi Zhuan Ye Neng Li Bi Xiu

四、布置作业

1. 摘抄三个描写音乐的片段，并指出其运用的技巧。

2. 选择一支你喜欢的乐曲，运用一种或几种描写技巧完成一个片段，100字左右。

从以上设计中可以看出，归蓓华老师在《琵琶行》教学中两次开展小组合作学习。这两次讨论的话题都有讨论的价值，也就是问题都有思维容量，同学之间可以互相启发、补充。两次合作学习活动形式、难度有变化。前一次所有小组集中讨论同一个问题，后一次各小组学习任务不同；前一次各学习小组互相补充、修正，后一次各小组相互点评、激励、质疑问难。从思考的深度上，后一次活动更有挑战性。

这样的合作学习显然有其合作的价值。

修炼建议

1. 关于合作学习，你了解多少？有没有这方面的教学实践？

2. 不同学习目的、学习内容，需要组织不同类型的学习小组。你以前采用过怎样的小组学习方式？介绍你的做法。

3. 合作学习的分组是开展合作学习的关键，设想按不同因素对你班级的学生进行分组，看看你能列出多少种分组方法，并在教学中尝试，看看效果有什么不同。

4. 合作学习的评价中，如何区分学生的差异是一个难题，对此，你有什么建议？

第五节　基于网络的语文课堂学习

问题展示

叶老师：下面是网络环境下《荷塘月色》的一个教学片段，我很想听听对这样的网络教学的分析。

环节（1）：师生分别从局域网上打开《荷塘月色》全文。

环节（2）：教师用局域网向学生终端展示问题：

"文章先写作者颇不宁静，同下文有什么关系？"

"文章记叙了作者夜游荷塘的经过，梳理出作者心情的变化。"

"作者对群居与独处的议论，可不可以删去？"

"文章花了不少笔墨描述作者回家路上的联想，引用了一些原文，这是否有些啰唆？"

环节（3）：教师网上发指令，要求学生带着问题阅读课文，然后教师与学生利用网络的E-mail或电子公告板发表意见。

环节（4）：学生参与网上讨论。

叶老师提供了一个网络教学的案例，《荷塘月色》是高中的一篇经典课文。叶老师虽然对这份案例没有任何评价，但从叶老师的语气中我们可以感受到叶老师对这样的教学是持否定意见的。的确，这样的网络课其价值很值得怀疑。

网络的优势在于突破时空的限制获得信息，传送信息。运用网络手段，可以在一定程度上打破课内学习与课外学习的时间、空间的间隔；其次，还可以突破传统课堂教学中只有一个声音的限制，网络强大的交互功能可以让更多同学在同一个时间发表自己的看法，交流自己的意见。

而面对面的讲授课的优势在于师生之间有感情、无距离的交流。这堂课的任务是在课堂里读一篇课文，本来就没有时间、空间需要突破，这位教师反而用网络把面对面的课堂隔离开来，这样一来，网络的优势和面对面的优势就都没有了，就只剩下一个网络课的形式而已。要学习的文章明明清晰地印在教材上，拿在学生的手中，可是为了上网络课，却要求学生把语文教材合起来，放回书包中，这是抓了形式丢了内容，是本末倒置的做法，其原因是没有弄清网络的特点和长处。

目前网络环境下的课堂教学容易出现的主要问题有：

（1）随意性

网络语文课堂因其比较高的开放性，如话题的开放性、教学方式的开放性，评价方式的开放性等，其具体流程和评价也是难以把握的，有时不可避免地带有教师的个人色彩，即每位教师都凭借自己的喜好选择课程内容，构思课程结构，决定与网络的结合程度以及要求学生在作业中运用网络工具。

（2）机械性

网络教学虽然有许多优点，但是在朗读课文、分析字词等传统语文学习领域，它不一定比得过教师声音的感染力和黑板展示的便捷性。用网络来分析句子的语法特点，使用的仅仅是网络的展示功能，而用网络的展示功能用来展示课文中的两句话，与用黑板展示并无大的区别。因此，在使用时要扬短避长，切忌生搬硬套。为运用现代信息技术而用信息技术的教学，离"为了全体学生""为了学生的全面发展"的新课程理念相去甚远。

除了运用网络教学，一些地方对使用多媒体作为教学辅助手段也有一些不合理的规定。有些地区规定上语文课必须运用多媒体，相反，也有些地区规定上语文课不得运用多媒体，这样的"一刀切"都是犯了机械、僵化的毛病。

总之，网络也好，多媒体也罢，所有的工具都应该是为学生更有效的学习服务的，如果离开这一点谈运用现代信息技术恐怕都是本末倒置的。

20世纪末以来，以网络为代表的现代信息技术得到迅猛发展，如何将信息技术应用于语文教学中，也成为近 20 多年来持续探讨的课题。从网络对课程的介入方式的角度，美国巴尔的摩马里兰大学的赞恩·波吉等把网络课程划分为网络辅助型、网络增强型、基于网络型三种。[1]

网络辅助型，是借助网络的某些功能为课堂教学服务，以增强课堂学习的效果。如用幻灯、音响等功能营造学习环境、展示学习材料、讲课提纲等，借助网络搜集资料，用于课堂阅读补充，利用网络的传递功能布置和点评作业、进行师生交流等。

网络辅助型既保留了面对面授课的优点——充分的情感交流、互相感染的课堂气氛、学习过程易于监督控制等，加之纸质媒体清晰的信息呈现，也便于对某个问题进行深入细致的分析探讨。同时，又吸收网络的某些长处，弥补了课文单一、信息量少、表达手段落后的局限，给语文课堂带来变化。

网络增强型，可以看做网络学习和课堂教学的混合体。学生要求在一些指定的时间地点内到课堂集中进行一定的共同学习，但学习内容和过程主要都可以通过网络获得，学习过程也更多以网络进行。与网络辅助性相比，学习者得到了更多直接操作网络的机会。

学科研究性学习就可以看做网络增强型课程的代表之一。教师指导学生从所学课文中发现研究课题，利用网络收集材料，做相应的研究，一方面加深了对所学课文的理解，另一方面也提高了学生收集信息、筛选信息、自主探究的能力。

基于网络型，是借助专门设计的网上学习平台，实施网上学习、网上协作交流、网上获得评价。其突出特点是开放性，如果有必要，网上课堂可以 24 小时向学习者开放；模拟的网上学习环境可以使学生获得如同现实生活那样的真切体验；网上学习资源、学习范例附带的自我评价体系便于开展真正的自主学习——自我选择、自我约束、自我评价等。其难点是需要专门的网上课程，即把学习者要素、课程目标、课程内容、课程资源、课程实施和课程评价等模块整合入一个有机的网页或网站内。

应该指出，三种类型并没有截然分开的界限，相反还是一个连续不断的渐变过程。比如作为辅助教学工具的课件，当其规模扩大、功能增多到一定程度后，极可能使课程向基于网络的课程方向转化。而基于网络的课程运行当中，实际上可能包含着一系列单一的网络技术和简单的课件使用。事实上，许多一线教师创建的学习网页，就是在教学课件的基础上扩充而成的，可用于指导学生进行网上自主学习。

信息技术与课堂集合的三种类型体现在语文学习中，便自然形成三种模式：

（1）用信息技术作教学工具，辅助课堂教学；

（2）在网络环境下开展阅读、作文教学；

（3）基于专门软件平台的语文专题学习。

上述第一种模式，其实是把网络终端——多媒体当做一种高级教具，让它代替传

---

[1] 赞恩·波吉著，丁兴富等译．网络教育．北京：中国轻工业出版社，2003 年，第 54 页

统课堂的黑板、粉笔、挂图来设置情境、展示材料，使得课堂效率更高、教学手段更加丰富。其中，最典型的是 PPT 的使用。这种模式借助的主要是电脑的储存功能和展示功能，而对网络的沟通功能则运用很少。

网络辅助型课堂的操作要点：

（1）让信息工具为教学服务，并不是所有内容都需要现代信息工具，不要反客为主，为使用工具而使用工具；

（2）使用工具类型相对集中，即一堂课中不要转换使用太多的多媒体功能，否则会让人眼花缭乱；

（3）一堂课使用不宜过于频繁，以免影响学生的注意力；

（4）同一个教学活动板块选择一种功能，以免互相干扰；

（5）在用多媒体展示材料之前（如观看影像资料），要明确提出学习要求；

（6）展示文字材料时，只须出现关键词和提纲即可，不要让多媒体充满文字；

（7）注意多媒体版面的结构，使其呈现一定的变化和美感；

（8）多媒体展示的内容要留出足够时间让学生理解、记录。

基于专门软件平台的专题学习，是利用专业公司开发的专门学习软件进行学习。它往往针对学校教育或学科教学中某一方面的内容，例如作文、名著阅读、唐诗宋词鉴赏等，以课堂教学方式为参照模式，利用专门开发的软件系统，借助学校局域网，将与某个专题有关的学习资源预先整合在一起。教师利用这样的专门平台，就可以在课堂上把学科学习内容与扩展学习内容，认知活动、研究活动与训练活动，教师讲授方式与学生自主学习方式，传统的听、说、读、写与网络工具运用等有机整合在一起，在课堂内创设出一种网络教学环境。

到目前为止，由于学习软件的开发与基础教育各学科内容的衔接不够紧密等原因，这类借助专门软件的专题学习在中学难以普及，在此不展开介绍。

基于网络的语文课堂教学，就是既把课堂作为教学的主要活动空间，同时又吸收了网络的优势，使课堂成为一种优化了的教学环境。

传统课堂优势有：

（1）师生面对面，以真实身份、情感接触，便于交流；

（2）学习中形成场效应，学习者互相影响；

（3）学习对象集中、封闭，过程便于操控，教师的影响力强；

（4）学习效果直观，便于检验。

网络工具的优势：

（1）时间、空间的开放性，便于突破课堂局限；

（2）多级链接，信息无限；

（3）交流的私密性，使表达更真实；

（4）多渠道信息呈现，感染力强；

（5）记录储存快捷，表达手段丰富。

基于网络的课堂教学能有效改善课堂的学习环境，调动多种课程资源，激发学生学习兴趣，提高学习效果，并使学生的学习能力得到锻炼，使得课堂教学进入一种新的境界。基于网络的课堂教学一般有以下内容和程序：

（1）创设情境，引出话题，激发学生的兴趣。提出课程目标，使学习活动有的放矢。值得注意的是，导入方法可以灵活多样，不一定在一开始就使用网络来创设情境。因为用网络情境开头虽然比较容易集中学生的注意力，但是，如果接下来的学习内容并没有与网络展示的信息密切相关，那么学生的注意力往往就会过分聚焦于投影屏幕或电脑，对教师介绍的学习内容反倒是一种冲击。

（2）教师利用网络，调出相关材料展示，作为阅读、分析对象。教师应事先做好充分准备，选择有利于阅读并且与主题有关的典型材料。

（3）教师提出与教学目标、主题有关的问题或由学生提出问题，作为下一阶段学习要解决的重点。

（4）归纳与目标相关的问题，或学生普遍感兴趣的问题，让学生带着某个或几个问题，上网查阅资料，自行解决。

（5）分组展示上网获得的解决问题的材料或结论。如有必要，可以鼓励学生提问、答辩。所有的小组不一定都获得展示机会，可以以专题为单位采取轮流制。对争议性颇大或学生特别感兴趣的话题，可以适当借助在线讨论把学习引向深入。

（6）教师总结点评。学生展示发言中，教师可以适当补充知识，提出问题，以保证学生的展示有一定的质量。最后点评时，教师可以把在线讨论的精彩发言展示给大家，也可以留待课后继续讨论。

当然这样的流程也不是固定不变的，同样也不是缺一不可的。课堂教学永远是流动的河流，它是一个生成的过程，我们不能简单地把上面的步骤固化下来。

利用网络可以实现教师与学生更多的一对一的交流机会，这有利于不同性格、不同程度的学生发表自己的看法，开发学习者的潜力。但是，它是以牺牲传统语文课那种面对面的交流为代价的。据科学家实验分析，有些职业的肢体语言在表达中所起的作用超过30％，比如电影演员、节目主持人、幼儿园教师等。在面对面交流中，交流者可以充分利用情感因素、肢体语言等手段辅助文字以增强表达效果，这是远距离的有媒介的交流所欠缺的。所以只有注意发挥网络手段的特长，弥补其不足，才能使得网络真正为语文学习服务。

拓展延伸

这是一位教师有关《荷塘月色》的教学设计。

一、布置学习任务。（用网络、用便条、用口头均可）

要求熟读课文。

教师提出问题：你喜欢这篇文章吗？想一想文章给你留下的初步印象，当你了解过有关材料后，再谈谈你如何评价这篇文章？

请学生自己提出问题，问题可多可少，可以由学生提出教师归纳，学生提简单问题也无妨，练习多了就学会提问了。例如：

（1）关于背景，你最想了解什么？

（2）关于作者，你知道什么？

（3）关于文章主题，别人有过什么评价？

（4）关于语言，你的感觉如何？

（5）关于同类题材的文章，你看过哪些？

（6）这篇文章哪些地方对你写作文会有帮助？

按照学生的兴趣，成立学习小组，分组在课外收集相关材料。

二、以小组为单位利用网络收集材料。材料收集尽量不要在课内，除非学习内容牵涉到收集材料本身，也不要在无准备情况下临时补充部分材料。

三、分组报告材料收集情况，选择适当方式展示材料，表达看法。这个环节的活动可以用网络，也可以用投影仪，甚至口头表述。学习形式应为提高语言能力的目的服务。

四、学生互相提问，答辩。

五、教师可以视情况补充阅读内容，提示要注意的知识点与思考的视角，弥补学生自学的疏漏，解答有关疑难问题，帮助组织串联各个问题之间的联系，使学习提升到更高的一个层次。（强调自主学习，并不是不要教师指导。学生自主学习有优点，但不足也十分明显。我们主张减少的只是纯粹知识的直接传授、繁琐无用的细致分析、主题的生硬灌输，而学习方法的指导、思维品质的提升反而应该加强。）

这样的教学做到以课内带动课外，以课外促进课内；因语文学习用网络，以网络促进语文能力提高，这才是网络语文课应该遵循的方向。

媒体的巨大优势不一定完全等同于教育方式、教育工具的巨大优势；一般教育工具的优势，不一定完全等同于语文教育工具的优势。对于语文教学来说，网络是一个利弊分明的多面体，其每一个优势中都包含自己的劣势。只有端正思路，理性思考，才能用网络媒体之长补传统语文教学之短，使语文教学观念、水平提高一步。

在积极主动的总原则下，对于网络教学，一是我们要善于用其"常"，即把它作为日常教学工具，不是给别人看的，不是希望一劳永逸解决问题的，而是根据教学内容需要，使其成为教学流程结合的有机组成部分。二是要用其"长"，不要贪大——大思路、大制作、大场面，不应求全——不分需不需要、不看实际效果，而应该以一颗平常心来对待，这样，网络教学才可能多少由之，取去得宜。

修炼建议

1. 你经常使用 PPT 上课吗？列出它的优势与不足。你是怎么弥补它的不足的？

2. 你有没有在网络环境下上过语文课？谈谈你的上课体会。

3. 你们学校有没有专门的网络教室？了解本校教师对教室的使用情况，交流上课经验。

4. 不妨建一个班级网页或博客，利用网络和学生交流与语文学习有关的信息。

后　记

做了十几年语文教师，又做了近十年语文教师培训的工作，在我常翻的书籍中，有一种属于"工作手册"之类的书，如科林·马什的《初任教师手册》、Ronald. L. Partin 的《教师课堂实用手册》、吉姆·崔利斯的《朗读手册》《李特—布朗英语写作手册》等。这类书的特点是针对教师行业和工作中可能遇到的实际问题，一个章节谈一个话题，指导性和操作性强，语言表述简洁明了，不像纯粹的教育理论书籍那样有严谨的结构、有很多抽象的论述，引经据典，爬梳剔抉，其学术价值固然高，但对一线教师教学工作的指导性反而有限。可惜，这类书籍大多是外国人写的，国内作者写的不多见，而给语文教师专用的就更少了。偶尔有一两本，也往往从理论入手，定义、概念一大堆，离语文课堂有好几公里远。

大多数一线语文教师平时的工作是非常辛苦的，尤其是年轻教师，既要考虑语文的分数不要在年级垫底，又要做班主任管纪律、考虑不要出事，回家还要操心孩子、房子，留给专业进修的时间精力就有限了，从他们的角度想，如果在他们备课的时候、在遇到具体问题的时候，能得到一些具体的指导，就是最有价值的帮助了。

2007 年以后，我连续参加了几次教育部组织的农村教师远程培训，接受培训的语文教师态度热情、学习投入，他们提出的问题都是在教学工作中每天都会遇到的，例如"怎样解读散文""诗歌到底应该教些什么""我的备课与教参中的观点不一致怎么办""我为什么听不出别人一堂课的好与差""为什么同一个教案，我的课效果不佳""应试与素质教育能不能兼得"等，问题都很具体，也很实在。这些问题也是十几年的语文教师经历中经常困扰我的，并且还是我现在做教师教育工作中经常要回答的，如果把这些问题及我的回答集中起来，稍微进行系统的整理，说不定会对一线语文教师们有一点用处。

所以，当付宜红博士推荐我参加这套丛书的编写时，我是很兴奋的，既为她的信任感动，也想到这正好与我多年的想法不谋而合。

这套书的体例和内容框架是丛书主编们讨论决定的，有"问题展示""案例分析""理论点拨"等栏目，我觉得这种体例使得教学中的真实问题与知识相结合，形式活泼，也很适合查阅。

每一册的主要内容分为上下两编，上编是讨论从事语文教育工作经常遇到基本话题，下编是讨论语文课堂教学中的常规的工作。

这本书的写法是以问题为导向，每一节针对教学中常见的一种现象、一个问题，向教师提供一点常规的做法，顺便向一线教师普及一点语文教育的基础知识。

这本书的写作中理论色彩较淡，也很少直接引用别人的理论，目的是减少教师的阅读障碍。

这本书中的大多数说法，是我多年从事语文教育教学工作的经验体会，不是定论，更不是指南，有的甚至还可能与权威的说法不一致，因此不是要教师一定照搬照做。

在本书的写作过程中，得到了戴玲、郑云华老师的帮助。本书引用了钱梦龙、陈日亮、王栋生、韩军等老师的教学设计或实录的片段，在此一并表示感谢。

郑桂华